地中海世界とローマ帝国

地中海世界とローマ帝国

弓削　達著

世界歴史叢書

岩波書店

はしがき

いつの頃からか、古典古代と言いならわしてきた一つの歴史的世界を、特別の説明を加えることなしに、「地中海世界」と言いかえる例が見られるようになった。そのような習慣が現われてからすでに久しい。

古典古代のことを、「地中海世界」と呼ぶのは、どういう意味でなのだろうか。かつてこのような素朴な疑問が私の心に生まれた。この疑問への答えは、ただちには与えられなかった。深く考えた人がなかったからなのか。それとも、いやおそらく私の勉強の足りなさのためだったのか。たぶん後者だったのだろう。「地中海世界」とは、どういう意味で一つの「世界」なのだろうか。またその世界に「地中海」という固有名詞がつけられているのは、ただ単に地理的名称にすぎないのだろうか。こういうアマチュア的な疑問を、私は恥ずかしくてひとに問いただすこともせず、自分ですこしずつ考えて来た。

そしてその過程で、地中海「世界」を現実に一つの「世界」として形成させた力としてのローマ帝国と、この「世界」との関係についての思索を迫られたのである。そのような、「思索」などというってはまことにおこがましいかぎりだが、ともかく、そのような拙い探究の筋道をいま到達したかぎりの段階で、恥ずかしげもなくお見せするのが本書である。

そのような意味で、本書は、一つの研究の成果などという立派なものではなく、こういう捉え方をすれば、いろいろ複雑な歴史的諸関係の謎が解けてくるのではないだろうか、といった意味での試論である。それは、仮説というよりも、仮説形成のための一つのアプローチだ、といったほうがより正確だろう。もしこの試論が、さまざまな立場の研究者の御批判をいただき、これが乗りこえられ踏みこえられ、真に仮説の名に値いする理論がそのあとにうちたてられるならば、私は本望である。

一つの考え方を提示するものであるから、本書の執筆は、一九七五年春ころからの一年余の構想と準備を経て、一九七六年の六月ころから十月ころにかけて比較的短期間に行なわれえた。しかし、本書の諸部分を構成するいくつかの要《かなめ》的な考え方は、すでに二十年ぐらい以前からさまざまな機会に発表されてきたものである。奴隷制の問題しかり、ローマ帝国の政治的支配の構造しかり、共同体と国家の問題しかり、「奴隷所有者的構成」の問題しかりである。そしてそれらは、なんらかの意味で、その時どきの歴史学界の主要テーマであった。私自身、何々学会、何々研究会の一会員ではあっても、けっして熱心な学会推進者ではなかったのに、常にそれぞれの学会で、その時どきの主要テーマについてなんらかの発言の場を与えられて来たことを、いま感謝をもって思い起こしている。それらの熱心な先輩・友人・青年たちのすすめなくして、それぞれの機会に自分の考えやささやかな研究を書き残すことはなかっただろうと思うのである。私の恥ずかしいような歩みも、戦後日本の歴史学界の巨大な進歩なくしてはありえなかった、と思う。そして、多くの方がたから、折りにふれて御批判や御叱正をいただいたことを、本当に幸福なことであった、と考えている。

もし専門的な研究というものが、関係文献をくまなく渉猟した上で成るものなら、本書は専門的研究書の名にふさわしくない。地中海世界やローマ帝国のすみずみにわたるこまかい実証的な研究が、世界の学界で日々生み出されているときに、それらの主要なものですらくまなく目を通すことは至難のわざである。たとえば、H. Temporini und W. Haase (Hrsg.), Aufstieg und Niedergang der römischen Welt, 1972– に収められている研究総覧的な文献すら、例外を除いては、本書執筆に当たっては直接に参考にすることはできなかった。私としては、少なくとも私の乏しい能力の納得のゆく程度に、もうすこしこれら最新の研究文献を勉強してから、本書を書きたかった。しかし、それらの研究で私の考え方を武装しないままでも、一つのアプローチの提示としてなら意味があるかもしれない、という考えも一方にはあった。その考えを強く推したのが、岩波書店編集部の松嶋秀三氏であった。同氏の強い励ましなくしては、本書は、このような形ではけっして書かれなかったはずである。こうした考えに一理があって、たくさんの新しい実証的研究の成果を読み分ける目が、本書のささやかな試論によって与えられるかもしれない、という望みを懐いて、本書を世に送り出そうと思っている。本書は、先に述べたように、これまでの私の「思索」をまとめたものではあるが、しかし同時に、それらをふまえて、これまで踏み出さなかった一歩を、あるいは一言を、私は本書であえて行なった。その一言が、願わくは研究の進展に生産的な批判によって迎えられることをも、ひそかに願っている。

索引の作成、地図の校正、三校校正刷りの校正など、本書完成時のさまざまな厄介な雑務の処理は、本村凌二氏(東京大学大学院人文科学研究科西洋史学専門課程博士課程在学)の好意にゆだねられた。ちょうどこの大事な時期に、私がブルガリア文化省・ブルガリア科学アカデミー主催の「スパルタクス蜂起二〇五〇年記念シンポジウム」に土井正興氏とともに出席して報告を行ない、帰途ミュンヘンにまわりドイツ考古学研究所古代史・碑文学部門で資料蒐集を行なうために日本を留守にしたためである。とくに記して本村氏の好意と努力に謝意を表したい。

一九七七年十月

弓削　達

目　次

第一章　地中海世界とローマ帝国

1　「地中海世界」とは何か

「地中海世界」に対する歴史的関心は、最近とみに高まっているように見える。それは単に、フェルナン＝ブローデルの大著『フェリペ二世の時代における地中海と地中海世界』の英訳(1)や、それがニューヨーク＝タイムズ紙に大きくとり上げられたという事情(2)だけによるものではないであろう。それは基本的にはおそらく、現代ヨーロッパ世界の歴史的構造を明らかにするためには、単に西ヨーロッパ・東ヨーロッパといった慣習的な文化の区分にとどまらず、南ヨーロッパないしは地中海世界を歴史貫通的に把握することが不可避となりつつある、といった要請によるものであろう。

本書が対象とする地中海世界は、しかしながら、そのような歴史貫通的な地中海世界一般の構造と発展の論理ではない。本書が考察しようとする地中海世界は、古典古代における地中海世界である。否むしろ、古典古代における地中海世界とは何か。それは如何なる意味において、一つの「世界」として捉えうるのか。ひとが、ギリシア＝ローマの時代を古典古代世界と呼ぶことをしないで、

「地中海世界」と呼ぶことは、如何なる意味において妥当性をもつのか。もし、地中海世界という把握が妥当性をもつとするならば、それは、グローバルな世界史の中において如何なる位置をもつのか。これらの点こそが、本書の対象とする問題であり、本書は、古典古代における地中海世界なるものの存在の可能性そのものを問題としようとする試論であって、所与の、既知の存在としての地中海世界の歴史を語ろうとするのではない。

それと同時にまた、地中海世界なるものを、地中海性の気候・風土その他の自然的環境の所産として捉えようとするいわば環境決定論的なアプローチとも異質の把握を志すことを意味するものであることも、またここから明らかである。もとより、気候・風土その他の自然的環境が、そこに住む人びとに影響を与え、人びとの衣食住はもとより、生活様式や生活のリズムにまである種の共通性を与え、精神と文化の性格にも一定のかげを落とすということは、何ぴとも否定することができない。地中海沿岸地方は、一般に夏は高温で乾季であり、冬は雨季であるが気温は比較的高いという、いわゆる「地中海性気候」によっておおわれていた。ナイルやティグリス・ユーフラテスのような大河がなく、天水も長く土壌にたまることなく、すぐに流れにそって海に排水されてしまうこと、石材は豊富であるが木材は乏しいこと、空気は澄み切って、山々は紺碧の空にくっきりとそびえ立って見えること、これらの自然的条件も地中海地方特有のものであった。こうした自然的環境が地中海地方の住民にとって、民族や文明の発展度の違いをこえたある種の公分母となっていることは、もとより否定できない。本書もある意味においては、そのような自然的環境の作用に注意を払う必要を示唆するものとなるであろう。

にもかかわらず、われわれの対象とする地中海世界とは、地中海という自然的公分母によってくくられ決定された世界ではない。そうした世界なら、自然的公分母の続くかぎり、存続したはずである。われわれの言う地中海世界とは、歴史のある時に成立し、歴史のある時に崩壊した、かぎられた歴史的世界である。そのような、始まり終わるところの、歴史的形成物としての「地中海世界」なるものは果たしてあるのか、あるとすればそれは如何なる意味においてか。本書はそれを問おうとする一つの試論である。

すでに自明であるはずの「地中海世界」について、いまさらのようにこのような問いを試みる理由は、ほかでもない。古典古代の世界を地中海世界と呼ぶことがすでにかなり慣習化しているかに見える昨今においても、地中海世界の概念が、歴史家の間においてすら、かなり漠然と、時には無批判・無反省に使われているのではないかと思われるからである。いずれにしても、地中海世界の概念は、それほど自明ではない。そのことを、二、三の例について見てみよう。

エルンスト＝コルネマンは、ドイツの古典古代史家、二〇世紀前半の代表的な学者の一人として、数多の著書・論文によって今なおわれわれを裨益するところ多い巨匠であるが、一九四六年一二月四日に死去したかれの遺稿で、畢生の大著という名にふさわしい位置を占めるべきものに、『地中海世界史』二巻(3)がある。著者自身の序文を見ると、彼の「地中海世界史」の概念は、要するに、ヨーロッパ文明の揺籃として従来ギリシアのみを考えるという傾きがあったのに対して、ギリシア民族の圧倒的な文化的な影響と並んで、イラン的な、さらにはオリエント的な要因をより多く重視すべきだ、という発想から出たもので、アレクサンドロス大王およびそのヘレニズム後継者諸国家、ならびにローマは、実に多くのものをペルシアから受け取り、それを、コンスタンティノープルによって統治された古代末期に伝えたのであり、古代末期はまた古代末期で、直接にサーサーン朝との間に活発な相互影響をもった、ということを強調することを内容とするものである。大国家の統治のためには有能な官僚制が必要であるが、それを最初に作ったものはアケメネス朝ペルシアであり、古代最後の「帝国主義者」アラブ人もまたそのことの認識と洞察をもったゆえに、かれらもまたイランの影響下にあった、という指摘も行なわれる。そして最後に、ヘレニズムとイラニズムを並列的に考察してのみ、ギリシア的な伝統に偏った歪んだ従来の見方は漸次克服されるであろう、と結ばれるのである。

しかし、これは果たして、「地中海世界」の歴史と言いうるものであろうか。たしかに、厳密に言うならば、表題は「地中海圏 Mittelmeer-raum」の、とあり、「地中海世界」の、とは記されていない。しかし明らかに「世界史 Weltgeschichte」と銘打たれており、著者の意図が、「地中海世界」の歴史を、右に摘記したような構想のもとに執筆することにあったことは、否定すべくもない。とするならば、コルネマンの「地中海世界」の概念が検討されなければならないが、イラニズムとヘレニズムとの相互影響ということだけでは、一つの独自の世界をそこに設定するには、あまりにも貧弱といわなければならないのではないか。いわんやそれは、グローバルな世界史の中に構造的に位置づけられる小世界としての把握を可能ならしめる視点を欠く、と言うべきではなかろうか。コルネマンの数多の著書・論文の中で、この畢生の大著が最も酷評をうけたものであることは故なしとしない。ことに彼の弟子ロタール＝ヴィッケルト Lothar Wickert が、自らの恩師のこの遺著の書評を引きうけたことを後悔した、と言い、世界史的な „Einsicht"（洞察）がコルネマンにはない、と断定したことは[4]、師弟いずれにとっても悲劇であったとしか言いようがない。

つぎにわが国の研究者における「地中海世界」の概念を一、二検討してみよう。その一つとして、筑摩書房の『世界の歴史』シリーズの第四巻として一九六一年に刊行された『地中海世界』と題される一冊があげられる。この書の内容は、ギリシアとローマにかんする多数の研究者の概説風の論文を集めたものであるが、地中海世界とは何かという問題についての独立の項目ないしは章は見当たらない。わずかにこの問題は、田中美知太郎・故高津春繁・村川堅太郎・秀村欣二の諸氏による巻末の座談会において取り上げられているが、結論的に言えば、「地中海世界」にかんする特別の概念規定はない、とされているのである。

もう一つ、岩波講座『世界歴史』における扱い方を見てみよう。この講座では、第一巻の末尾と第二巻全体、および第三巻の冒頭部が「地中海世界」に当てられている。第一・二巻は一九六九年、第三巻は一九七〇年の刊行であった。この講座の場合、全体の構成は次のようになっている。「ここにみられる世界史像の構造は、地球上の歴史が一体化する近代世界成立を画期とし、それ以後を近代と現代とに分け、それ以前を併存する諸世界の成立とその展開とに分けるものである。それゆえアジア諸地域の歴史は、近代以後は一体化した世界の部分として他の地域との連関のもとに把握され、近代以前は、古代オリエント世界、南アジア世界、東アジア世界、内陸アジア世界、西アジア世界に分けられ、地中海世界、中世ヨーロッパ世界と並んで、近代世界成立以前の世界史像を提示することとされている。[5]」

このように、ここに提示されている世界史像は、社会構成史的な構成を意図的に避けること[6]によって、『日本国民の世界史』に示された上原専禄氏らの「世界史の塑像」[7]の問題意識をうけつぐものであるかに見えるが[8]、後者における「諸文明」が前者においては「諸世界」へとおきかえられていることに応じて、それら諸小世界のそれぞれに「総説」がつけられ、それぞれの「世界」が如何なる意味において一つの「世界」として自覚され、如何なる広がりの内容を扱うかについて署名入りの編集委員個人の解説が加えられている。「地中海世界」の「総説」は、太田秀通氏によって執筆されている。そこで太田氏は「地中海世界」を、「自然条件の共通性を指標とする」「地理学的概念」としてではなく、「一定の歴史的時点で形成され」「一定の歴史的時点で崩壊した」「一つの歴史的世界」と規定し、それは、「自然環境の共通性よりはもとより、生活様式の共通性よりも一層短命の歴史的所産である」となす。そしてこの世界は、「社会や文明の共通性によって生み出されたものではなく、逆に地中海周辺の思想や文物の異なる諸種族・諸民族・諸国家の発展の不均等性によって生み出された」「立体的な構造をもつ複合体」(傍点弓削)であり、共通性はこの世界の形成過程で作られたものであって、従ってそれは、部族制度から世界帝国への国家支配の拡大によって結合された歴史的形成物である、と説明される。そしてこの歴史的形成物は、ローマの征服によって形成され、ローマ帝国の崩壊によってこの地中海世界は分裂する、とされる。[9][10][11]

このような太田氏の捉え方の特徴は、発展段階の異なったもの(発展の不均等性)の相互関係、それによって形成される立体構造的複合体、という力点と、それらがローマ帝国の支配によって「多少とも混合」され、「ギリシア的・ローマ的な共通性によって貫かれることになった」という力点との、この二つの力点の統合にあり、異質の多様性(前者)から、古典古代としての共通性(後者)を形成せしめたものとして、ローマ帝国の役割を重視する、という点にある。そのため、太田氏の捉え方では、結局、「要するに「地中海世界」とはローマ帝国のことであ」る、ということになるではないか、と要約され、さらに太田氏が、同じ講座、同じ巻の次の論文で「前二千年紀の東地中海世界」ということを文化的・経済的な複合体として設定していることと比べて、結局はローマ帝国のことにほかならない「地中海世界」とは政治的な統合体であることになるから、同じ講座の同じ執[12]

筆者の論文で「世界」の概念がこうも異なっていることは「奇妙なことである」、と批判されることになった。(13)

地中海世界などと大袈裟なことを言っても、結局それはローマ帝国のことではないか、という批判は、太田氏に対する批判の問題に密着しないで、事柄としてこれを見れば、一面では妥当するが、しかし他面では妥当しない。妥当するというのは、「地中海世界」は以下しだいに述べるように、ローマ帝国なしには考ええないからであり、妥当しないというのは、「地中海世界」は正にローマ帝国ではないからである。そのことを論じ明らかにすることも本書の主要な課題の一つとなる。本書の著者自身、数年前に『地中海世界』(14)と題する小著を公けにし、著者なりの捉え方に従って一つの世界の成立と発展と崩壊の画像を描く試みを行ない、それなりの反響を与えられ、批判・感想にも恵まれた。したがって、「地中海世界」とは何か、何故にそれは世界でありうるのか、また地中海と冠しうるゆえんは何か、さらには、「地中海世界」とローマ帝国とは如何なる構造的な関連をもち、あるいは質的な類縁性をもつものか、もたないものか、これらの点について多少とも立ち入った理論的な考察を行なうことは、著者の義務であろうかと考える。

2　地中海世界と共同体の問題

問題はこういうことになるであろうか。先に、地中海世界はローマ帝国なしには考ええないと述べたが、それは言うまでもなく、地中海世界はローマ帝国の征服と「支配」によって現実的に一つの世界になることを得た、という意味である。ところでその場合、ローマ帝国の「支配」なるものが、地中海世界をして一つの世界たらしめている原理とは無縁の、あるいは異質のものであるならば、その「支配」は外から来たいわば偶然的なものだということになり、地中海世界の出現は偶然によって生まれたということになる。地中海世界をして一つの世界たらしめている「原理」などもともと存在しない、と考える場合も、同様である。その場合もやはり地中海世界は、ローマの支配といういわば他律的な力によって生まれた偶然だということになる。そうなると、地中海世界は世界史の中における偶然的な、全く特殊なものだということにならざるをえない。が、果たしてそうであろうか、という問題である。

これに対して、もし地中海世界をして一つの世界たらしめている原理、ないしは誤解を恐れずにあえて言えば、法則性とでも言いうるものが存在し、しかもその原理ないしは法則性と、ローマ帝国をして帝国たらしめたもの、すなわちローマの支配を出現せしめた原理ないしは法則性とが、同一のものであるならば、地中海世界は他律的な力によってではなく、世界史における法則的必然によって出現したもの、ということになるであろう。それと同時に、この世界には、地中海世界という固有名詞が付されているが、古代オリエント世界でも、中世ヨーロッパ世界でも、東アジア世界でも、西アジア世界でもないところの、この地中海世界なる固有名詞に象徴されるようなこの世界の特殊性はあるのか。それともそれは単に偶然的な、それが展開した場所名から付された呼び名にすぎないのか。しかしもしこの固有名詞に象徴されるこの世界の特殊性があるとすれば、それは何か。こういった問題もまた避けて通ることができない。つまり、このような意味での法則性・一般性・普遍性と、特殊性・独自性・個性との、双方をふまえたものとして、地中海世界を一つの世界として、しかも独自の世界として把握することを可能ならしめる方法があるのか、それは何か。問題は以上のようになるのではなかろうか。

資本主義以前の時代、すなわち、産業革命を境にした生産諸力の急激な上昇と、その結果として既存の社会的諸関係の根本的な変革が起こる以前の時代、したがって、自生的で緩慢な社会的諸関係の発展が行なわれている時代、こういった時代においては、それぞれの社会的諸関係の基底を支え、それらの社会的諸関係の相互関係によって作り出される一つの世界の性格を決定するものは、共同体の性格ないしは構造である、ということについては、特に立ち入った議論をするまでもなく、大方の賛同を得られるであろう、ということを前提にして考察をすすめたい。この前提については、ここでは、直ちにすっかりそのまま同じことを言っているのではないにしても、それにたいしてきわめて示唆に富む把握として、「「共同体」が資本主義以前の生産諸様式においてもつ地位は、論理的には、資本主義的生産様式において商品生産および流通という基礎規定がもつ地位に対比することができよう」という大塚久雄氏の文章(15)を引用するにとどめたい。大塚氏の言われる意味は、「アジア的な、古典古代的な、およびゲルマン的な共同体諸形態」が、「どれも論理的に、またある程度までは現実的にも、初発における無階級状態を想定させる」が、「やがて内的必然性によって階級分化をひき起こすとともに、そのあとはかえってそれ自身そうした階級関係を支える土台あるいは骨組に転化し、そしてそれぞれの生産様式の崩壊にまで及ぶ」という意味においてである、と説明されている。とすれば、その骨組ないしは土台の相違が、それぞれの生産様式の相違をもたらし、それゆえにまた、それらの生産様式、社会的諸関係の相互関係によって形成される一つの世界の「世界」としての本質的な性格を決定する、と考えることは、右の大塚氏の把握の延長線上にある、と言ってよいであろう。

では、地中海世界なるものが存在したかどうかの問題は、地中海世界なるものが、マルクスのいわゆる『諸形態』に論ぜられている意味での共同体の古典古代的形態によって、如何にその性格が決定されていたかを追究することによって明らかにされてゆくのであろうか。マックス＝ウェーバーの類型論で言えば、重装歩兵ポリス、その前段階としての貴族政ポリス、さらには、重装歩兵ポリス(共同体の古典古代的形態)における土地の共同体所有と私的所有の均衡した相補的統一が後者の優位へと崩れて行った特定段階における民主政の形態である民主政市民ポリス、[16]こういったポリスの発展を理論的・実証的に跡づけることによって、地中海世界の一つの世界としての性格が明らかにされるのであろうか。

これに肯定的に答えることは、古典古代史研究のいわば伝統に属する認識であったといってよかろう。しかしながら、そのような肯定的な答えを大前提にして考察を先に進めてゆくことは、今日の段階では学界の現状にそぐわない、というそしりをまぬかれないであろう。というのは、すでに一九六〇年にオーストリアのグシュニッツァは、この伝統的な考え方に対して全面的な批判を発表した。「共同体と支配。ギリシア国家制度の基本的諸形態について」(17)と題する論文がそれである。この論文は、直接的にはイギリスの古代史家エーレンベルクの著『ギリシア人の国家』(18)に対して記されたもので、その趣旨は大別して二つあるが、そのうちの一つが、ポリスをギリシアの典型的な国家形態と見るエーレンベルクの基本的前提そのものに対する批判であった。グシュニッツァの論文の副題が、「ギリシア国家制度の基本的諸形態について」とされているのはその意味を意図したものであり、古典期のギリシアには、ポリス以外に複数の国家形態(ἔθνος など)が存在したことをあらためて強調したものである。

もとより、この批判に対してエーレンベルクはただちに反論を展開した。この反駁論文は皮肉にもグシュニッツァの批判論文の副題をそのままとって表題とし、『ハイデルベルク科学アカデミー会報』に発表された(19)ものであるが、今日では彼の大論文集『ポリスとインペリウム』(20)に収録されている。ここでエーレンベルクは、ポリス以外の複数の国家形態がギリシアに並存したことをもちろん認めるのであるが、しかし同時に、歴史学は特殊な一回的な形態の認識をも課題とするものであって、そのような特殊な形態がある歴史的時期に「典型的」な形態としてそれぞれ存在したこと、すなわちその時代にのみ可能であった国家形態が存在すること、そしてその国家形態においてのみその時代の決定的な力が表現されるようなそういう国家形態が存在したことが認識せらるべきだ、と主張するのである。そしてそのような国家形態として、ギリシアについてはポリス、ローマについてはレス＝プブリカをあげるのであるが、そうした「典型的」な国家形態が唯一の形態だと言っているのではなく、それはいわば「理念型」(Idealtypus)による認識の立場であると明言する。このエーレンベルクの反論に対して、「理念型」による認識はけっして、一つの歴史的時期における「典型」を教える認識方法ではないことを指摘して、その論理の有効性を否定することは容易であるが、それ以上に、エーレンベルクが、ギリシアにおける複数の形態の国家制度が並存していたことを認めたこと、そしてそれらの中においてポリスがこの時代の決定的な力を表現する国家形態として特別の代表的な意味をもつことを説得するために苦心していることを見ることの方が重要である。

この問題は単に西ヨーロッパの古代史学界における論争点となっただけでなく、ちょうど同じ時期にソヴェトなど社会主義国においても、西ヨーロッパとは異なった理論的関連において、すなわち正に共同体論として議論の対象となっていた。それらの議論において最も活発で有力な役割を演じたのは、ソヴェトのシュタエルマン女史であった。一九五〇年代初めの時代区分論争における積極的な主張とそれを裏づける研究(21)をふまえて、一九五七年にロシア語で、一九六四年にザイファルトによる独訳で出版された彼女の第一の主著『ローマ帝国西部における奴隷所有者制の危機』[22]が最初に注目すべき問題提起となった。この本においてシュタエルマンは、古典古代における所有形態、すなわちそれを媒介づける共同体が一つの種類だけではないこと、すなわちいわゆる古典古代的形態だけではないこと、を指摘するとともに、時代によってそれらの共同体ないしは所有形態のうち決定的な重要性をもつものが異なる、ということをいわば理論的分析のリトマス紙に使って、古代末期についての彼女自身の独自の理論を打ち建てようとした。すなわち彼女は、分析の基礎として、帝政期における土地所有形態を、①奴隷制に基づく古典古代的所有形態、都市領域における都市市民の土地所有形態、②所有の共同体的形態、村落的・種族的共同体の所有で都市領域に属さないもの、③いわゆる都市領域外のラティフンディア（サルトゥス）、私的大所領、④皇帝領または国有地（ただしこの第四形態は、前掲書の四五ページで、他の三形態の補給源としての意味が指摘されているだけであって、独立の意味は与えられていない）、以上の四種類に分類した上で、ローマ帝政期の農業の生産性の発展にとって重要なかかわりをもつ生産様式として、①の都市的所有の上に発展した奴隷制ウィルラと、③の都市領域外の私的大所領（および一部は④）において発展した小生産への分割地小作との二つを指摘し、この二つの生産様式の間の戦いの時期が紀元三世紀であり、その戦いは、分割地小作に基づく私的大所領の勝利をもって終わった、という理論を打ち出したのである。

この理論そのものが成功しているかどうかは、ここの関連には差し当たって直接の関係がないからそれはさておき、彼女が分析の基礎として行なった所有形態の分類と、地方ごとの綿密な共同体の研究は、当然にその影響するところは帝政期にのみ限られるものではなかった。多様な共同体の諸形態の分析にもとづいてローマ帝国の構造とその変化を理論的に説明しようとする努力は、一方では、一九六四年ロシア語原文で、一九六九年にドイツ語訳で発表された『ローマ共和政における奴隷制経済の最盛期』[23]において、①の都市的所有の上に発展した奴隷制ウィルラの研究に拡大するとともに、他方では、帝政期の共同体の諸形態の研究に収斂してゆき[24]、ついに古典古代全体にわたった共同体の諸類型の研究へと大きく広がっていった。一九七五年八月下旬サンフランシスコで開催された第一四回国際歴史学会議に提出された報告論文、「古典古代世界における共同体の諸類型」[25]は、ゴルブツォーヴァとクジシンと連名で執筆したものであるが、シュタエルマン自身の考え方をかなり正確に表明したものと見てよいであろう。以下、節を改めて、その内容を検討してゆこう。

3　古典古代における共同体の諸類型とその相互関係

まず著者たちは、共同体とは何かについて論じ、共同体の存在を確認する規準の設定をしようとする。それには、しばしば言われるように、土地の完全な共同所有とか、定期的割替とか、保有地の譲渡不能といった規準は、規準としてふさわしくないことを論じたのち、古典古代に存在する多種多様な共同体に共通の特徴として次のように論ずる。

共同体の名を冠することができるものは、歴史的に形成され、内部に閉鎖的で、社会的に多かれ少なかれ同質であるような人間集団である。その集団は、ある面積の土地に対して絶対所有権(sovereign property rights)を行使し、そこにそれは住み外部からその土地を守っている。集団の共同性(communality)は、共同財産の利用にさいして用いられる協同労働に表現される。集団は自治であり、社会心理的および宗教的統一体を形作る。

共同体の社会的統一性は、成員各自が一人で処理できない事にぶつかった時に隣人の助けを求めることができる権利である(夏の収穫、春の土起こし、運搬、洪水その他の自然災害)。このような相互扶助は慣習化しているが、共同体が利害の対立する社会階層にはっきりと分かれると、相互扶助の根拠は失われる。

集団の団結性は共同財産(森林、牧草・放牧地、共同体神に属する神聖地、鉱山採掘権、水源)で確保され、共同財産の集団利用は、その維持と修復における協同労苦を含む。共同財産は厳密に共同体の所有(ownership)であって、国家のような上級の単位の所有であってはならない。共同財産の協同利用、隣人の相互扶助、公共労働(道路の維持、堤防・運河の強化等)遂行における協同作業が、共同体の労働生活をなす。保有地が市松状に交叉し、強制的な作物輪作と定期的割替が行なわれる場合は、労働の連帯性と経済的要因の役割は増加する。

共同体はなんらかの形の統治機関(全員集会、家族長集会、選挙された長老、書記)を持つ。原則として共同体はある形の自治をもった行政的・地域的単位である。共同体の行政的・地域的機能と、それの社会的・労働的機構としての性格とは、いずれも「共同体」の同じ一般的現象の異なった側面であり、両者を対立的に考えてはいけない。

共同体は、共同所有および私的利用の土地に対する統制権をもつ。耕作の質の監督、放置された場合の土地没収、強制的作物輪作の導入、相続・売却・預託により移動する私的割当地の共同体内保管、一部の共同地の成員個人への移動、共同地の利用料の徴集、新地開墾・灌漑・排水・建設(防衛その他の共通目的のための)にさいしての共同作業の指図、などがそれである。共同体はまた、よそ者の受け入れ、かれらへの土地割当を決定する。

共同体は外部世界との関係において一単位として行動する。例えばそれが国有地あるいは私有地の中にあるとき、納税その他共同体に課された義務の履行において、成員は共同責任をもつ。各成員の仕事は、伝統または確立された規範に従って行なわれる。これが成員間の緊密な関係を作り出す。その関係は成員がたまたま遠隔地に出向いている時でも変わらない。この緊密な関係は、神格化された祖先(共同体の建設＝守護神)の共同祭祀によって聖化される。それらの神々は全共同体またはその代表者によって、助けを求められる。この祭祀は、成員間の連帯を促進し、伝統に従って相互扶助を鼓舞する。

しかし、これらの共同生活は、社会的分化を阻止しなかった。貧困化した成員は、富裕化した他の成員または共同体外の人びとによって容易に搾取されえた。かれらは、雇傭労働者・農民・被護民・債務奴隷として利用された。したがって他種族出身の奴隷制は顕著に発達せず、奴隷と他の被搾取者との差は事実上重要ではなかった。これに反して、都市共同体においては、奴隷は最貧困市民とさえも峻別されていた。社会的分化は、一方では富裕な成員、他方では、事実においてではなく権利において平等の借地保有者と雇傭労働者を出現させたわけである。

以上のような共同体生活と、一定の社会的同質性は、成員間の共通の社会心理を生み出す。それは、特定の共同体内の共通のメンタリティという狭義の場合もあれば、特定時期の或る種の型の諸共同体に見られる共通のメンタリティという広義の場合もある。共同体の社会心理的統一性は、共同体の社会的同質性と比例的な対応関係にある。

シュタエルマンたちは以上のように、古典古代に存在する多種多様な共同体に共通する特徴をとり出して示すとともに、すでにそこにおいて共同体の社会的分化の可能性を指摘したのであるが、そのような共同体の社会的分化の進行について、著者たちはさらに立ち入って、次のように論ずる。

共同体はたえず変化し発展する。共同体固有の特徴と主要機能は、歴史的背景の相違、自然的環境、社会経済的状態、中央集権的政治などに応じて異なって現われる。共同体の発展には若干の段階がある。はじめ共同体は血縁集団(kinship groups)をなし、そこにはほとんど社会的分化は存しない。経済は原始的であり、統治は国家からそれほど干渉されることなく地方的に行なわれる。古典的奴隷所有の時代にはすでに事態は変わっている。この時代には共同体構造は都市でも村でも掘り崩され、都市ではそれは完全に消滅している。村落共同体の最中心、村々に至るまでの奴隷所有の拡散、市場との接触の拡大、私的土地所有の増加とそれに伴う共同地と共同財産の急激な減少。こういった諸要因は、村落共同体の、富裕な土地所有者・小土地保有農民・土地喪失農民といった社会集団への分裂を結果する。その結果ある場合には農地改革が必要となる。共同体の社会的分化、貧困化した成員の労働を利用する集団の発生、こうした発展につれて、共同体をして共同体たらしめる社会的連帯は減退する。

共同体の変化の基礎には、生産諸力と生産諸関係の一般的発展(自然的環境の変化によって影響をうける)がある。例えば、とくに土地における私有の完全な確立、共同地の減少(共同地が、増大する人口を定住させるために利用されるか、支配階級あるいは国家によって奪われることによって)、階級的敵対(社会的分化)の増大、等が共同体の生産活動および生活様式全般の浸蝕を結果するのである。国家の政策が同じ結果を生むことがある。例えば共同地(時にはそれ以外の土地も)の没収、共同体に対する公共事業や重税の賦課、政府の厳格な統制、等の場合がそれである。戦争も共同体の上に破壊的影響を及ぼすことがある。

このようにして進行する共同体の発展を、ソヴェトの学者たちは二つの類型にわけて理解することも、著者たちによって報告される。それは血縁共同体 kinship(時として大家族共同体・種族共同体・家内共同体と呼ばれる）と、地縁共同体 territorial community、あるいは近隣共同体・村落共同体とである。前者の規準は、同一氏族員による土地の共同所有であり、後者の規準は、共同体成員の耕作中の土地の私的所有と、牧草地ならびに他の財産の共同所有である。

この二つの類型のうち前者では、土地は平等の権利をもつ成員全体の集会によって統制される。土地は共同体外に譲渡・売却できない。最初は共同体所有地は割当地に分割されることなく全員協同で耕作された。やがて土地利用に変化が生まれ、土地は集団所有ではあるが個別家族に割り当てられ、家族ごとに割当地を耕作するようになる。そして定期的割替（全員集会で決められる）が行なわれる。牧草地その他の共同財産は一般に分割されず、共同で利用される。この類型の共同体は閉鎖的組織であり、よそ者の受け入れを拒む統治形態をもつ。新入者への土地の売却を禁じ、あらゆる手段で新入者の定住を妨げる。政治的には全員集会の強い役割が特徴で、共同体の完全成員権をもった全自由成員が投票に参加する。

これに対して後者、すなわち、村落共同体・近隣共同体・地縁共同体は、一片の土地の私的所有の基礎の上に立てられる。ここでは、私的土地所有の優位がみられ、非共同体成員に対する土地の売却・賃貸しも行なわれる。富裕な成員が共同地の一部を買い取ったり、共同体自体が困窮時に公有地を近隣の都市か私人に売ったりした例もある。こうして私的土地所有はたえず増加し、共同体所有は減少する。それに応じて社会的不平等が増加し、一方の極には富裕者、他方には奴隷・債務者、雇傭労働者として使われる土地をもたない成員が現われる。

ソヴェトの古代史家らにおける以上のような共同体の二類型は、シュタエルマンらの紹介で見るとおり、前者の方が共同性が強く、土地の共同体成員個人への割当が全く行なわれないか、あるいはかりに行なわれても割替が行なわれ、共同体所有の性格を失わないのに対して、後者においては私的土地所有が現われ、しかもそれがたえず増加し、共同体所有が減少する傾向がある、という区別である。そしていうまでもなく、第二の類型がポリスの成立に直接つながる村落共同体(κώμη, pagus)であるから、ここにおいては、古典古代における諸種の類型の共同体は、グシュニッツァやエーレンベルクの場合のように、その複数性・多様性において並存すると見なされているのではなく、発展度の相違として、いわば縦の関係で、動態的に見られている、という点に特別の注意が払わるべきである。

この点に関連して、もう一つ興味ある論点がシュタエルマンらによって報告されている。それは、ポリスを共同体と見うるかという問題について、ソヴェトの歴史家の間で三つの意見がある、という報告であるが、それらの三説を検討してみると、それらはいずれも、ポリスの発展段階のいずれかを見ているのであって、ポリスは古典古代の間に、村落共同体とほとんど同じものから、共同体とは言いえないほどのものまでに変化・発展したことを、これらの三説は暗黙のうちに、しかも明瞭に物語っているように思われるのである。

それによると、第一の説では、都市あるいはポリスは共同体の第三の類型、都市共同体とみなしうる、とされる。ただし、すべてのポリスがそうなのではなく、市民数が二～三〇〇〇人ですべての市民が相互に面識があり、共同地に保有地を持っているような小規模なポリス(プラトンの理論的なモデル)のみが都市共同体である。このような都市は、深刻な社会的分化に影響されることはない。適例は Plateia である。この型は基本的には共同体の第二の類型(村落共同体)の変形したもので、ただそこにすべての土地保有成員が住む都市があるのである。小ポリスと第二の類型の間には発生的な関連がある。これにたいして大型のポリス、すなわち、広大な面積の土地を占拠し多数の住民をもち集約的な経済生活を行なう、したがって社会的階級分化が進んでいるポリスは、まったく異なった画像を提示する。この種のポリスでは共同体的紐帯は消える方向にあり、市民団内部においても、市民団とポリス居住の非市民との間においても、異なった型の経済的・政治的関係がこれに代わる。このようなポリスは、この第一の説では、厳密な意味では共同体とは言えない、とされる。

第二の説は、すべての古典古代の都市は、自然的に成長したものも、あとからそれに倣って建設されたものも、なんらかの共同体的構造の特徴を失っていない、と考える。この派の或る人々によれば、正にその発展径路を辿ったものはリグリアの諸共同体であった。セレーニはそのことをその著『古代イタリアにおける村落共同体[26]』で示した。各共同体(pagus)は一つの領域を持っていた。

その一部分は片地に分割されて共同体成員に私有され免税、他の部分は共同体所有のままおかれ、賃貸料を納めた成員個々人によって利用された。別にパグス所属の土地があり、森林・牧草地として共同使用にのみ委ねられた。パグス領域の周辺部はしばしば「無主地」として分離され、数パグスで共同使用された。数パグスが合体する時は、この土地は「公有地」(ager publicus)とされた。最近の研究によれば、都市としてのローマの建設の前には、それぞれ別の氏族に住まわれたパグス定住地があった。ローマの市民共同体は、ここに述べられたような発展径路を辿ったと言って誤りなかろう。ローマ史から類推すれば、都市の最終建設はある場合には平民と貴族の間の闘争の終わりごろであった。アテネのデーモスの場合のように平民の勝利が市民共同体建設の決定的要因であり、その特徴を決するものであった。その場合、二つの特徴が決定的であった。一つは、共同体の統制外にある土地はないこと、第二は、市民と、事実上は国家の性格をもっていた市民共同体の関係は直接的である(低次の共同体とか、保護者や地主の如き私人の中間項がない)こと、であった。第一の特徴に関して言えば、土地は共同体に属する共同地と、成員個人に属する私有地に二分され、それ以外の土地は(神殿領も)なかった。もう一つの重要なことは、土地保有の上限を決めたことであった。このことは大土地所有の成長をとどめ、土地を統制する都市共同体の絶対権を確認し、市民のみが土地を所有でき、生計維持に必要な割当地を要求する権利を持つという原則を是認したものだった。ローマが建設した他のすべての都市も、この説によればこの第一の特徴をもっていた。

これらに対して、第三の説は次のようにまとめられるであろう。すなわち、ポリスはその発生時においては共同体的構造を想起させるような若干の特徴――「公有地」(ager publicus)、全市民総会、共通に従われた権威、神々等々――を持っているかもしれない。しかしこの共同体への類似は表面的であるにすぎない。また、ポリスが第二類型の共同体から発展したかもしれないこともちろん否定できない。しかしその場合でもポリスは共同体とは呼びえない。私的所有の継続的拡大が時として第二類型をポリスに変形させた事実もあるが、これは古典古代における都市発生の唯一の径路であったわけではなく、ギリシアの植民市が完全に未定住の地域に、しかも地方的共同体の型にまったく基づかないで建設された多くの例がある。反対に、第二類型の共同体において私的所有がさまざまな外的・内的条件によって促進され、その共同体が容易に多くの特徴を、とくに政治組織にかんしてとった例もあった。要するに、第三の説によれば、ポリスは元来は共同体から成長したものかもしれないが、やがてあらゆる時代、あらゆる国民において都市を村から区別する特別な特徴を獲得した、というのであり、ポリスと共同体は二つの異なったカテゴリーだ、というのである。

シュタエルマンらの整理による以上の三説は、ポリスと、共同体の第二類型すなわち村落共同体との間に構造上の類似があるということを認める点においてはおおむね一致しているように思われるが、その構造上の類似はまったく表面的にすぎず、そこには都市と村落という完全な相違があり、すべてのポリスは共同体ではないと主張する説(第三の説)、小規模のポリスだけが共同体だと考える説(第一の説)、ポリスはすべて共同体だと考える説(第二の説)、とに分かれるわけである。そして、さきにも述べたように、これらの三説はいずれも、共同体の「発展」(第一の類型から第二の類型へ)の線上にポリスを捉える点においてはほとんど一致していると見られる。第三の説が、ギリシアの植民市を「発展」によらないポリス発生の例としてあげているのは、建設植民市といえども、特定の発展段階に達した母市のいわば引っ越しであるから、例外とは言えない、という意味で必ずしも正しくないであろう。

ポリスは共同体か、という問題について、この報告論文の執筆者たち、なかでもシュタエルマン自身はどう考えているのであろうか。それにふれているのは、前節で引用した一九七〇年の論文「ローマ帝国における共同体」[27]の冒頭部である。この冒頭部でまず、ポリスは共同体と見なしうるかの問題を手がかりに、ローマ帝政期における都市と共同体とを区別する視点を提出するとともに、都市が、そして帝国政府の政策が共同体を分解させる作用を働いたことを跡づける。その上でシュタエルマンは、にもかかわらず共同体は消滅することはなかった、ということを証示することを、この論文の中心に据えるのである。したがってこの論文の主題は、本書の後段において扱う問題にかかわるものであるが、冒頭部におけるポリスと共同体の問題の整理は、見落とすことのできない論点を含んでいる。シュタエルマンはそこで、ポリスは、①ager publicus の、ある意味ではすべての土地の所有者であること、②市民すなわち共同体成員のみが、土地所有者でありえ、また ager publicus の用益権者でありうること、③都市（ポリス）の行政機関は、発生的には共同体の自治機関に由来すること、以上の三つの標識のゆえに、盛時のポリスを共同体とみなしうるとなしつつも、しかも完全にはポリスと共同体とは同一と見なされえない、ことに後代においてそうである理由として次の二点を指摘する。第一は、ポリスは独立国家であって、やがて帝国に編入されても、都市は種族共同体・農村共同体とは異なった地位をもつ、ということ。第二は、ポリスにおいては共同体におけるより私有がはるかに発達し、そのため農業・手工業の社会的分業、商品貨幣関係が共同体におけるより完全であること、以上である。

以上の論点はこの論文では、帝政期における都市と共同体の相違を明らかにするための前提という意味をもたされており、しかもこの論文で帝政期の都市と呼ばれているものはローマ市民権都市を念頭において言われているものと見られるのであるから、ことさらに、しかも後代のポリスを引き合いに出すことによってそれと共同体との相違点を浮彫にしようとしたものであって、したがってポリスと共同体との本来的無縁・異質を強調することがシュタエルマンの本意であったとは見られないのである。シュタエルマンもまた、ポリスを共同体の発展線上に把えることに変わりはない。

シュタエルマンら三名の一九七五年の報告論文に戻ろう。すでに述べたように、この論文は、古典古代における共同体の複数類型の存在を指摘し、共同体概念の定義づけをふまえて、それら複数類型の整理分類を行なうとともに、それらを発展の関係で位置づけそれら諸類型の中におけるポリスの位置の問題を提起するという、いずれの論点においてもわれわれの問題に深くかかわる重要性をもつものと考えられるが、さらに特にわれわれの興味をひくもう一つの論点がある。それは、ポリスが他の種類の共同体にたえず影響を及ぼし、近隣共同体の分解(dissolution)を早める、という点の指摘を念入りに行なっていることである。すなわち、次のように論ぜられる。都市の存在そのもの、あるいは都市が共同体に振う権力は、共同体の生活に決定的な影響を与えた。共同体土地所有権は後退しはじめ私的所有権に道を譲り始める。富裕集団が共同体内に現われ、取引がさかんに行なわれて貨幣と商品の流通を拡大し、外国市場めあての産業を促進する。ポリスの地方諸共同体への影響とその結果である後者の分解(dissolution)は、古典古代文明と地方文化の交互作用の主要形態である。共同体生活を破壊し種族を文明圏に引き入れたのは、ギリシア＝ローマ都市であった。しかし、共同体はポリスに付属させられるに至ってもその政治構造を失わず、従来の神々を拝し、共同体的組織をとどめた。多くの歴史家の言うように、種族共同体の広汎な存在が「古典的」奴隷制を支え、古典古代の都市共同体の広汎な存在が「古典的」奴隷制を促進した。しかし、奴隷所有がその頂点に達したローマにおいてすら、地方的共同体はけっして存在をやめなかったし、紀元三世紀の危機の間に、それらは大幅に復活し、強化されさえした。共同体のこういう存続能力は、自由保有の、また債務を負った農民層の存続能力によるものである。

もとよりこの最後の部分は、さきの一九七〇年のシュタエルマン論文の主題と同様に、本書の後段において扱う問題であり、今の関連では取り上げないが、ポリスないしは都市が、他の種類の共同体に与える分解的影響は、帝政期における発展の論述の中でもくり返し指摘される[28]ことも注意しておくべきであろう。すなわちシュタエルマンはこの一九七〇年の論文で、発達した諸関係(都市)から来る商品貨幣関係および都市による搾取の共同体に与える分解作用をこの上なく重視し、共同体の分解は、共同体が都市の領域にある時、その発達した商品貨幣関係、都市による搾取の影響を受けて、特に早い、と言うのである。

ここで一九七五年のシュタエルマンら三名の報告論文がわれわれに強く主張している、われわれの問題にとって重要と思われる考え方をわれわれなりにまとめておこう。古典古代における共同体はけっして一種類のものだけではなく、多くの種類のものが並存するが、しかしそれらは発展度の異なったものであって、いずれもがより発展した共同体への変化・発展(すなわち、私的所有がしだいに重要性をまし、共同体的性格がすこしずつ後退して行く)の運動過程の中にある。マルクス『諸形態』の古典古代的形態そのものについても、それはけっして固定的に考えるべきではなく、古典古代の歴史の中でたえず発展・変化した(マックス＝ウェーバーの貴族政ポリス、重装歩兵ポリス、民主政市民ポリスの三類型をここで想起することは誤りでなかろう)。そしてそのような古典古代的形態の共同体(ポリスないしはレス＝プブリカ、キーウィタース)は、その運動(発展・変化)、なかでもその運動の主要な原因でもあり結果でもあるところの商品貨幣関係、ならびにそれによって促進される奴隷制の展開、こういった運動そのものによって、他の種類の共同体に影響を与え、その分解を促進した。ポリスを共同体と規定しうるか否かの議論が生ずるのは、ポリスのそのような運動過程のいずれの段階を見るかによる意見の分かれに由来するのであって、共同体概念の定義づけにおける相違に由来するものではない。ポリスの運動とその影響こそが、われわれの重視すべき問題である。

以上のようなまとめに立って、地中海世界の一つの世界としての性格を決定した共同体とはどのような共同体であったか、という最初の問題に立ち返るならば次のように言うことができるであろう。今日では、古典古代の共同体を考えるに当たって、『諸形態』の古典古代的形態ないしはポリスを念頭におくだけでは不十分であるが、この古典古代的形態こそが他の諸形態の共同体に影響と作用を与え、それらの諸共同体の運動(発展と変化、すなわち分解dissolution)を促し、結局はそれらの諸共同体が古典古代的形態の方へと傾斜してゆく働きをはたらいたのであり、また古典古代の政治的・文化的舞台においてもその歴史を主導する役割を演じたものであった。地中海世界の各地には、そのような古典古代的形態の共同体という中心が多数散在しただけでなく、その周辺の、種類の異なる、発展度の低い諸共同体に対して分解的作用を働き、それら諸共同体が中心たる古典古代的形態の方向へと傾斜運動を強めるように影響を与えていたのであった。地中海世界は、たとえて言えば、古典古代的形態の共同体を中心にしてその中心の方向に引き寄せられ傾斜してゆく「小渦巻き」の一面に散在した世界であった。地中海世界における「中心と辺境」(centres et périphéries)の問題[29]は、全体の中心部と周辺部との相互関係の問題ではなく、このような多数の小渦巻の中心と周辺との交互作用の問題として理解さるべきものなのである。このような新しい意味において、古典古代的形態こそが、地中海世界の一つの世界としての性格を決定した共同体である、ということは依然として正しい、と言わなければなるまい。

4　地中海世界における共同体の世界史的位置

では、この地中海世界の一つの世界としての性格を決定した共同体の、その特殊性は何であろうか。つまり、他の世界、たとえば古代オリエント世界、東アジア世界、ないしはヨーロッパ中世世界等を性格づけた別種の共同体と区別されるところの、この共同体(いわゆる古典古代的形態)の特殊性とは何であろうか、という問題である。

この問題を考える手がかりとして、もう一つの論文を紹介したい。それは、東ドイツの中世史家ベルンハルト＝テップファーが一九六五年に発表した「封建制の若干の基本的諸問題について[30]」である。この論文の主要なテーマは、いまこれを取り上げようとする意味ないしは意図そのものと完全に合致するものでは必ずしもなく、多少のずれがあることは明らかであるが、われわれにとってのこの論文の意味とテップファーの考え方を明らかにするために、全体の趣旨をかんたんに紹介する必要がある。

この論文は第一に、封建制への移行形態がさまざまであることを指摘し、第二に、そのような多様性はそれぞれの封建制に先行する社会構成が異なることに由来し、先行する社会構成が異なるに応じてそこから生まれてくる封建制の特徴が異なることを論じ、第三に、原始共同体が解体して生まれてくる階級社会は奴隷所有者社会とはかぎらないことを示すのであるが、それらの中で、西洋古代末期の発展を独自の仕方で社会構成史的に位置づけるのみならず、資本主義以前の社会構成の継起の問題にまでふれることになるが、その捉え方が、われわれの共同体の性格の問題の解明に、大きな示唆を与えることになっているのである。

まず、封建制への移行形態の多様性とは、先行の社会との断絶の上に封建制が生まれた場合と、先行社会から連続的・漸次的に移行した場合と、歴然と二分されるということを指し、前者として西欧のフランク封建制が、後者としてビザンツ封建制があげられる。テップファーは次のように論ずる。ローマ帝国西部における古代から中世への発展は、もちろん連続した要素(とくに高級文明遺産)もあるが、全体としては世界史的発展の中で他に例がないほどの断絶があったと見られ、フランク封建制はゲルマン諸部族内部の社会的発展過程の結果であり、自由な共同体農民を基礎にした組織からの発展である。西欧とくにフランクの封建制は、古代末期とゲルマン内部の発展との総合ではあるが、決定的な要素は後者であり、前者は促進的な要素にしかすぎない。もちろんゲルマン侵入以前に西ローマ内部にも封建的発展はあり、侵入がなくとも封建社会に発展したであろうが、しかしそれは西欧封建制とは異なったものになったであろう。またこの移行過程に暴力的要素もあったが、封建制から資本主義への移行における革命との行き過ぎた並行視は誤りであり、その暴力的要素の中では、ゲルマンの侵入と定着の方が帝国内部の蜂起よりも重要な役割を演じた。

以上のような西での発展に比べると、ビザンツ封建制は古代末期からの直接的・連続的発展が特徴である、とテップファーは次のように論ずる。ローマ帝国東部では、都市の経済生活も西部では見られないほどに続き、国家の官僚制構造も維持され、同業組合に対する国家統制も古代末期から連続していた。暴力的行動も西部よりは少なく、スラヴの侵入も全土には及ばなかった。領土の減少はあっても古代国家は存続し、そのため封建制の形成も連続的で緩慢であった。ビザンツにおける封建的諸関係の発生については、四―六世紀を未だ奴隷所有者国家として奴隷所有者制の崩壊を七世紀と見るカジダン説と、四、五世紀にすでに封建的土地所有と封建的搾取形態の重要な役割を認める(コロナート制を奴隷制より封建制に近いと見る)リプシッツ説とを対比し、前者は封建化の契機として大衆運動と蛮族(スラヴ)の侵入・定着をおく点で余りにも西部の物指で考える誤りを犯している、とし、正確な封建概念を規準にして考えるとき、四、五世紀のローマ社会の封建的諸関係の発展度はかなり高いから、リプシッツ説の方が正しい、とする。(31)

以上のような西欧型とビザンツ型の対比は、断絶が封建制への発展の絶対条件ではないことを示しており、近東においても封建的諸関係の形成にさいして都市も商品貨幣関係も衰退せず、初期封建制の八世紀は都市と商工業の繁栄期であった。しかもオリエント地域では古代奴隷制が西ほどに発達しなかったことは、封建化過程における地域の特殊性を過小評価することへの警告である。中国もまた連続型であって、異なった搾取形態の並存する長い過渡期が続いた、とテップファーは指摘する。

以上のように、封建制への移行形態の多様性を指摘したのち、テップファーは、各地域で封建的諸関係が形成される以前の階級社会は如何なるものであったかを問いながら、第二の論点に移行する。彼は論ずる。地中海地方では大体それは奴隷所有者社会であったが、東洋諸国(近東・インド・中国)、古代アメリカではそうではなかった。これらの地方ではかなりの奴隷はいるが、奴隷は生産の決定的担い手ではなく、支配階級(官僚と神官)は独立の農民家族の貢納で生活したがそれを直接に収受せず、全国土に対する上級所有権をもつ専制的中央権力を通して収取した。これは、奴隷制あるいは未発達の奴隷制ではなく、マルクスの言うアジア的生産様式と、それと結びついたオリエント的デスポティズムである。ところで、アジア的生産様式と封建制とは、生産者が自営農民または農民家族共同体であるという共通点をもち、デスポットの搾取の有無が違うだけである。それゆえ、土地の個人的所有権が強まれば前者は後者へと、容易に、革命的転覆なしに移行する。その場合でもデスポティズム的形態が残る(例えば一六―一八世紀のオスマンのスルタン)。つまり、封建的諸関係の形成以前に確固たる国家的規範と発達した法律を持った階級社会(奴隷所有者国家とかオリエント的デスポティズム)が先行すると、それらの規範は長く影響を与える。これに対して、先行するものが「崩壊過程にある原始社会」であって、国家形成以前の段階であると、それらの前国家的諸制度とその規範は、階級社会(この場合は封建制)と国家制度の形成とともに早く克服される。その典型が西欧の封建制である。フランク封建制は古典古代的諸関係の刻印を受けなかったが、しかし古代末期文化とその諸影響がフランクにおける内的発展を早め、これによって原始社会的残滓は速やかに克服されたのであった。より発達した階級社会からの影響が、本来独自的な原始社会の発展を促進し、封建制への移行が行なわれるという同じ過程は、他にも日本やキエフ＝ロシアにも見られるところであって、この場合に、先行の階級社会の諸形態を背負わない最も典型的な封建制が形成される。(32)

以上のようにテップファーは、封建制への移行に三つの道、すなわち、(a)解体過程にある原始社会制度(原始共同体)から、(b)アジア的生産様式から、(c)奴隷所有者制から、という三つの道があるとし、そのいずれもがノルマールであり合法則的である、と論ずるのであるが、それと関連して、原始共同体の解体から生ずる階級社会としては、①アジア的生産様式にもとづく階級社会、②奴隷所有者社会、③封建社会、の少なくとも三つの異なった型がありうることを、第三点として論ずるのである。すなわち、テップファーによれば、原始共同体において個別的耕作による共同所有の解体という条件が生まれれば、奴隷搾取と並んで封建的搾取の萌芽も生まれるのであって、ゲルマン諸種族において封建的生産関係の最終的勝利以前において、家父長的奴隷制・従者制・貢納支配・封建制類似の隷属等々さまざまな諸関係が並存しうることを示した最近の研究は、他の諸民族における階級社会成立以前の段階に一般化することが可能であり、それらの諸関係のうちいずれの形態がその後の発展で優勢となるかを決定するものは単に生産諸力の段階だけではない。エジプト・近東・インド・中国では灌漑・治水を絶対必要とする地理的条件が強く働き、階級形成と国家形成とは並行してアジア的生産様式を導き出したのに対して、商品貨幣関係の急速な発展にとって好都合な諸条件が自然によって与えられているところでは、直接生産者の土地からの切り離し、すなわち土地の流動財産化が現われ、ここに完全な奴隷所有者制が導き出された。一方、商品貨幣関係の拡大を阻害する一般的状態があり、かつ、農業生産の拡大が多量の労働消費と労働に対する個人的関心を必要とするがしかし平均以上の協同を必要としない(それは生産諸力のかなり高い発展段階を前提とする)ところでは、原始社会の解体から封建制の形成が導き出された。

以上のように、テップファーによれば、アジア的生産様式・奴隷所有者制・封建制は無階級社会克服の三つの可能性であるから、それらは同権で並存するものであり、したがってまた、三つの基本的な搾取形態が純粋型で相互に分離して現われる必然性はなく、二つまたは三つの搾取形態が混在するさまざまな変種が存在するのは不思議ではない。じっさい、これらの三形態には基本的な共通特徴がある。いずれにおいても農業が生産の基礎をなし、したがって、土地が最重要な生産手段であるほか、技術の低水準、生産用具が小さいこと、これらのゆえに、生産は基本的には個人的性格をもつこと、経済外的強制が重要な役割を演じていること、などがそれである。

しかし他面、これらの間の相違を見落としてはならないことをもテップファーは強調する。すなわち、アジア的生産様式・奴隷所有者制・封建制は、前のものほど搾取関係は原始的であり、奴隷制は直接生産者の自益心を殺したから、封建制より原始的な搾取形態であった。したがってこの三形態は、並存でありながら成熟度の異なる継起的三段階である。しかもこの三形態のうち、封建制は、小型の生産用具と生産の個人的性格に最も適合する形態であった。このことが、原始社会とアジア的生産様式から封建制へのゆるやかで自然な発展を支えた基本的な事実であった(原始社会からの場合には、もちろんすでに存在する階級社会からの影響も基本的な条件である)。

これに対して、奴隷所有者制から封建制への移行には深い断絶があるが、それは封建制から資本主義への移行とは法則性を異にする。後者の場合には、世界史上前例のない生産諸力の発展が全く新しい社会的分業を生み出し、したがって古い生産関係が破壊され、政治的分野で真の革命が歴史上はじめて実現したのであるが、前者の場合にはそれといささかでも比較しうるような生産諸力の発展はなく、その移行はむしろ生産諸力の停滞と結びついていた。つまり奴隷制が衰退したのは新しい生産諸力が生産関係を破壊したからではなく、奴隷制が社会の存続に必要な中間層の没落と全経済の停滞を招いたからである。奴隷制が活力ある社会に必要な基礎を掘り崩したからである。ここで新しい形態が求められ、低水準の技術と小型の生産用具に条件づけられた生産の個人的性格に最も適合した形態、すなわち封建制が、ゆるやかに貫徹したのであった。もとより、この移行期にも内的緊張や危機的現象はあり、それらは長い移行期における合法則的現象であって、多くの場合中央権力を弱め封建的諸関係の発展を早めるが、しかしそれは市民革命と比較できるものではない。そこでは、古い支配階級を倒す力のある階級が蜂起の主導権を握っていない(新しい社会構成において指導的な役割を演ずる階級の支配的関与は革命の絶対要件の一つであるのに)からである。奴隷制は発達すればするほど危機は深刻化し、社会の全面的崩壊の可能性は増大する。だからこそ、発達した奴隷所有者社会は世界史上例外であり、地中海地域以外に真の奴隷所有者社会が存在したかどうかは疑問であり、他の場合は、たいていは他の副次的形態と並存していた。

以上のように論じたのち、テップファーは最後に、帝国西部における奴隷所有者制の完全崩壊が封建制の自己の法則に従った自由な展開を可能ならしめ、そこから生まれた西欧封建制の特徴が封建制から資本制への飛躍の絶対条件となったことを指摘して、この論文を閉じるのであるが、この論文が提起している問題が多岐にわたっていることは、以上の紹介ですでに明らかである。ことに、前資本主義的階級社会を、並存と継起として捉える考え方は、わが国ではすでにこの論文の前年、一九五九年に太田秀通氏によって、「世界史の発展段階と民族史のそれとの関連と差別」の問題として、「並存関係の中に継起的発展関係をつきとめる」方法として、[33] 提起された考え方であって、われわれにとって新しい捉え方ではないが、同じ一九六〇年の第一一回国際歴史学会議においてソヴェトのジューコフが当時のソヴェト歴史家たちの「時代区分論のいわば最大公約数を代表して発表した」[34] 報告論文「世界史の時代区分について」[35] が、まだ結局は、ほとんどすべての諸民族が、原則として世界史上のすべての発展段階を通過するといういわば単線的・普遍的な発展段階論をとっていたことを考え合わせると、やはり注目すべき主張であったと言わねばなるまい。[36] さらにテップファーは、このような把握をふまえて、古代末期における生産諸力の発展ではなく、停滞こそが封建的諸関係の発展の条件であることを指摘し、さらに他方では、奴隷制の衰退を生産諸力の発展による生産関係の破壊として説明することを拒み、いわば奴隷制の自己崩壊として捉えたわけであるが、この部分の提言は、本書の後段に至って再び省みられることになるはずである。

以上のように、テップファーのこの論文は、基本的諸問題について多岐にわたった提起を行なっているのであるが、本書のこの個所でこの論文に注目するのは、この論文にとってはむしろ副次的とも見える論及が、実はわれわれの当面の問題、すなわち、古典古代における共同体の性格の究明の問題に深い示唆を与えていると思われるからである。すでに述べたように、テップファーは、原始社会(原始共同体)からどのような階級社会に移行するかを決定するものとして、生産諸力の発展だけでは十分であるとは考えず、地理的・自然的条件の与える作用を重視し、古典古代の奴隷所有者社会への移行を決定する条件としては、商品貨幣関係の急激な発展を可能ならしめる自然的諸条件を指摘した。いうまでもなく、アジア的生産様式にもとづく階級社会であれ、奴隷所有者社会であれ、封建社会であれ、前資本主義時代の階級社会は、その基底にそれぞれ固有の共同体をもち、その共同体の性格ないしは構造がそれぞれの階級社会の特殊な性格を支えていると考えなければならないが(第2節)、この前提に立てば、原始社会からそれぞれの階級社会への移行を決定する諸条件、なかでも自然的・地理的条件とは、原始共同体から、諸階級社会の基底を支えるそれぞれ独自の共同体への発展を決定した条件であったのである。テップファーの論文の論及は、そのことの含意をもつゆえをもって、この個所でわれわれは注目したいのである。

もとより、それぞれの共同体構造の形成過程における先行文明(とくに先行の階級社会が発展させた生産諸力)の影響を無視すべきではない。テップファーも、原始共同体からの封建社会の形成過程における、より発達した階級社会からの影響が、成立する封建制の「典型的」形態を生み出すにあずかって力があったことを指摘する。古典古代の共同体の発展に対しても、先行のオリエント文明の絶大な影響を重視しなければなるまい。『経済史年報』が一九七〇年に、「共同体と共同体所有」の特集を組むに当たって、ヴェルスコップフが序説を執筆し[37]、そこで強調したのも、この側面であった。オリエントにおける巨大な文化発展の周辺において、地中海の古典古代共同体が発展したこと、古典古代文化の周辺地帯に展開したゲルマン的・ケルト的・スラヴ的共同体の発達に対して古典古代文化が深く影響したことを、彼女は強調する。世界史的な発展が一民族・一舞台で行なわれるのではなく、構造的中心の周辺において、一時的な空間的縮小・発展のテンポの早まりを伴って展開されることも、彼女の強調するところである。「関連の中における発展」(Entwicklung im Zusammenhang) と彼女が言うのはそれである。こうした先行文明の継受という要因は、わが国では、大塚久雄氏・太田秀通氏がそれぞれのニュアンスをこめてすでに指摘・強調しておられるところであって、[38] われわれにとって耳新しいことではない。ゴールドンの示唆のもとに太田氏によって提唱された、前二千年紀における文化的・経済的複合体としての東地中海世界の構想[39]は、正にこの「関連」の結び目として重要な意味をもたされているのである。

それにもかかわらず、古典古代における共同体の特質の形成要因として、先行のオリエント文明の影響の決定力を推定することは、十分に正しいとは言えないであろう。古典古代における共同体の発展に対して、地中海地方に存在したところの商品貨幣関係を促進する諸条件が作用し、その特質形成者となった側面をこの上なく重視すべきことを、テップファーの論文は教えているのである。そしてこの要因こそ、地中海世界の発展と崩壊、その基底に展開される共同体の発展と変化を追究するさいに、片時も念頭から離すべきものではないことを、本書はやがて明らかにするであろう。

5 「市民共同体」の運動法則の特質

以上のようなテップファーによって示唆されていると思われる論点は、シュタエルマンらが機会あるごとに指摘してやまない古典古代における共同体の多様なる類型と、それら相互の諸関係の事実と重なり合いつつ、地中海世界の一つの世界としての性格を決定した共同体の特質について、きわめて重要な認識をわれわれに可能ならしめている。それはおよそ次のようなものであろう。

地中海地方の各地に定着した諸民族が元来から持っていた原始的な共同体は、生産諸力の漸次的な発展によってすこしずつ変化せざるをえなかったが、そのさい先行文明（オリエント）の生産諸力が継受されるとき、その原始的な共同体の変化は早まったであろう。しかしそれにもまして、地中海地方に存在する商品貨幣関係の発展に好都合な諸条件が、各共同体に現実的に作用したとき、他の諸世界の共同体には例が見られなかったような速度で共同体に変化が現われ、その変化の過程で、奴隷を生み出し(40)、奴隷制を従え、私的所有の原理が急速に伸長する。このような変化・発展の一定の段階で現われたと考えられるものが、共同体の「古典古代的形態」と捉えられているものである。オリエント各地におけるような灌漑・治水が農業生産の絶対条件であるというような地理的条件がなく、したがって強大なデスポティズムを必然ならしめる経済的条件が存在しなかったことから、地中海地方においては、共同体はその発展の過程で国家を形成してゆく。

しかしながら、もとより、地中海地方に定着した諸民族の原始的な共同体に、地中海地方に存在する商品貨幣関係の発展に好都合な諸条件、先行文明の影響、等が直ちに、同じ力で現実的に作用したのではない。それらの作用をうけないところでは、シュタエルマンらが指摘してやまないように、古典古代の地中海地方には、彼女らが血縁共同体と呼んだようなきわめて共同性が強い共同体も後代まで残ってゆく。しかし古典古代に特徴的に見られる傾向として、それらの共同性の強い共同体も、その例外的とは言えないほどのかなりの部分が、生産諸力の自生的発展によってゆっくり変化・発展するままにまかされず、結局は先の諸条件・諸影響の現実的に作用する場にまき込まれ、共同体の変化・発展の速度が増し、古典古代的形態へと変成してゆく。そのさいに、すでに古典古代的形態の共同体となって都市化し、国家を形成している先進的な中心地から波及する作用力が、決定的な要因となって働く。古典古代の地中海地方は、多数の古典古代的形態の共同体という磁力(分解力)の中心が散在し、それらの磁力の中心によって形成される磁場の中に、それぞれの周辺の共同性の強い共同体が吸い寄せられ、それぞれの中心(古典古代的形態の共同体)に同化してゆく、たとえて言えばそのような様態を示し、そのような小渦巻的回転運動の均質性によってその性格を統一された一つの世界であった、と言うことができるであろう。

この磁力に吸い寄せられ、商品貨幣関係の中にはいり、交換と流通経済の波にもまれると、共同体は急速に共同性を稀薄化し、私的所有の原理を伸長させ、すなわち分解過程に入り、村落共同体を経て、やがていくつかの村落共同体が合体して交換の場としての中心市をもったポリスへ、すなわち「古典古代的形態」の共同体へと発展する。これが、地中海世界における共同体の発展の基本的コースであった、と言うことができるであろう。のちに、ポリスの衰退期に、プラトンはソクラテスの口をかりて「ポリス」を理論的に究明しようとし、最小限のポリスは農民と大工・織物屋など四、五名から成ると考えた[41]ことは有名であるが、このことは、「ポリス」が一定限度の社会的分業の進展を前提するものであったという含意をもつものと理解さるべきであろう。このような社会的分業の進展を前提すれば、その分業の成果を入手するためには交換と流通経済の一定限度の発達があらねばならなかった。したがって共同体が、交換の場としての中心市をもったポリスへと変成してゆくのは、いわば一つの必然であり、それはプラトンからも確かめられる、と言えるであろう。

　ところで、このように決定的な作用を働いた商品貨幣関係、交換と流通経済の急速な発達のための基礎的な条件を与えたものが、正に地中海そのものであったことは、改めて言うまでもない。とすれば、その同じ条件は、そこに生まれてくる「古典古代的形態」の共同体にも作用を及ぼさざるをえない。古典古代的形態の共同体、すなわちポリス、ローマ的に言えばレス＝プブリカないしはキーウィタースは、もともと地中海の与える諸条件の作用を現実的にうけた結果生まれてきた形態の共同体であってみれば、こうして生まれた古典古代的形態の共同体こそ、地中海の与えるこれらの諸条件を最も強く直接的に受ける立場にあったのである。

　ギリシアのポリスと、イタリア半島の都市国家すなわちレス＝プブリカないしはキーウィタースは同日に論ずることを許さない多くの特殊性をもつことは言うまでもないが、『諸形態』の「古典古代的形態」や、ウェーバーの「重装歩兵ポリス」概念を例に引くまでもなく、共同体論的には比較しつつ論ずることを許す大きな共通性をもつことも、改めて論ずるまでもない。そのような共通性に着目しつつ共同体論的に考察することが、逆に両者の独自性を教えてくれることにもなることは、以下その若干を示すことができるであろう。そこで以下においては、ポリスと、レス＝プブリカないしはキーウィタースとの両者を含めて、これを「市民共同体」と呼ぶことにする。「古典古代的形態」、あるいは「重装歩兵ポリス」「民主政市民ポリス」等の、従来使いなれてきた概念を避ける理由は、これらは共同体の発展のある段階の一断面を切ってこれを構造的に捉えた概念であるという性格が強く、ともすると、共同体の動的側面を必ずしも的確には表現しないきらいがあるからである。これに対してここに用いる「市民共同体」は、地中海世界における共同体の発展の基本的コースを念頭におき、したがって共同性の強いより原始的な共同体から出発し、ポリスを形成したのち、ついにはもはや共同体ではないと断定されてもしかたがないほどにまで分解してゆく、そういった動態を縦に長く含みこんだ、いわば発展の理念型としての性格を濃厚にもった概念である。

「市民共同体」をこのような内容をこめた概念として用いるならば、地中海世界の一つの世界としての性格を決定したものは、このような市民共同体でありその運動法則であった、と言いかえることができるであろう。とすれば、この市民共同体の特質は何かという問題は、この市民共同体の運動法則は何か、という問題になる。

第一は、これまで述べて来たところから明らかなように、分解の速度が早い、ということ、そしてその分解力は他の発展のおくれた共同体に影響を及ぼし、それらをも分解の渦にまきこむ、ということであった。これについてはここではもう繰り返さない。

第二は、市民共同体はその発展の過程で、奴隷を生み出し、世界史的には異例な、といわれる奴隷制を発展させた、ということである。奴隷制の発展は、実は、先進的な市民共同体を中心点とした小渦巻きの運動の中から生まれた産物であり、商品貨幣関係の急激な発達が作り出した、いわば癌細胞であるが、それは逆に商品貨幣関係の発達を促進し、市民共同体の分解に働く。奴隷制はこのように、市民共同体の運動法則の解明の中で重要な要因を形作るが、同時に市民共同体と独特な構造的な関係にはいる。そこで、本書では論述の便宜上、地中海世界の政治的・階級的構造を考察する後段において、この問題に立ち帰ることとする。

第三は、市民共同体は分解の速度が早いだけでなく、反対にまた、分解を復元させる復元力が甚だ強い、ということである。この復元力はどこからくるのか。それは何よりもまず、市民共同体がそのまま一つの独立国家をなし、他の同じような条件のもとに発展・分解してきた市民共同体、そして同じように一つの独立国家を形成した市民共同体＝国家と、たえず対立・分立・抗争を続けなければならなかった厳しい国際関係の場におかれていた、という要因からくる作用の結果にほかならない。そのような国際関係はギリシアについてとくに顕著で、ギリシア国際法によって正常状態とみなされた「慢性的戦争状態[42]」の中で落伍しないで生存をつづけるための自然的・本能的な自衛力であった。いうまでもなく、このような特異な国際関係の場にあっては、市民共同体の分解の一定限度以上の進行は、武装自弁の原則のもとではただちに国家としての防衛力の減退を招き、ひいては国家の存立そのものが危殆に瀕する、ということは、誰の目にも明らかな非情な現実であったからである。

さきにもふれたように、強大なデスポティズムを必然ならしめる経済的条件の存しない地中海地方において、いくつかの村落共同体が一定の段階で合体(集住)してポリスを作り、文字どおりの市民共同体＝国家となった時の意図の中では、防衛共同体を作って、経済的価値の源泉である農地あるいは牧地を守ろうという目的がきわめて重要な位置を占めていたのであるから、市民共同体が自己の防衛力を重視するのは当然のことであった。村落共同体の市民共同体＝国家への変成は、ウェーバーの繰り返し言ったように「戦士ツンフト」の成立であり、「戦士階級」＝市民の支配権の確立であったのであった[43]。マルクスのことばを借りれば、「戦争がこれら共同体それぞれの最も本源的な労働の一つである[44]」。つまり、市民共同体、ことにその中の一発展段階の類型として現われる「古典古代的形態」の共同体、はもともと意識的・意図的に結成されたものであるから、商品貨幣関係の作用をはじめ、「さまざまな要因」の作用によって、促進されてゆく分解に対して、同じく意図的・意識的に、分解を阻止し、さらにはまた、分解を復元しようとする努力を怠れなかったのは当然であった。そしてこの関連でもう一つ注意しておかなければならないことは、市民共同体＝国家の分解を促進する要因として、商品貨幣関係の急激な発達の作用のほかに、「さまざまな要因」があること、その「さまざまな要因」とは、共同体の分解の結果いわば鬼子として生み出される奴隷制自体が共同体に対して働く分解作用とともに、いまふれたばかりの、古典古代独特の特異な国際関係の集中して突出したものであるところの、戦争と征服と支配が共同体に働く急激な分解作用がある、(45)ということである。しかもそれらのうち、古典古代における奴隷制の特異な発達は商品貨幣関係の発達を条件とするとともに、地中海世界における種族共同体をはじめ発展度の異なるさまざまな形態の共同体の並存、ならびに市民共同体の対立的並存という、これまた特異な国際関係をもう一つの基本的な条件とするものであったことを思えば、この古典古代における特異な国際関係は、市民共同体の急速な分解(市民共同体の運動法則として先に第一にあげた特徴)の重要な促進的要因でもあるとともに、その第三の特徴である市民共同体の復元力を支える条件ともなっているのである。

6　ローマ市民共同体の運動法則とローマの支配

以上においてわれわれは、地中海世界をして一つの世界たらしめている原理として、市民共同体の運動法則にみいだされる特質を追究してきた。条件や因果関係を捨象して一言にして言えば、それは、市民共同体の分解の早さと、復元力の強さとであった。このような市民共同体の特質によってその基本的性格を支えられている地中海世界が、現実的に一つの世界として形成されえたのは、言うまでもなく、ローマによる征服と支配があったがゆえであった。したがって、もしこの場合、ローマの支配を生み出した原理が、市民共同体の運動法則の特質とは無縁の、あるいは異質のものであるならば、たとえば、それがなんらかの「征服欲」に発するむき出しの武力そのものによる支配であったのなら、(46)ローマの支配は外から来たいわば偶然的なものだということになり、地中海世界の現実的な形成は偶然によってもたらされたということになるであろう。もとより、かりにそうであったとしても、地中海世界が現実に形成されたことに変わりはなく、そして地中海世界が一つの法則性の上にその世界としての性格を獲得したという事実に変わりはないのであるが、果たしてそうであろうか。むしろ反対に、ローマの支配を生み出したもの、ローマ帝国をして帝国たらしめた原理が、正に市民共同体の運動法則そのものであるならば、地中海世界の現実的形成は偶然的・他律的力によったものではなく、それもまた世界史における法則的必然によったもの、ということになるであろう。われわれは今やこの問題を考えるところに来た。

そのためにはまず、市民共同体の分解の早さと復元力の強さが、共同体構造の上に如何に現われるか、ということから見てゆかねばならない。繰り返すまでもなく、市民共同体ごとに、ポリスを形成した段階における「古典古代的形態」の共同体の構造的特質は、その物質的基礎をなす土地所有、すなわち共同体的土地所有に現われる。すなわち、一方では、共同体内の平等の関係を具現しその物質的基礎をなす土地の共同体所有と、他方では、平等の関係と矛盾しこれを掘り崩す作用を働く土地の私的所有、この二つの所有形態の経済的均衡、しかもこの両者が相互に経済的に補い合う関係にあるという相補的統一、こういう形態における共同体的土地所有に現われるのである。そしてこの場合、私的所有における比較的均分と、共同体所有の利用における比較的平等が、共同体成員の共同体的平等の物質的基礎を形作り、この物質的基礎に応じてさまざまな程度の（ローマのような貴族に比重のかかった共和政から、紀元前五世紀のアテネのいわゆる極端民主政までの）民主政が政治形態の上に現われる。

このような「古典古代的形態」における市民共同体が分解するということは、共同体構造における次のような変化にほかならない。まず、私的土地所有の比較的均分が崩れ、私的土地所有は共同体を構成する諸個人の間に不均等に拡大する。ついでは（時間的ないし論理的前後関係では必ずしもない）、全体としての私的土地所有がしだいに共同体所有を蚕食し、前者の後者に対する比重が増大する。さらには、共同体所有の利用や蚕食における不均等発展、すなわち、共同体を構成する諸個人が共同体所有に参加する平等性の後退と崩壊も並んで進行する。これらの変化の結果として、共同体を構成する諸個人すなわち私的土地所有者の下層は土地を喪失し、土地は上層の手に集中する。奴隷所有が共同体内に浸透し、個人の奴隷所有が実現している場合には、奴隷所有の不均等発展が、土地所有の構造に現われる共同体の分解を加速させる。分解は、以上のような土地所有における変化に加えて、政治形態、および、政治的・経済的・社会的・軍事的権利義務の総体としての比較的平等の共同体成員権(すなわち市民権)における変化として現われる。

以上のような分解の運動は、すでにふれてきた基本的・促進的諸条件の働くところに生まれるいわば自然的・必然的過程であるのに対して、自然的・本能的な復元力の現実的・具体的な作用は、それぞれ特殊的な歴史的境位におかれた各共同体独自の政策・立法ないしは改革運動を通して実現されるものであるから、きわめて個性的・特殊的な様相を帯びるものであり、復元に巧く成功した場合もあれば、市民共同体発展の早い時期に失敗をして歴史の舞台からいち早く姿を消した例も少なくなかったはずである。そのような人為的・個性的な努力は、単に復元に向けられただけでなく、そもそも分解を阻止するためにも向けられた。クレーロス(私的土地所有の個人への割当地)の分割と売買の禁止、金・銀貨の使用の禁止、鎖国政策、奴隷所有の共同体内への浸透の阻止(ヘイロータイ)[47]、等の国是をいわゆるスパルタ的生活様式で保持しつづけたスパルタの例は、分解の阻止を構造的に支えようとした好例であったといえよう。他のポリスにおいても、分解の阻止と復元の努力が個性的な方法によって追求されたのであったが、アリストテレスがその国制を記述したのは一五〇余のポリスであったといわれるのに、そのうち今日われわれがかなりの程度に知りうるのはアテネについてのみであることからもわかるように、そのような分解の阻止と復元の努力は、わずかにアテネについてだけかろうじて跡づけることができる。ここでは個々の事件について立ち入って論述することはできないので、アテネの歴史で有名な、例えば紀元前六二一年のドラコンの立法、前五九四年のソロンの改革、前五六一年からのペイシストラトスの僭主政、前五〇八年のクレイステネスの改革等々の、事件あるいは改革運動は、共同体の分解とそれに対する復旧の努力である、ということだけを指摘しておきたい。(48)

ギリシアのポリスと同様に市民共同体として捉えることが可能なローマの歴史においても、同じような意味をもったと考えられる幾つもの名の知れた事件や改革を指摘することができる。共和政の出発点から共和政史を色どるパトリキ(貴族)とプレブス(平民)の対立と抗争は、ローマ市民共同体の分解が進んでいたことを示す政治的・社会的な現われであった。そして、こうした分解を阻止しようとする努力とそのための改革事業あるいは立法が、共和政の政治史の重要な曲がり角にその位置を占めている。たとえば、前四九四年における護民官(tribuni plebis)と平民会(concilia plebis)の設置、前四五〇年の十二表法の制定、前三六七年のリキニウス＝セクスティウス法(Lex Licinia Sextia)の成立、前三一二、三〇四年におけるトリブス(tribus)制の改革(aerarii のトリブス所属問題)、前二八七年のホルテンシウス法(Lex Hortensia)の成立、そして特に前一三三年以降のグラックス(Gracchus)兄弟の改革などは、いずれも分解の阻止あるいは復旧をめざしたという客観的な意味をもっていたと解されるのであるが、(49)これらについてもここでは立ち入ることができない。ここではただ一つ、ギリシアのポリスと比較した場合にローマの特徴としてくっきり浮かび上がってくる重要な相違点についてふれておかなければならない。というのは、この点にこそ、市民共同体としてのローマによって地中海世界が現実的に一つの世界となることができた秘密を解く鍵があるように思われるからである。つまり、ローマ市民共同体が、ギリシアのポリスと同様に、共同体としての運動法則の作用に身をさらしながら、ギリシアのポリスではなくローマ市民共同体こそが、あの巨大な支配を実現することができ、その支配によって地中海世界をして一つの現実的な世界たらしめることができた秘密を解く鍵(復元作用の個性・特殊性)が、その一つの相違点にあると思われるのである。それは次のようなことである。

市民共同体の分解を復旧させるための政策、すなわち、膨脹した私的土地所有から共同体所有を奪い返し、私的土地所有の比較的均分を回復すること、具体的に言えば、土地を喪失した没落市民(=農民)に土地を再び割り当て、完全市民(=農民)の列に復帰させ武装自弁の防衛を分担させること、こういった政策が、共同体が全体として占拠している土地の範囲内で行なわれうる場合においては、右にその名を列挙したような諸立法・諸改革で一応の目的を達することができたわけであるが、その範囲内ですまない場合、つまり、私的土地所有者が、蚕食した共同体所有を共同体に返却しようとせず、一方、共同体所有のままおかれている土地ももはや少なくなっており、そのため土地を喪失した市民(=農民)に共同体所有の中から私有地を再割当しようにもそのための土地が不足する、というような場合、共同体は私有地再割当のための土地を新たに獲得しなければならない。

そうした場合にとられた方法が植民であった。

そのような意味をもった植民活動を、ギリシアのポリスもローマ市民共同体も、時期こそ違え、必要な場合には盛んに行なった。ところが、正にその植民の仕方の中に、ギリシアのポリスとローマ市民共同体とを分かつ一つの重大な相違点があったのである。それは次のようなことである。ギリシアの大規模な植民運動は、周知のように、前七五〇—五五〇年に展開され、これによってギリシアの植民市は地中海域一帯に広がり、単にエーゲ海北岸、ダーダネルス海峡・マルマラ海・黒海沿岸のみならず、リビア北岸から、オトラント海峡東岸、シチリアの東部・南部、さらにはイタリア南部、スペインやフランスの南岸にまで、多数のギリシア植民市は広く散在するに至った。ギリシアのポリスの植民はこのように大規模なものであったが、しかしギリシアの場合は植民市は、「アポイキア(離れた家)」という呼び名が示すように、母市から独立の新たなポリス、独立の都市国家になったのであって、時として母市と戦争をすら交える関係になったのであった。[50] したがってギリシアの場合には、植民は、古典古代特有の国際関係(慢性的戦争状態)を整理するどころか一層複雑にし、商品貨幣関係に対する刺激、奴隷制の発達等の条件作りの効果を生み、この方面から市民共同体の分解要因を加えることになったのであった。ギリシアの植民は、分解復旧策の一つでありながら、結果的には分解の新たな要因を加えることになり、地中海地方各地域を精神的・文化的・制度的には結びつけることにはなっても、地中海世界を現実的に創出することはなかった。

この点がローマの場合は異なった。ローマの場合には、植民市は母市ローマから独立した国家となることなく、植民者はローマ市民でありつづけ、植民市は後の時代になるほど遠隔地に建設され、ローマ領の地続きの地にではなく飛び地に建てられることが多くなるが、そうした場合でも、植民市は、母市ローマの行政的下部単位であるいずれかのトリブス(tribus, 区)に所属させられ、植民者はその植民市の所属するトリブスにおいて戸口調査(ケンスス)の登録を行なった。[51] ということは、ローマの場合、市民共同体の分解を復旧させる方策としての植民は、単に分解復旧のある程度の効果をもたらしただけでなく、ローマ市民共同体の、地理的・人的な外延的拡大を伴った、ということである。

以上のような植民の仕方における相違に関連して、もう一つの重要な相違が現われてくる。紀元前三九六年、一〇年にわたる長い戦争の末、ローマは北の隣国ウェイイを攻略したが、戦後一〇年近く経過したのち、ウェイイの旧領のあとに、プレブス全員に一人七ユゲラの私有地を割り当て、植民に送り出した。この大規模な植民から、ウェイイとの死闘に土地獲得の目的が少なくとも含まれていたことが逆推されるのであって、正にこの土地獲得と植民はローマ市民共同体の分解の復旧という意味を主観的にももっていた好例であったと考えられる。そしてその時、このウェイイの旧領のあとに四つのトリブス(Stellatina, Tromentina, Sabatina, Arnensis)が設置されたのであり、この地に土地割当を受けた植民者は(その地に政治的地盤を獲得しようとするパトリキ家族も含めて)、それらのトリブスに登録し、それらのトリブス員(tribules)となったのである。なお、この領土拡大は、前四二六年に獲得されたFidenaeの領土、前四一八年に獲得されたLabiciの領土のような小規模の領土拡大と異なって、共和政始まっていらい最初の大規模な領土拡大で、このときローマの領土はほぼ一・五倍になったと推定されている。前四九五年に農村トリブス一七、中心市(ローマ)トリブス四、計二一であったトリブス数は、この前三八七年に二五に増加したのであった。

ところで、さきに、もう一つの重要な相違、と述べたのは、このウェイイ旧領への植民にさいしてのことであって、ローマはこの土地割当に、ウェイイ側からの逃亡者、ウェイイ人、カペナ人(カペナテス)、ファレリ人(ファリスキ)らが参加することを許し、かれらにローマ市民権を与え、ローマ市民共同体に入れた、という事実である。(52) つまり、ローマは、他の共同体の成員に対しても、ローマ市民権を付与し、かれらにローマ市民共同体の共同体所有地(公有地)から私有地の割当を行なったのであって、こういった政策は、この時の例外なのではなく、その後の数百年の歴史においてさまざまな機会に種々な形で継承・発展させられてゆき、(53) ついに紀元二一二年におけるローマ市民権の一般的付与令すなわちアントニーヌス勅法(Constitutio Antoniniana)に至るのである。このようなローマ市民権政策、それを支えるところの故郷の共同体の市民権との二重市民権(Doppelbürgerschaft)の許容、こういった方策は、ギリシアのポリスには政策としては全く見られなかったところであり、むしろ反対に市民権・市民団の閉鎖性こそがギリシアのポリスの特徴であった。その好例が、紀元前四五一／五〇年にペリクレスが作った、アテネ市民権を両親ともアテネ人である者に制限した市民権法であった。市民団の閉鎖化と帝国化が併行して現われるというのがアテネの場合であったのに比して、ローマは全く正反対に、帝国化と、市民団の開放が併行したのであった(54)。このような特徴的な市民権政策によって、ローマ市民共同体は外から市民団を補強することになるのであり、支配と領土の拡大につれてそれはしだいにその重大な支えとなるものである。

以上見てきたようなローマの植民に見られる二つの特徴、すなわち、第一には、植民市が母市から独立した国家とならず、植民者が母市のトリブス(区)に編入されるか新トリブスの設置が行なわれてその新トリブス員となることによって母市と緊密に結ばれ、正にローマ市民共同体の一員でありつづけたということ、第二には、他の共同体の成員を必要の場合には躊躇することなしに市民共同体に編入してゆく開放的な市民権政策、これら二つの特徴のゆえに、植民は、ローマの場合には、市民共同体の外延的拡大と、外からの補給による増強とを伴ったわけであったが、このさい、植民は市民共同体の分解を復旧させる重要な方策であったことを想起する必要がある。このことを想起するならば、分解を復旧させようがための政策がローマ市民共同体の拡大を生み出したのであり、したがって、この拡大力の強さは分解復旧力の強さに依存することになることが明らかとなる。とするならば、分解が激しければ激しいほど、そしてそれを復元して国家の独立を守ろうとする個性的・特殊的な政策が効果的に進められれば進められるほど、市民共同体の拡大と増強の必然性はますます増大するわけであり、言いかえれば、分解の激しさは市民共同体の拡大をいっそう必然ならしめたわけであって、この拡大の必然性がローマ市民共同体の地中海諸地方に対する支配を構造的に支えることになったのであった。そして、この拡大すなわち植民のいま述べたようなローマ的特殊性、つまり植民市が独立国家とならず植民者がローマ市民でありつづける原則は、植民市という名のローマ市民共同体の前進拠点を遠隔地に作ることになり、あの開放的な市民権政策が外からの新市民の補強を結果したことにも助けられて、ローマ市民共同体は激しい共同体分解の危機に立ちながら、それがギリシアのポリスのような衰退の坂道をころがり落ちることなく、むしろ反対に、分解をてこにして、帝国的支配の構造的形成に成功したのであった。

以上略述してきたように、地中海世界の現実的形成をなしとげたローマの支配は、分解とその復旧というローマ市民共同体の運動法則を起動力とするものであり、それに加えて、分解の激しさと、復旧策としての植民と市民権政策の独自性という、ローマ的特殊性によって構造的に支えられていたものであった。それゆえ、地中海世界の現実的形成をなしとげたローマの支配を生み出した原理は、地中海世界をして一つの世界たらしめた原理と異質のものであったわけではない、というべきであろう。このことの確認の上に立って、われわれは、同じ運動法則の作用する場に身をおきながら、何ゆえに他の市民共同体ではなくローマ市民共同体が、地中海世界に対する支配の樹立をなしとげえたのか、というローマ的特殊性についてさらに立ち入った考察をしなければならない。その考察の過程で、さきに詳論を留保した奴隷制の問題にふれることになるはずである。

(1) Fernand Braudel, The Mediterranean and the Mediterranean World in the Age of Philip II, Transl. by S. Reynolds, New York, 1966.

(2) New York Times Book Review, May 18, 1975. "The most significant historical work of our times" by Richard Mowery Andrews.

(3) E. Kornemann, Weltgeschichte des Mittelmeer-raumes von Philip II von Makedonien bis Muhammed, hrsg. v. H. Bengtson, I. Bd. Bis zur Schlacht bei Actium (31 v. Chr.), XVI 503 S. 1948, II. Bd. Von Augustus bis zum Sieg der Araber, VIII 563 S. 1949, München.

(4) この書評は Historische Zeitschrift, 17. Bd. (1951) に所掲。他に、Journal of Roman Studies, XL (1950) 所掲の F. W. Walbank による書評も酷評である。

(5) この一文は、この講座の編集委員の一人であり、従って第一巻冒頭に掲げられた「序言」に責任をもつ西嶋定生氏が、『史学雑誌』七九―六(一九六九年の歴史学界――回顧と展望――)、七ページに寄せたものである。

(6) 同『世界歴史』1、序言、六ページ。

(7) 上原専禄編『日本国民の世界史』一九六〇年、岩波書店、ivページ。ここには本書の構成が簡潔に次のように述べられる。「まず東アジア文明の歴史から叙述がはじまり、ついでインド文明・西アジア文明の歴史が、さらにヨーロッパ文明の歴史が叙述されている。そしてこれらの諸文明が一つの舞台に登場する――すなわち世界史の一体化がはじまる――「近代」以後の歴史が叙述の後半をしめている」と。

(8) 右の『日本国民の世界史』の共同編集・執筆者七人のうち、太田秀通・西嶋定生の両氏が、岩波講座『世界歴史』の編集委員一三名の中に含まれている。

(9) 岩波講座『世界歴史』1、三九三ページ。

(10) 同書、三九四ページ。
(11) 同書、三九三ページ。
(12) 同書、四〇六ページ。
(13) 『史学雑誌』七九―六(一九六九年の歴史学界――回顧と展望――)、二八八ページの藤縄謙三氏の文章。これに対して、藤縄氏自身は、「ギリシア人の植民時代には、すでに地中海世界は成立していたと見るべきであろう」(同所)とされるが、その場合の「地中海世界」とは何を目して「世界」と言うのか、藤縄氏も明らかにしていない。
(14) 講談社「現代新書」一九七三年。
(15) 大塚久雄『共同体の基礎理論』岩波書店、一九七三年、一二ページ。ここで大塚氏は、『資本論』第一巻、一〇九以下、第三巻、九三六以下(アドラツキー Adoratsky 版)を挙げてこの文章を記される。
(16) マルクス『諸形態』における共同体の古典古代的形態と、マックス＝ウェーバー『古代農業事情』(邦訳名『古代社会経済史』渡辺・弓削訳、東洋経済新報社。第一刷一九五九年、第一七刷一九七六年)における貴族政ポリス、重装歩兵ポリス、民主政市民ポリスの諸類型との関連については、弓削達『ローマ帝国論』吉川弘文館、一九六六年、二七―三〇ページ。
(17) Fritz Gschnitzer, Gemeinde und Herrschaft. Von den Grundformen griechischer Staatsordnung, Sitzungsberichte der österreichischen Akademie der Wissenschaften, 235. Bd., 3 Abb., 1960.
(18) Victor Ehrenberg, Der Staat der Griechen, I. 1957, II. 1958.
(19) V. Ehrenberg, Von den Grundformen griechischer Staatsordnung. Sitzungsberichte der Heidelberger Akademie der Wissenschaften, 1961.
(20) V. Ehrenberg, Polis und Imperium. Beiträge zur Altengeschichte, Zürich, 1965, S. 105–138.
(21) この時代区分論争については、香山陽坪編『奴隷制社会の諸問題』有斐閣、一九五八年、かんたんな要約としては、弓削達『ローマ帝国の国家と社会』岩波書店、一九六四年、三〇三ページ以下を、参照。

(22) E. M. Schtajerman, Die Krise der Sklavenhalterordnung im Westen des römischen Reiches. Aus dem Russischen übersetzt und herausgegeben von Wolfgang Seyfarth, Berlin, 1964, XI. 478 S.

(23) E. M. Štaerman, Die Blütezeit der Sklavenwirtschaft in der römischen Republik. Autorisierte Übersetzung von Maria Bräuer-Pospelova, Wiesbaden, VII. 303 S.

(24) E. M. Štaerman, Die Gemeinde im römischen Kaiserreich. Jahrbuch für Wirtschaftsgeschichte, 1970, I. S. 61–73.

(25) E. S. Golubtsova, V. I. Kusishin, E. M. Shtaerman, Types of Community in the Ancient World, XIV. International Congress of Historical Sciences, Sanfrancisco, August 22–29, 1975, 17 pp.

(26) E. Sereni, La communità rurale nell' Italia antica, Roma, 1955.

(27) E. M. Štaerman, Die Gemeinde im römischen Kaiserreich, Jahrbuch für Wirtschaftsgeschichte, 1970/I.

(28) ebenda, S. 62–65.

(29) 同じ一九七五年のサンフランシスコ会議での古代の第一部が"Centres et périphéries de la civilisation antique"を共通論題とした主催者側の意図はともかく，共同体論的に捉えるならば，それはこのような小渦巻きの問題にならざるをえない。ポーランドの学者たちが発表した論文(Jerzy Kolendo, Tadeusz Kotula, Centres et périphéries de la civilisation antique: en Afrique du Nord, phénomène urbain)は，正にこのような小渦巻きの問題をアフリカについて検討したものであった。

(30) Bernhardt Töpfer, Zu einigen Grundfragen des Feudalismus. Ein Diskussionsbeitrag, Zeitschrift für die Geschichtswissenschaft, 13. Bd., 1965, S. 785–809.

(31) テップファーは封建制の決定的標識として次の諸点を指摘する(a. a. O., S. 792–793)。農業が支配的な生産部門であり，したがって土地が最重要な生産手段である。支配階級の経済的・政治的優位の基礎は土地の自由処分権(Verfügungsgewalt)である。土地の自由処分権は，一人の支配者とかれの官僚に集中されるのではなく、多少とも大きな完全独立の土地所有者(封建領主)に分割される。土地経営は大部分は領主の直営ではなく、独立の農民経営であり、その土地に対して領主は上級所有権のみを要求し、農民からの貢納と奉仕の形で、余剰生産物のできるかぎり大きな部分を収取する。それを実現するために領主は経済外的強制手段を握る。一般には、農民に対する或る種の裁判権がそれで、これによって農民は封建社会中の身分的に低い者、隷属民となる。国家構造は、中央政府と農民的生産者(全人口の大部分)の間に封建領主が介在し、これが、経済外的強制を実行するために、近代国家では中央政府が行使する或る種の権限を、独立に農民に対して行使する。最も典型的な封建国家はレーン制国家である。

(32) この意味でテップファーは、O. Hinze, Wesen und Ausbreitung des Feudalismus, SB der Preußischen Akademie der Wiss., Phil.-hist. Kl., 1929, S. 321 ff.(阿部謹也訳『封建制の本質と拡大』未来社、社会科学ゼミナール38、一九六六年)の論旨を高く評価している。

(33) 太田秀通『共同体と英雄時代の理論』山川出版社、初版(一九五九年)、三二ページ以下。

(34) これは永原慶二「社会発展史をめぐる日本史学とソビエット史学との断層」『思想』一九六一年二月号、一二ページの評言。

(35) E. M. Жуков, О периодизации всемирной истории, Вопросы истории, 1960, No. 8.

(36) ジューコフ的単線的・普遍的発展段階論に対する、すでに一九六〇年における、メイマン、スカスキンらの批判論をはじめ、それ以後の議論の展開を簡潔に整理し、さらに今日の段階におけるおおむね妥当なる試論を展開したものとして、有馬文雄「人類史=世界史像の再構成――前近代的諸社会を中心に――」『大同工業大学紀要』一〇号、一九七四年、のみをあげておきたい。

(37) "Gemeinde und Gemeindeeigentum, Einleitung", von Elisabeth Charlotte Welskopf, Jahrbuch für Wirtschaftsgeschichte, 1970/I, S. 13 f.

(38) 『西洋経済史講座』I、岩波書店、一九六〇年、の大塚久雄氏執筆の「緒言――われわれは封建制から資本主義への移行をどのように問題とするか――」。太田秀通、前掲書。さきに所引の有馬文雄氏論文もこの側面を重視する。

(39) 一般的な形では『古代文明の発見――ヘレニズム・ヘブライズム以前』講談社現代新書、一九七〇年、において。その他、同氏『ミケーネ社会崩壊期の研究――古典古代論序説――』岩波書店、一九六八年、二六九ページ以下、「エーゲ文明とホメロスの世界」第三節「前二千年紀の東地中海世界」岩波講座『世界歴史』1、一九六九年、四二〇ページ以下。

(40) ソロンの改革(「共同体の復元」)によって共同体の奴隷制的分解を止めた以後のアテネにおいても、奴隷制が共同体内に浸透した過程について、太田秀通『東地中海世界』岩波書店、一九七七年、一八二―一九七ページの推定を見よ。

(41) プラトン『国家』藤沢令夫訳、岩波書店、プラトン全集11、一三二ページ以下(369b～d 以下)。

(42) „Chronischer Kriegszustand" マックス＝ウェーバー『古代社会経済史』(渡辺・弓削訳)、東洋経済新報社、一八三・二〇〇ページ。

(43) 一例として、マックス＝ウェーバー『都市の類型学』(世良晃志郎訳)、創文社、三三三ページ以下のみをあげる。

(44) K. Marx, Formen, die der kapitalistischen Produktion vorhergehen, Berlin, 1952, S. 27. 手島正毅訳『資本主義的生産に先行する諸形態』(大月書店)、三七ページ。その他、S. 9(一三ページ)。

(45) K. Marx, a. a. O., S. 21. マルクス『諸形態』(手島訳)、二九ページ。

(46) ローマ支配の形成を「帝国主義」として捉える今日の有力な諸説は、おおむねこうした考え方であるといってよかろう。「帝国主義」を資本主義の最高の発展段階とするレーニンの概念規定にもかかわらず、「ローマ帝国主義」を語る学説が少なくない(たとえば、T. Frank, Roman Imperialism, New York, 1914 [1926]; J. Carcopino, Les étapes de l'impérialisme romain, Paris, 1961; E. Badian, Roman Imperialism in the Late Republic, New York, 1968, ほか)。レーニンにすら、厳密な段階規定としての「帝国主義」概念と並んで、ローマ＝カルタゴ戦争を「帝国主義戦争」と名づけうる広義の「帝国主義」概念が見いだされることはよく知られている(D. Flach, Der sogenannte römische Imperialismus. Sein Verständnis im Wandel der neuzeitlichen Erfahrungswelt, Historische Zeitschrift, Bd. 222 [1976], SS. 1–42, besond. SS. 30–33)。そうした「ローマ」「帝国主義」と結びつけうる広義の「帝国主義」概念としてヴェルナー(R. Werner, Das Problem des Imperialismus und die römische Ostpolitik im zweiten Jahrhundert v. Chr., in: H. Temporini (Hrsg.), Aufstieg und Nidergang der römischen Welt. Geschichte und Kultur Roms im Spiegel der neueren Forschung, I 1 [1972] Berlin–New York, SS. 501–563)が与えた規定は、最も妥当なものであろう。彼はこう結論する。「帝国主義とは、様々な原因によって生み出されたところの・特定の地域に限定されないところの・そしてまた、国家、または国家によって委託あるいは承認されたところの利益代表者の、意識的・予定的計画にもとづくところの、拡大行為であって、インペリウムすなわち帝国の建設あるいは安定と、服属した集団・民族および地域ならびにそれらの諸制度の事実的直接支配とを目標とし、最もうまくいったばあいには世界支配への傾向をもつもの、である」と(op. cit., p. 523)。この概念規定は広義のものとしては問題はないものであろう。原因が「さまざま」でありうるのであるから、この「帝国主義」の特徴は、帝国建設と他民族征服の、意志と計画にのみあることになろう。ここでも「征服欲」とむき出しの武力が決定的なものとなっていると見らるべきであろう。ところで、原因がさまざまでありうるのであるから、この「帝国主義」概念は、社会的・経済的・政治的諸条件を異にする異なった時代に適用可能な概念である。ヴェルナーはこの「帝国主義」概念を規準にして、第二ポエニ戦争後のローマの東方政策を分析し、第二マケドニア戦争とその終結後の段階(200〜194 B. C.)までは「帝国主義」的政策はまったく云々できず、シリア戦争終結後の段階(192〜188 B. C.)に至ってローマの Hegemonie の確立がみられたこと、そして、第三次マケドニア戦争前後(172〜167 B. C.)の政策において初めて「帝国主義」的特徴が顕在化し、それは一四八—一四六年に至って無制限なものになった、と結論する(S. 539–563)。ところで、歴史研究においてある種の概念を用いることの効用は、そのことによってなんらかの新しい認識的発見があること以外ではあるまい。とするならば「帝国主義」概念の適用によって何が明らかになったかが問われるべきであろう。このような超時代的適用可能性をもった概念による認識価値が問われて然るべきであろう。さらにローマの場合、史料の性格から、諸戦争の原因・動機・目的について明確な把握をなすことは困難で、学説も紛々と分かれざるをえない(D. Flach, a. a. O., SS. 38-40)という事情がこれに加わる。以下の試論は、ローマ支配の形成の各段階、各戦争の直接的動機や原因の如何にかかわりなく、発展ないし対外拡大が、如何なる客観的構造によって支えられていたかを追求する試みである。

(47) スパルタ人のヘイロータイに対する扱いはまったく奴隷に対するそれであって、苛酷を極めた。したがってその点においてヘイロータイは、スパルタ人共同体によって集団的に所有されていた奴隷であると見ることができる(清永昭次「スパルタのヘイロータイ」『歴史学研究』三一五、七―一三ページ)。しかし、ヘイロータイが自己の共同体を保持しつづけていたとすれば(太田秀通『東地中海世界』一三〇ページ以下、とくに一五八―一六一ページ)、本書第三章3節において推定するような共同体成員権と自由身分の本源的関連の認識を規準としてこれを見れば、ヘイロータイは自己の共同体をもつがゆえに奴隷とは規定されえない。そうとすれば、スパルタ人共同体によるペリオイコイ共同体ならびにヘイロータイに対する支配は、後のローマ市民共同体によるペレグリーニ共同体に対する支配と、本質的には異ならないことになる。しかしながら、同じく本書第三章3節で論ずるように、古典古代においては、一共同体の、共同対外の者(外人)および奴隷に対する関係は、本質的連続性をもつ。この認識に立てば、ヘイロータイに奴隷的苛酷を強いつつこれに共同体を残し与えて、スパルタ人共同体の外においた(スパルタ人個々人の奴隷所有としなかった)ことは、奴隷制の共同体内への浸透を避け、共同体の分解を阻止しようとする意図の現われであった、と解釈することができるであろう。スパルタ的生活様式全体の性格からも、このように判断することができる。なお、ヘイロータイに対するこのような形での収奪は、「奴隷制よりも古い隷属農民制」(太田秀通、前掲書、一六二―一六四ページ)だと言えるとしても、後にローマによって、奴隷としてではなくペレグリーニとして収奪された隷属農民をも、本質的に奴隷制に先行すると見るべきか否かは、なお検討しなければならない。

(48) 弓削達『地中海世界』講談社現代新書、一九七三年、四八ページ以下、六二ページ以下は、このような共同体論の角度からアテネの歴史を解釈した試論的スケッチであった。

(49) ローマ共和政の歴史をこのように共同体論的に解釈した試みとして、弓削達『ローマ帝国論』吉川弘文館、一九六六年、第一章を参照されたい。

(50) このようなギリシアの植民運動の特質については、清永昭次「貴族政の発展と僭主政の出現、一、国制推転のダイナミズム」岩波講座『世界歴史』1、一九六九年、四六六ページ以下、とくに四六八ページ、を見られたい。時に数市から送り出された植民者が共同して一つの植民市を作ることがあったことは、植民市が母市から独立したポリスとなることと、裏表の関係にある。なお、母市の市民権を保持したまま屯田兵的な形で植民した(たとえばアテネの前六世紀末の、カルキスやサラミス植民)例が知られる。これをクレールーキアーと呼ぶが、例から言えばアポイキアの方が一般的である。そして、クレールーキアーは「古典期に入ってアテネの「帝国主義」的膨脹政策の手段として役立った」と言われること(太田秀通『東地中海世界』一一三ページ)、以下に述べるローマの植民の効果の説明となるであろう。

(51) ここでは略筆に従ったが、植民とトリブスについては、次章においてやや立ち入って考察することになるはずである。

(52) ウェイイ陥落後の植民、トリブス設置、逃亡者への土地割当等については、Lily Ross Taylor, The Voting Districts of the Roman Republic, Rome, 1960, pp. 47 f. を参照。ほかに、鈴木一州「ローマ共和政の成立と発展」岩波講座『世界歴史』2、一二七・一三二ページ。

(53) 詳しくは、A. N. Sherwin-White, The Roman Citizenship, 2nd ed., Oxford, 1973(1. Aufl. 1939)を、簡単な概観としては、弓削達「ローマ世界帝国の支配の構造」『ローマ帝国の国家と社会』岩波書店、一九六四年、をみられたい。ローマ市民権(civitas Romana)をこのように開放的に考える捉え方が、ローマの拡大と密接な関係をもつことを強調した論文としてFernand de Visscher,《Ius Quiritium》,《Civitas Romana》et nationalité moderne, in: Études de Droit Romain Public et Privé, 3 ser., Milano, 1966, pp. 99–116がある。

(54) 馬場恵二「アテナイ民主政の成立と発展、二、デロス同盟とアテナイ民主政」岩波講座『世界歴史』2、とくに三四―三八ページ。

第二章　ローマ帝国支配の共同体論的構造

1　ローマ市民共同体発展の特徴

前章の末尾において、地中海地方を一つの世界として現実的に形成したローマの支配は、ローマ市民共同体の運動法則を起動力とし、その分解の激しさと、分解の阻止と復旧のローマ的特殊性を構造的な支えとしていることが指摘された。そのような特殊性はどこから来たものであろうか。それが次の問題である。

分解を復旧させる政策の中で植民が占めた重要な役割、ギリシアのポリスによる植民と比較した場合のローマの植民にみられた特殊性、すなわちローマ市民共同体の内から外への拡大、外から内への増強、等についても簡単にふれた。ところが、ローマの植民には、このような分解復旧にとっていわばプラス的な作用を働いたという側面だけではなく、反対に結果的には分解を促進してしまうマイナス要因も胚胎した。それらの点に焦点を当てて、ローマ市民共同体の運動をやや立ち入って辿ってみよう。

さきに、前三九六年のウェイイの陥落と、その地における前三八七年の四トリブスの設置についてふれたが、その後、前三五八年に二トリブス(Poblilia, Pomptina)、前三三二年に二トリブス(Maecia, Scaptia)、前三一八年に二トリブス(Falerna, Oufentina)、前二九九年に二トリブス(Aniensis, Teretina)、前二四一年に二トリブス(Quirina, Velina)、がそれぞれ設置されて、トリブスの数は都市トリブス四、農村トリブス三一、総計三五となった。(1) 近隣の諸都市・諸種族などの共同体との相つぐ戦争と勝利によって獲得された新たな土地によって、このようにローマの領域(ager Romanus)は拡大したのである。これらはおおむね、ラティウム、カンパニア北部、ラティウム南部、ウンブリア南部、サムニウム北部、ピケヌムなどの中部イタリア地方にわたるものであった。前二四一年以後は新たなトリブスの設置は行なわれなかったが、領域の拡大は続いた。

これらの新たにローマの領域となった土地では、ローマに敗れた敵の共同体の土地から少なくとも三分の一、時にはそのすべての土地が奪い取られ、ローマ国民の土地、すなわちローマ市民共同体の共同体所有とされた。これらの共同体所有の使い方には大別して二通りあった。一つは、それらを、土地を喪った市民に割り当て分配を行ない、土地喪失農民、すなわち、市民共同体の分解過程で土地を手放し完全市民の列から落伍していた下層市民を再び完全市民の列に復帰させるという、すでに述べた共同体復旧の措置であった。この土地割当には、植民市建設による場合と、植民市建設を伴わない個別的割当とがあったが、前者(ager colonicus)に割り当てられた土地がローマ市民法

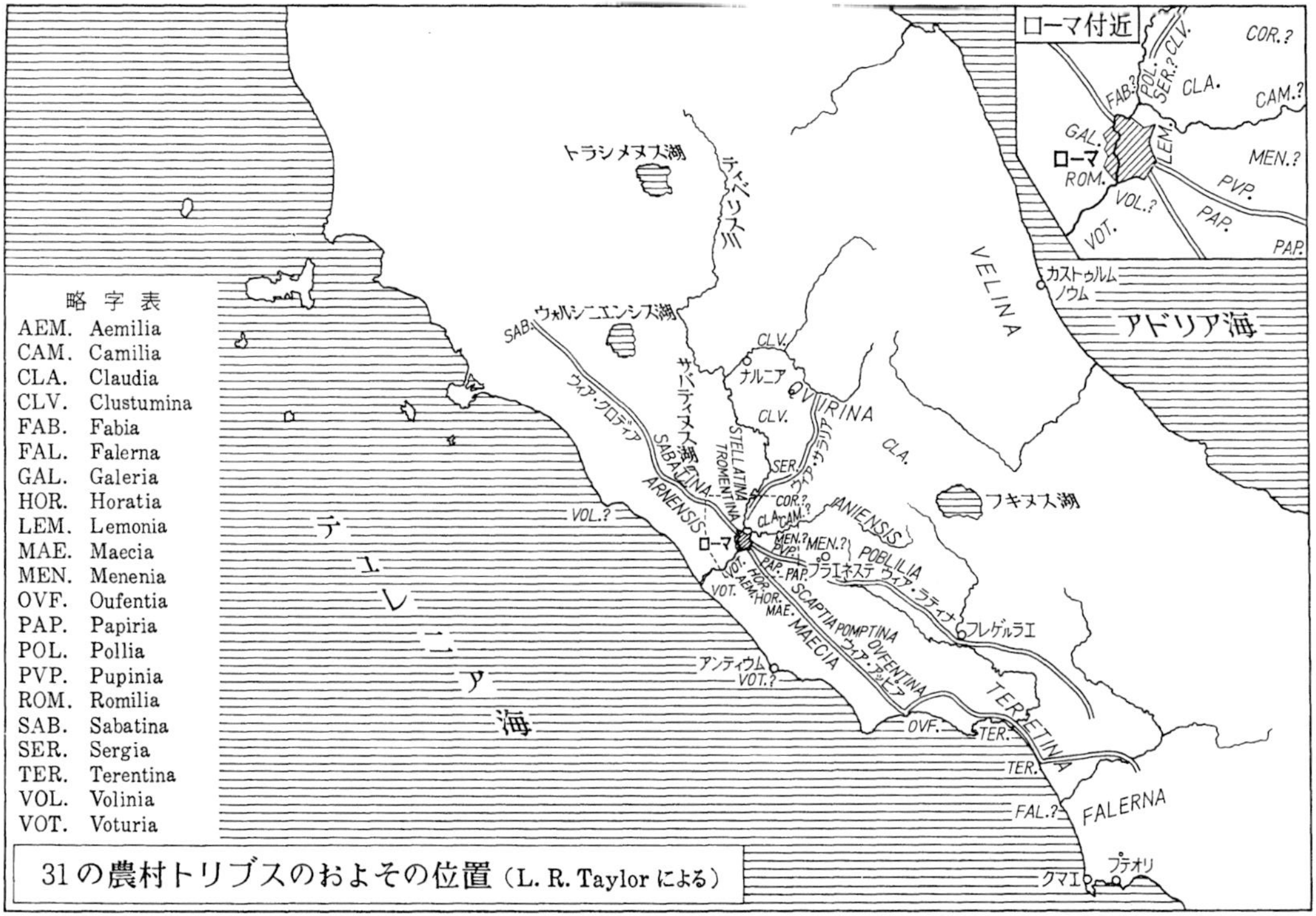

31の農村トリブスのおよその位置（L. R. Taylor による）

上の所有権(dominium de iure Quiritium)の客体たる土地、最良の権利における私有地(ager optimo iure privatus)である。これに対して、個別的割当地(ager viritanus, ager viritim adsignatus)は、前一一一年の土地法から逆推するかぎり、なんらかの賃借料を国に納めた私有地(ager privatus vectigalisque)であったが、この土地法はこの賃借料を廃止し、この割当地をもローマ市民権法上の所有権の客体とした。

この最良の権利における私有地とは、ケンソルによる戸口調査書(ケンスス)でいずれかのトリブスに私有地として登録され、使用(uti)、収益(frui)、事実支配(habere)、占有(possessio)を妨害されず、相続・譲渡(とくに遺贈と売買)が自由で、なんらの使用料・借地料に服さず(前一六八年ピュドナの戦いの勝利の翌年からは、地租も、とくに廃止されはしなかったが、実際上は徴収されなくなった)、consul, praetor の民事裁判権の対象となりうる土地である。しかも本来は最もローマ的な土地測量法、すなわち二〇〇ユゲラずつの正方形、ケントゥリアティオによって測量された土地(ager centuriatus, ager limitatus, ager per centurias divisus et adsignatus)であるが、この点は後に(とくに一一一年の土地法以後)崩れた。しかしこの最良の権利における私有地がとくに重要であるのは、戸口調査書(ケンスス)に記載される資格(censui censendo esse)のゆえに、国家事業請負契約にさいして担保とされうる資格をもっていたということである。そして、この最良の権利による私有地の所有権者となりうるのは言うまでもなくローマ市民権保持者であるから、国家事業請負契

約による蓄財を通してローマ市民共同体はこの面からも分解促進要因をうけとることになる。(2)

しかし、それはもっと先の問題である。差し当たっての問題は、分解復旧の作用は働くはずの植民ないしは個別的土地割当そのものに関係する。ローマが敵から奪い取った土地に、どしどし植民を行ない、土地割当を行なったなら、ローマ市民数に比してすでに極めて広大となっていた新たなローマの領域(ager Romanus)は、ローマ市民共同体の分解を復旧させるのに何の苦もなかったはずである。しかるにローマは、必ずしも直ちに、新たに入手した土地に植民ないし土地割当を行なおうとしなかった。それには少なくとも二つの理由があった。第一は、新トリブスの設置がもつ国内政治に対する均衡破壊的作用である。この点を明らかにしたのは、これまでも引用したテイラーの研究であった。いま、ここに関連ある指摘の若干を、次にごく簡単にまとめておこう。

トリブスを基礎とする平民会(concilia plebis, comitia tributa)は前四四七年にすでに財務官(quaestor)の選挙母体とされ、その後、按察官(aediles curules)や軍団高級将校(tribuni militum)二四人の過半数などの選挙も委ねられ、前二八七年のホルテンシウス法以後は、立法においても、最重要の民会すなわち兵員会(comitia centuriata)と同等になったので、パトリキやノビレスたちもこの平民会を重視せざるをえず、かれらはいずれかのトリブスにおいて勢力を扶植することをつねに願った。そこで新トリブスが設置されると、パトリキやプレブスのノビレスも一般のプレブス同様に征服地に土地割当をうけ、新トリブスに移住することが多くなった。(3)前三八七年に四トリブスが設置されたとき、Claudii, Sergii その他の氏の一部がこれらのトリブスに移ったが、その後トリブスの増加ごとにこのようなノビレスの新トリブスへの移住(登録の移動)が行なわれた。こうして旧来のパトリキの家柄や、新興のプレブスのノビレスは、新トリブスにおける指導者となり、平民会での自己の政治的立場の後楯とした。

他方、新トリブスにおいては、比較的最近に土地割当をうけた農民(そのかなりの部分はおそらくは重装歩兵として出陣できるだけの土地の割当をうけた)が、旧来のトリブスにおけるよりはるかに多かったわけであるから、トリブス所属にかかわりなく第一クラッシス農民の投票が支配する兵員会(comitia centuriata)においても、新トリブスの農民が第一クラッシスの八〇ケントゥリアにおいて優勢となり、新トリブスは comitia centuriata で行なわれる高級政務官の選挙にたいしても、より大きな影響力を振うことになる。(4)

このように、新トリブスにおいて指導的な地位を獲得することが政治的興隆にとって非常に有利であったので、旧来のノビレス層は自己の地位の安全にとって不利である新トリブスの設置にしばしば反対したのである。たとえば、前三五八年のトリブス＝ポンプティナの新設は、その地方が征服されて(前三八九)三〇年後のことであり、(5)その地を市民に割り当てよというプレブスの要求がパトリキによって拒否されつづけた後のことであった。トゥスクルムの地方に設置されていた古いトリブス＝パピリア Papiria では、前四世紀末のラテン人との戦争の後、多くの土地割当がトゥスクルム人に与えられたが、やがてそれらの第一クラッシス（重装歩兵）農民のバックで、かれらの町出身のフルウィウス（Fulvius）は前三二三年コンスルにまで選ばれ、つづく八〇年間にフルウィウス氏より五人、マミリウス氏より三人、ほかにもう一人のコンスルを、トゥスクルムは送り込んだのであった。(6) おそらくこの苦い経験から、旧来のノビレスは、前二九〇年に M. Curius Dentatus なる、これまた地方都市出身者の征服したピケヌムに至る地方に新トリブスを設置することを、長く拒んだのであった。それらの地方に Velina（ピケヌム南部）、Quirina（その西部）なる二トリブスが新設されたのは前二四一年のことであり、しかもこれがトリブス新設の最後であった。

第一次ポエニ戦争ののち、北部イタリアおよびアドリア海沿岸（ピケヌムおよびその北の Ager Gallicus）が征服され、護民官ガイウス＝フラミニウス（G. Flaminius）の提案（フラミニウス法）で、これらのアドリア海沿岸の征服地をローマ市民に個別的に割り当てる案が通り、多数の土地を失った市民が送り出されたが、これらの地方にはトリブスが新設されることなく、新農民はトリブス＝ポルリア（Pollia）に編入された。ポルリアはローマ市の城壁の北に隣接した、最も古いトリブスの一つであった。(7) 前二二三年コンスルとなったフラミニウスは、さらにポー川を渡ってガリアの諸族を平定し、前二一八年、ここにプラケンティア（Placentia）とクレモナ（Cremona）の二つのラテン植民市（後述）を建設したが、前一九〇年にこれらに送り込まれた新植民者の支援のもとにポー川流域平野が征服され、そこにパルマ（Parma）とムティナ（Mutina）の二つのローマ市民植民市が建てられた時、これらもポルリアに編入された。これらの地方やリグリアで前一七三年およびその後に行なわれた個別的割当地もポルリアに入れられた。こうしてポルリアは最大のトリブスとなったが、そのほか新植民者・新土地被割当者が編入されたトリブスはきわめて限られていた。

テイラーが明らかにした以上のような経過から明らかなように、新征服地に植民市が建てられ、あるいは個別的土地割当が行なわれるにさいして新設されるはずのトリブスが、ローマ国内政治の均衡を破る要素をもっていたことから、トリブスの新設・植民にたいして時に強いブレーキが働いた。土地を失った農民の土地(公有地分割)を求める叫び(8)に対して、土地を新たに征服して分割しないしは植民市を建設しようという指導層の呼びかけ(9)の結果、現実に新たな土地が入手できたとき、ただちに植民ないしは土地割当が行なわれなかった第一の理由はこれであった。しかもトリブスが新設されたとき、ノビレス氏族すら、政治的勢力扶植のために新トリブスに土地割当をうけて移動したのであった。しかも、このような土地割当と植民すら、征服地の拡大につれて、むしろ減小してゆく。前一七七年に植民市 Luna が建設されてから、グラックスの植民(一二二年の colonia Tarentum の植民)に至るまで、わずか一植民市(colonia Auximum, 一五七年)が建設されただけであった。それらすらも、新トリブス設置によって国内政治に参加することなく、旧来の大トリブスのいずれかに編入されて、かれらの政治的参加は死票化されたのであった。

ローマが征服によって入手した新しい領域に、ただちに十分の植民ないしは土地割当が行なわれなかったについては、第二の理由がある。ローマの領域(ager Romanus)が植民ないしは個別的土地割当によってローマ市民の私有地とされないかぎり、それは公有地(ager publicus)すなわちローマ市民共同体の共同体所有であった。ところでこの公有地については、大別して二通りの利用法があった。その一つは、現実に、都市国家としてのローマの財政収入源として使われるか、国家目的に使用されるものである。例えば、公道その他公共建造物の建設に使われる ager usui publico destinatus(公共の使用に定められたる土地)、公道沿いの土地で道路維持負担を課された ager viasiis vicanis datus(道路沿い村落民に割り当てられた土地)、賃貸料を徴収して市民の用益に供された ager vectigalis(賃貸公有地)、第二次ポエニ戦争のときの軍費として市民から公募されたいわば戦時特別公債の担保として市民に渡された土地で、国が買戻請求権をもつ ager in trientabulis datus(三分の一担保として渡された土地)、同じように国が財政上の必要から市民に売った、そして国に買戻権のある ager quaestorius(財務官地)、特定の村落の住民の共同の使用収益、とくに共同の放牧(使用料scriptura が徴収される)のために公有地として残された ager compascuus(共同放牧地)、その他自由な放牧にあてられる広大な pascua(公有牧地)、などがそれである。(10)

以上のような、都市国家としてのローマの現実の用に供されたか、あるいはその財政収入源として積極的に用いられたのではない部分の公有地はどのように扱われたか。それらは、土地割当にさいして除外された周辺の subseciva(余り地)、silva(山林)、pascua(牧野)のたぐいであろう。これらの土地は、しばしばager occupatorius(先占地)に変じた。先占(occupatio)とは、無主物(res nullius)の所有者となる意思でその占有を取得することによってその所有権を取得する権利であり、無主物でなく、所有者が放棄した物(res derelictae)であっても、二年または一年の占有期間の経過によってその所有権は取得されたと考えられた。[11] このような先占権が、右のような公有地に適用されたものが先占地である。先占地は、戦費のための租税(stipendium)を国に納入する義務を負ったが、この租税の徴収は必要に応じて行なわれるものであったから、しばしば行なわれないですんだと伝えられる。もちろん占有者は、如何に長期間占有を継続してもそのことによって所有権を獲得することはなかったが、国家がその占有を認める限りは先占者はその占有地を使用収益しうるのみならず、生前行為または死後処分によってその権利を譲渡することができた。[12]

ところで、公有地の先占は、法的にはローマ市民およびラテン人(後述)はだれでもその権利をもつものであったから、この先占権が市民間で平等に行使されるならば、共同体所有への平等参加の一側面として、市民共同体の共同体的性格の貫徹として理解され、またそのような分解阻止的作用を期待できたであろう。しかるに、現実には、この権利の行使は平等には行なわれなかった。じっさい、多くは荒蕪地ないしは未墾地の状態にあるこれら公有地を開墾して耕地化し、有利に生産をあげることができる者は、それなりの資力と労働力を所有する者、すなわち市民共同体の上層に位置する一部の富裕者層に限られたことは自然の成り行きであった。すなわち、先占は共同体成員による共同体所有の不均等利用にほかならなかった。ローマが征服によって新たに獲得した土地を、容易には植民ないしは個別的土地割当によって私有地化しないということは、このような先占に広く道をあけておくことにほかならなかった。征服によるローマの土地の拡大は、先占地の拡大となった。軽微で不規則なスティペンディウム(stipendium)の徴収と、先占の長期化は、先占公有地と私有地との区別を事実上においては曖昧なものにした。つまり、一部の富裕者層による先占地の集積、先占地と私有地との区別の不分明化、すなわち先占はしばしば公有地の横領と類似の効果をもつ、という実態の現出、に応じて、先占は結果としては共同体の分解を大規模に促進したことになった。

前三六七年に成立した平民会決議、すなわちリキニウス＝セクスティウス法は、公有地先占面積を一人五〇〇ユゲラ(約一二五ヘクタール)に制限するものであった。この所伝の信憑性を否定する立場をとらない限り、この時代にすでに五〇〇ユゲラの先占地をもつ大土地所有者が社会問題になるほどに、共同体の分解は甚だしかった、と言わなければならない。それはおそらく、前三八七年のケルト人の侵入とローマの占領・放火、戦後の困難な復興にさいしての貧民への重圧、戦後混乱を利用しての富裕な有力者の致富と先占、等の歴史的過程の所産であったであろう。リキニウス＝セクスティウス法にはさらに、家畜放牧の制限規定(一〇〇頭の大家畜と、五〇〇匹の小家畜、それ以上の禁止)があったと推定され、それはおそらく共同放牧地、公有牧地の独占使用を阻止するためであったと解せられている。(13) 一部有産層による、共同放牧地や公有牧地における大量の家畜の放牧

は、公有地先占と同様に共同体の分解の現われであり、また分解を促進するものであったであろう。(14)

以上かんたんに見て来たように、ローマの征服と拡大は、市民共同体の分解とその復元力を弾機とするものであり、結果においても植民ないしは個別的土地割当によって分解の復旧に大いに資したのであったが、しかし他面、それを阻止する政治的要因がたえず働き、また一方、有産層の利害が公有地先占に大きな比重となって作用するに及んで、拡大はむしろ反対に分解を増幅させる結果を生み出していった。このようにして、征服・拡大と分解とは、相互に因となり果となりあって、結果としては、他の市民共同体にその比を見ないほどのスケールと激しさをもつローマ市民共同体の分解運動が轟音をたてて進行する。このような分解の激しさというローマ的特殊性が、その最大の部分が公有地先占の慣行によって支えられていることも、いま見たところであった。

こうしてローマの、史上比類なき征服と支配が進行する。前三三八年ラティウムをその支配下に入れたローマは、かねてより敵対関係にあったサムニテスと三次にわたる戦争を遂行し、前二九〇年、ついにこれを屈服させ、中部イタリアに覇をとなえることになるが、前三世紀にはいると、第一次ポエニ戦争(前二六四―二四一年)、第二次ポエニ戦争(前二一八―二〇一年)にさいして拡大はいっそう目に見えて進行する。前三世紀末から前二世紀半ばごろまでの三次にわたるマケドニア戦争(第一次、前二一四―二〇五、第二次、前二〇〇―一九六年)、シリア戦争(前一九二―一八九年)、ことに第三次マケドニア戦争(前一七一―一六八年)などの前二世紀前半のあいつぐ海外征服戦争にさいしては、勝利はいっそう強烈にその破壊的作用を働く。というのは、これら戦勝の結果として、ローマは相ついで海外領すなわち属州(provincia)を支配するに至るからである。

まず、第一次ポエニ戦争の結果として、ローマはシチリアを領有し、ついでサルディニア、コルシカを攻略して、前二二七年、シチリア(Sicilia)州、ならびにサルディニア・コルシカ(Sardinia et Corsica)州を設置するが、この時のシチリア州の処分および統治のしかたは、その後のローマの属州統治の原型となる。すなわち、戦争中にローマに軍隊を提供した三つのポリスが、同盟自由市(civitates foederatae et liberae)として独立を許され、また、ローマに援助を与えた他のポリスが自由免税都市(civitates liberae et immunes)として自治と独立を認められたほかは、一部は公有地としてローマ元老院の直轄下におかれ、他はローマから派遣された総督の直接統治下におかれた。この総督直轄下の土地が厳密な意味での属州(provincia)であり、カルタゴ支配の方式をうけついで十分の一税を課され、徴税請負制がとられたのであった。

また第三次マケドニア戦争では、前一六八年のピュドナの戦勝後、ローマはマケドニア側についた諸都市に租税を課し、アカイア同盟人一〇〇〇人を人質としてローマに連行し、エペイロスでは一五万人を奴隷とした。その後マケドニアが再び軍を起こしたときローマはこれを撃破し、ついにマケドニアを属州とした(前一四六年)。同じ前一四六年、それまでアカイア人を中心にしてしばしばローマに対する反抗運動を起こしていたギリシアにも軍隊を送ってこれを破り、コリントス市の全住民を奴隷に売り、都市を完全に破壊したので、ギリシアもローマの属州とほとんど変わらないものになった。いっぽう、第二次ポエニ戦争でローマはスペインを獲得し、前一九七年ここにヒスパニア＝ウルテリオル(Hispania Ulterior)、ヒスパニア＝キテリオル(Hispania Citerior)の二州を設置したが、総督の原住民にたいする搾取が甚だしかったため大反乱がたえず、二次にわたるケルティベリア戦争(第一次、前一八一―一七九年、第二次、前一五三―一五一年)を経て、第三次ケルティベリア戦争で原住民の牙城ヌマンティアを攻略して焼き払い(前一三三年)、ようやくここを平定した。またカルタゴは、アフリカにおけるローマの同盟国ヌミディアと衝突したことが原因となり、前一四九年、三たびローマとの戦争にはいり、ついに前一四六年、カルタゴの町は焼き払われ、この地はローマに味方したUticaなどが自由市(civitas libera)とされたほかは、ローマの属州とされた。

このようにして、前一四六年は、ローマの地中海世界に対する支配の確立過程において最大の記念碑的年代の一つとなった。こうしたなかで、シリア戦争・マケドニア戦争などでローマ側についていたペルガモン王国も、国内の不安定からしだいに強大なローマの前に独立がむずかしくなり、前一三三年アッタロス三世の遺言によって王国はローマに遺贈され、この地に前一二九年Asia州が設置された。

このように驀進する征服の拡大と支配の進展がローマ市民共同体に及ぼす分解促進的反作用は、まず公有地先占を通して具体化することは、すでに述べた。アシア州に関しても、それの処理に当たっては土地を失った市民の植民に使おうとするガイウス＝グラックスの意図にもかかわらず、結局は大土地所有者による先占に委ねられた。[15] しかし、属州支配はさらに別の面から市民共同体の分解にドライヴをかけることになった。それは正にローマの属州統治体制そのものの特殊性からくるものである。ローマはこのように巨大な海外領を支配する時代に至っても、市民共同体国家の建前と制度を崩すことなく、官僚制の発達しない都市国家の官職制度をそのまま属州統治に適用した。

まず、属州総督は命令権(imperium)をもつ高級政務官、この時代には法務官(praetor)が派遣されたが、[16] 政務官として任期一年ということはローマ市在勤の政務官と変わりはなかった。この時代には属州総督も他の政務官と同様に原則的には名誉職であったが、統治に要する費用は属州民の負担とされ、総督はそのために属州民から財貨の徴発ができた。しかしノビレス層に連なるかれらはそれにとどまらず、その権限を乱用して、一年の任期のうちに本国ローマ市における政治資金をかき集めようとしたから、在任中に許されている以上の搾取を属州人に加えて私腹を肥やすことがしばしばであった。[17] 前一四九年のカルプルニウス法(lex Calpurnia)が、属州統治機関の不当徴収を審理制裁する査問会(quaestio)を常設化(perpetua)していらい、不当徴収金返還請求に関する法律(leges repetundarum)がたびたび制定されたのは、[18] 属州総督らのそのような不当徴収が現実に頻発したことを示している。

共和政時代のローマは官僚制が未発達であったためにその属州統治は請負業者の手を借りなければ

ばならなかった。そしてそのことが、市民共同体の分解のもう一つのドライヴとなってくる。請負業務を担当したのはローマ騎士(equites Romani)であるが、それには次のような歴史的背景があった。[19] 騎士とは元来、兵員会(comitia centuriata)の基礎をなすケントゥリア制において、騎兵の一八ケントゥリアに所属する一八〇〇人であって、官給馬保有者であった。やがて前四〇一年、ウェイイとの戦争にさいして私有馬騎士が現われ、さらに、騎兵軍務を必ずしも義務づけられず一定の財産額以上の騎士としての財産評価(ケンスス)を登録したものが、一八ケントゥリアで投票する騎士となる。その財産額は、共和政末期には四〇万セステルティイであったが、それ以前については明らかではない。グラックス以前の時代には、元老院議員は一八ケントゥリアに所属する騎士であった。すなわち、騎士の中から軍団高級将校(tribunus militum)に選ばれる者が出、さらに、財務官(quaestor)・護民官(tribunus plebis)・按察官(aediles)を経て高級政務官に選ばれると、元老院の議席に欠員が生じた場合、それら前政務官の中から補充が行なわれたのである。そしてこれらの元老院議員のうち、最高政務官を出した家柄に属するトップクラスにノビレスが位置していた。

このように騎士と元老院議員とは元来連続するものであったが、前二一八年のクラウディウス法(lex Claudia)が、元老院議員および議員であった者の息子は、三〇〇アンフォラ以上の船舶、すなわち自己所領の自家生産品を輸送するにほぼ足りる程度の大きさ以上の船舶、の所有を禁じ(Liv., XXI 63, 3)、実質的に海上貿易を禁じたことによって、逆にこの禁を犯す者に元老院議員への道を閉ざしたのであって、ここに騎士・元老院議員両者の分岐点がおかれることになった。

元老院議員への上昇を望まなかった騎士層の中からしだいに大商人が現われ、第二次ポエニ戦争中にすでに若干の国家的需要や公共建築の請負に進出したが、本格的に各種の国家事業請負に乗り出したのは、前二世紀に海外征服の進行する過程においてであった。かれらが請け負ったものに、第二次ポエニ戦争中のごとき公共建築・土木請負や戦時の食糧・軍衣の供給などのほか、財産税・奴隷解放税・関税等の徴収、公有地とくに共同放牧地(ager compascuus)における放牧税(scriptura)、属州の十分の一税(decuma)の徴収、さらには塩の専売、鉱山採掘権、森林・漁撈権にまで及んだ。これらの請負契約は、ローマで戸口調査官(censor)との間で結ばれ、初めは個人が契約したが、おそくも前二世紀の初めには、一種の会社組織(societas)が現われている。

この国家事業請負人の一種の会社組織(societas publicanorum)は、入札・落札人(manceps)すなわち請負人、保証人(praedives)および出資者(particeps, adfinis)から成り、実際の業務は毎年交代する主人(magister)、その部下(socii)、それに使われる奴隷によって行なわれる。保証人が担保としての土地を契約に当たって登録するが、一般に請負人が同時に保証人である。担保として提供しうる土地は、さきにふれたように、イタリアの「最良の権利における私有地」に限られた。原理的には請負人が請負金額の一定期日までの国庫への支払い(一般には、その半額を前払いした)の義務を負い、不払いの場合の責任を保証人(その所有する「最良の権利における私有地」)が負うわけである。したがって請負契約の当事者となった者は、当然に大土地所有者でなければならなかったのであり、一八ケントゥリアに属する騎士のうちの大土地所有者で、クラウディウス法にもとづいて元老院議員への道を断念した者が、その土地所有者および下働きとしての奴隷の所有を基礎として、国家事業請負契約を介してしだいに巨大な富を蓄積していったのである。(20)

このようにして騎士は請負契約によって資本家層へと転じてゆくのであるが、一方、元老院議員はクラウディウス法の規定によってしだいに商業活動から遠ざけられ、請負契約の当事者になることはできなかった。もとよりかれらとて、出資者としての間接参加は可能であり、しかも一人でいくつもの請負契約に出資することがあったから、現実にはかれらも請負を介して富を増殖しえたのであるが、本質的には官職貴族としての社会的規定性を強めてゆくのである。

このようにして資本家的・商人的階層になった騎士が、属州統治に不可欠な請負業務を一手に引き受け、属州からの租税の徴収を請け負いその前貸資本的な機能によって資本蓄積を飛躍的に増大させた。ということは、ローマ市民共同体の属州支配の果実(貨幣・奴隷など)の最大部分は、先に述べた官職貴族(属州統治者)=ノビレス層と、騎士=プブリカーニ(資本家層)の手に集中された、ということである。もとより、たびたび述べたように、海外領の一部は土地を失った市民に割り当てられることもあったし、また海外領支配の主たる果実である貢租がローマ市民共同体全体を潤したことも否定できない。先に述べたとおり、ピュドナの戦いの翌年からイタリアにおける「最良の権利における私有地」が事実上免租となったことは、この貢租という財政収入のゆえであったであろう。しかしながら、これらは、官職貴族、騎士＝資本家層の手に入った巨大な富の前には、共同体分解を阻止しあるいは復元するには力が弱すぎた。そればかりか、貢租としてローマ市その他イタリアに搬入された穀物は、大都市近在の農民から重要な市場を奪うことになり、そうでなくとも傾いている農民経営に打撃となった。また、海外における長期の戦争に出陣した農民のなかには農地経営を続けることができず農地を手放して無産者(capite censi, proletarii)としてローマ市に流入した者が多かったが、かれらは貢租の穀物を安価に配給されて扶養されたのであるから、貢租は共同体の分解を固定化させる役割すら果たしたのであった。

海外領支配の最大部分を手に入れた元老院貴族＝官職貴族、騎士＝資本家層など、共同体の支配的上層は、それらの富(支配の果実)を、没落したイタリア農民の農地買収や、公有地の先占に投資した。このようにして、先占公有地と私有地双方を含むところのイタリア大土地所有が生まれるのであるが、かれらはそれらの大土地所有に、同じく支配の果実である大量の奴隷労働を投入し、オリーヴ・葡萄などの果樹の栽培を主とした奴隷制大農場の経営を行ない、少なくとも部分的・一時的には市場向けの生産を行なった。共和政末期のイタリア農業を特徴づける奴隷制大農場経営は、それゆえに、ローマ市民共同体の、ローマ的特徴をもった(征服と支配から極めて強い加速要因を受け取ったところの)、大規模な分解の所産にほかならなかったわけである。

以上のような、征服地(属州)の経営から流入する支配の果実の不均等分配による共同体の分解は、前一二九年に設置されたアシア州の搾取によって一段と強化された。すなわち、アシア州の十分の一税をはじめ、関税・鉱山採掘権等いっさいの財政収入の徴収が、ガイウス＝グラックスの法案によって騎士＝プブリカーニに請け負わされ、さらにはまたローマにおける不当徴収罪を扱う法廷の構成を改める同じガイウスによる法案が通り、これによって騎士がこの法廷の審判人(iudices)とされたため、騎士の属州総督＝官職貴族＝元老院議員層に対する政治的優位と行動の自由とは高まり、[21]これによって騎士＝資本家層など共同体内の支配的上層における富の集中は一つの頂点に達したのであった。

2　グラックス改革と前一一一年の土地法の共同体論的意味

以上のように、紀元前二世紀のあいだに、ローマ市民共同体の分解は、そのローマ的特殊性をもった強力な促進的要因に押されて、一段と拍車をかけられたのであるが、これに対してローマの政治家たちは、さまざまな観点や利害の立場から、これに対応しようと努力を傾ける。そのような努力の現われである組織的改革運動の最初であり、また同時に、分解した共同体の復旧というかなり明確な問題意識をもっていたと思われるものが、グラックス兄弟の改革運動である。[22]これに始まる「内乱の一世紀」といわれる共和政末期は、そのような努力相互の衝突であると同時に、それらの努力の失敗の連続であったとも言えるであろう。特殊ローマ的な分解の様相をよりよく理解するために、これまた特殊ローマ的なグラックス改革運動の共同体論的意味を簡単に見ておこう。

分解の急速な進行が時の人の眼に深刻なものとして明らかに意識されるようになったのは、当然のことながら、国防の主力たる重装歩兵農民の没落の結果たる軍事力の低下のゆえであった。そのことを、ノビレスの一人ティベリウス(Tiberius)＝グラックスは、ヌマンティア攻囲戦に従事しそこにおけるローマ軍の苦戦をまざまざと目撃し、前一三三年護民官に就任するや、改革運動に乗り出した。かれが民会(comitia tributa)に提出した法案は、公有地先占面積を一人五〇〇ユゲラに限り、ただし、子供一人について二五〇ユゲラの追加を許し、最高を一〇〇〇ユゲラに止めるというもので、法定以内の先占については永久占有を認めるものであった。さらに法案は、右の制限をこえる先占地を没収し、これを土地を喪失したローマ市民に割り当てる実際的業務を行なうための「土地判定・割当三人委員」(triumviri agris iudicandis et adsignandis)[23]を選ぶべきことを定め、かつ割り当てられた土地に軽微な地租を課し、割当地の譲渡を禁じた。

この法案に対する反対は強く、同僚護民官の一人オクタウィウスが拒否権を発動して立ちふさがった時、ティベリウスはオクタウィウスの罷免を民会に提案し、三五トリブス全部の賛成によってこれを断行し、ついに改革案をも成立させた。民会による護民官の罷免は、共和政の先例にはないことであった。命令権(imperium)を与えられた政務官(magistratus)は任期中はいかなることがあっても、民会といえどもその職を奪うことはできなかった。護民官は命令権をもつ政務官ではなかったが、神聖不可侵(sacrosanctitas)の護民官を罷免することは、ますます現存秩序の侵犯を意味した。このことは改革への反対を強めた。

しかし農地改革案そのものは実行に移され、三人委員としてティベリウスと弟ガイウス(Gaius)らが選ばれ、土地割当を受ける新農民への仕度金としての財政的裏づけが必要となり、ちょうどその年アッタロス三世によって遺贈されたペルガモン王国の遺領の中からの現金をこの目的に使うという法案を成立させた。こうした外交関係の案件は元老院の権限に属したから、トリブス会へのこのような提案も現存秩序の侵犯だった。ティベリウスはさらに、前一三三年夏に行なわれた翌年の護民官選挙に立候補し再選をねらうという第三の制度違反を敢えてした。このために生じた混乱のなかで、ティベリウスとその派約三〇〇名は、スキピオ＝ナシカ(Scipio Nasica)を長とする元老院の過激派の手にかかって(椅子の脚でなぐられて)殺された。

この農地改革の実務の効果について、かつてモムゼン(Th. Mommsen)は、前一三〇年のケンススにおける完全市民数約三一万八〇〇〇人が、前一二五年のケンススで約三九万四〇〇〇人に増加した事実を、この土地分配の結果であると判断したが、今日ではこの増加はほかの理由によると考えられている。(24) それにしても三人委員の仕事が少しずつ結果を生み土地割当が行なわれたことは、境界石から推定されている。しかし事業の進捗に伴って困難も増大した。その最大の障害は次の点にあった。イタリア同盟市の富裕な市民はローマ公有地の先占を許されていた。したがってかれらも決定をこえる面積の没収をうけざるをえなかった。しかるにイタリア同盟市民は正にローマ市民ではないから、かれらの貧困市民は改革による土地割当をうけることはできなかった。それゆえ同盟市は、全体としてはこの農地改革事業によって不利益のみをこうむることになり、これに対する同盟市の不満が、ローマにおける反対運動を強めたのであった。改革の反対派は、前一二九年、同盟市市民による先占地に手をつけることは三人委員の権限に属さない(なぜなら、同盟市との関係の問題は元老院の管轄である外交問題に属するから、と)という決定をかちとることに成功した。ここに改革事業は暗礁にのり上げたのである。

これ以後、改革派と改革反対派の対立論点の焦点として、同盟市市民・ラテン人の扱いの問題が浮かび上がる。改革派は、右のような農地改革案がもたらした困難を、ラテン人・同盟市市民をローマ市民共同体に包摂する(ローマ市民権の付与)方向で解決しようとしたのに対して、改革反対派はラテン人・同盟市市民を切り離すことによって解決しようとした。前一二六年の「外人追い出しにかんするユニウス法」[25](lex Iunia de peregrinis)は後者の意図に即したものであり、前一二五年の「フルウィウスの提案」[26](rogatio Fulvia)は前者の意図に発したものと見ることができる。この対立論点が焦点となっていたことは、分解したローマ市民共同体を、改革派の考えるように、重装歩兵ポリス的な類型に復旧することは、もはやローマ市民共同体だけの問題としては解決できないものを含んでいたことを示すものであった。ラテン市も同盟市も、ローマのこれまでの相つぐ征服戦争においてローマ市民と等しい負担を負ってローマに協力してきた。したがって征服の契機からローマ市民共同体に加わった分解的作用は、同じようにラテン市や同盟市にも加えられていたと考えられる。ただ徴税請負人(publicani)や官職貴族はかれらの中から現われえなかったから、分解はローマ市民共同体のように激烈ではなかったであろうが、かれらの富裕層がすでにさまざまな方法でローマ市民権を獲得しローマ市民共同体へと包摂されていったことは、別の困難を生んでいた。かれらの協力によってローマの征服と支配は進められたものであるのに、かれらを困難な状態におきざりにし、かれらの不満を放置するならば、ローマの支配の維持も覚束ない。(27) イタリア人(おそらく同盟市市民およびラテン人双方を含む)にローマ市民権を与え、ローマ市民権を欲しない者にはプロウォカーティオ(provocatio)の権を与えるという「フルウィウスの提案」は、こうした配慮に立ったものであった。しかるにこの提案は強い反対の前に撤回され、そのことが、多くの同盟市市民を包摂していたラテン市フレゲルラエの反乱(前一二五年)を惹起したのであった。(28) この反乱は徹底的に鎮圧されたが、この反乱そのものは、ローマ市民共同体の分解の復旧のための改革が、もはやラテン市や同盟市を切り離しては進められないことを示していた。

この段階で、ティベリウスの弟ガイウスが前一二三年の護民官となって、改革運動をひきついだ。かれが成立させた多くの法の順序や内容については不明な点が多く、論者の解釈も分かれるが、ここでは共同体論に必要なかぎりで最低限の解釈を加えることにとどめておこう。かれが成立させた、一七歳以下の新兵の徴募を禁ずる等の内容をもった兵制法案は、これまでの改革によって再建された農民層の保護を図るものであろうが、こうした改革の基本方向と矛盾するような法案もかれによって提出される。すなわち、首都市民に市場価格以下の安値で穀物を配給することを定めた穀物法案と、アシア州のいっさいの財政収入を請け負わせる入札をローマ市で行なうとする、実質的には騎士を優遇する法案、ならびに属州総督の在任中の苛斂誅求(不当徴収)を審理制裁する常設査問会(quaestio perpetua de repetundis)の審判人(iudices)を騎士の中から選ぶとする法廷法案とである。前者は、ローマ市民の貧民トリブスを改革の味方にするため、後者は騎士のケントゥリアを味方にひき入れるためであった。ほんらい、改革は、貧民に土地を割り当てることによって、私的土地所有の比較的均分の回復、共同体所有の不均等利用と、大土地所有者(私的所有)による共同体所有の蚕食とを除去することを狙うという客観的意味をもつものであったのに、これらの法案は、貧民の首都における固定化を促し、騎士＝資本家層の資本蓄積を飛躍的に増大させるという客観的な意味をもつもので、共同体の分解を逆に促進するという自己矛盾を犯すものであった。つまりこれらの措置は、改革を推進させる手段でありながら、改革の目的を自らふみにじるものであったわけである。これらの法案の餌によってガイウスら改革派は騎士をも味方につけ、兄ティベリウスの時とは異なって今度は難なく、翌一二二年の護民官への再選に成功した。

こうしてかれは改革の前進をはかり、改革派の線に沿った市民権法案や、植民市建設法案をつぎつぎに成立させていったが、この間に反対派の巧みな巻き返しが成功し、元老院の国家非常事態宣言(senatus consultum ultimum)によって任命された生殺与奪権をもつ独裁官(dictator)によって改革派は全員虐殺された。このような結末に至った原因は、第一に、改革運動は共同体分解に比して手遅れであったからであった。それは、すでにティベリウスの時いらい現われていたが、先占公有地と私有地の区別・境界が明らかにしえなくなっていたこと、またガイウスの植民市建設法案が植民市建設地としてカプア・タレントゥムのほかはイタリア外(カルタゴの故地にたてられた colonia Iunonia)に求めざるをえなかったこと、これらは共同体の分解が進みすぎていたことを示すものであった。しかし他面、未だ機が熟していないことも改革の失敗の原因でもあった。ラテン市・同盟市市民へのローマ市民権付与の失敗はそのことを示している。

改革運動の挫折のあとには、穀物法と、騎士にかんする二法という改革の目的と矛盾する法案のみが残り、ともかくも実行されていた農地改革の土地割当の命運も迫っていた。前一二一年、改革による割当地に加えられていた譲渡制限が撤廃されたのがその始まりであった。これによって新農地と農民が再び分解の波にのみこまれてゆくことになる。これ以後相ついでいくつかの土地法が出されたが、最後にティベリウス以来の改革で混乱した土地制度を整理するような意味をもつ包括的な法が成立する。「前一一一年の土地法」がそれである。その内容の中から今われわれに関係する点だけをまとめると次のようになるであろう。ティベリウス改革案で定められていた法定面積以下の先占公有地、それに加えて今後一人三〇ユゲラ以内の先占公有地を、最良の権利にもとづく私有地とすること、軽微の賃借料(vectigal)などを課されて完全私有地とは言い切れなかった土地、すなわち植民地建設時の割当地、建設時に原占有者へ返還された土地、原占有者への替地等も、同様に最良の権利における私有地とされたこと。そして今後は、公有地の分配はいっさい行なわないこと、以上である。(29)つまりこの「前一一一年の土地法」の共同体論的な意味は、一方では、これまでの私的所有による共同体所有の蚕食はそのまま法的承認を与えられて私的所有の不均等発展は固定化され、他方では、共同体の再分解を阻止するために加えられていた譲渡禁止等の制限が撤去され、しかも公有地の分配の停止によって新農民の再建の道も閉ざされたことによって、共同体の分解に対する一切の歯止めをはずすということであったのであった。(30)

3　共和政末一〇〇年の内乱の共同体論的構造

共同体の分解に対する一切の歯止めがはずされたままであったなら、共同体国家の建て前を崩していないローマは遠からず国家分裂に至ったはずである。グラックス兄弟が格闘した問題はすべてそのまま残っていた。その問題は、かれらが挫折したのではない方法で解決の道が探られねばならなかった。「内乱の一世紀」は、そのような方策を実現するための権力手段掌握をめざす争闘であり、その間に共同体はしだいにオプティマーテス(optimates)、ポプラーレス(populares)などのfactio(党派)に再編成されてゆく。そして、前一一一年の「土地法以後帝政成立迄の約一世紀の内乱の時代は大土地所有の進行にとっては却って困難の時代ではなかったかと思われる」[31]と評されたように、内乱の経過の間にローマ市民共同体はグラックス的方向ではない、ローマ的特性を色濃くもった道筋を通して、独自な仕方で分解が復旧され、また阻止されることになる。

第一は、ローマ市民共同体とその巨大な支配を維持する防衛的関心から来るところの強制であった。ティベリウス＝グラックスの案じた軍事的危機は予想された通り訪れた。前一一三年、ゲルマン人のCimbri, Teutonesなどの諸種族との相つぐ戦闘でローマ軍は敗北と全滅をつづけ、アラウシオ(オランジュ)の決戦で五軍団が全滅し八万人が失われたのである。ここでローマは、北アフリカでのユグルタ戦争で勝利をもたらしたマリウス(C. Marius)を連年コンスル(前一〇四—一〇一年)に選び、これにゲルマン人との戦争をゆだねた。これより前マリウスは、前一〇七年、ユグルタ戦争に当たって、新人(homo novus)ではあったがコンスルに選ばれ、そのとき無産市民(capite censi)から志願兵を募集してこれに武装を与え、こうして編成した軍団をもってユグルタを破ったものであった。この兵制改革は、軍務(重装歩兵勤務)のための財産資格がしだいに下げられてきたそれまでの発展の帰結であったが、いまや武装義務を土地所有から解放したという点において、ローマの、否、古典古代ポリスの伝統的な防衛体制の根本原理からの明瞭な逸脱であった。[32] その意味で、ウェーバーの類型概念で言うところの「民主政市民ポリス」へ接近したと解される。

マリウスはこの軍隊をもってゲルマン人を撃破したが、そののちこれを解体し、それらの退役兵(veterani)に、ユグルタ戦争でヌミディアから奪ったアフリカの土地を一人一〇〇ユゲラずつ分配した。このほか、マリウスの退役兵はシチリア・アカイア・マケドニア・コルシカにも土地を割当てられ、植民に送り出された(33)(前一〇〇年のアプレイウス法 lex Apuleia)。つまり無産市民は、軍務の報償として土地を与えられ、立派な重装歩兵農民に復活したのである。

このような新兵制による軍隊の編成、退役兵への土地割当と植民、かれらの重装歩兵農民としての再建、という措置は、マリウスだけではなく、つづくスルラ(Sulla)、ポンペイウス(Pompeius)、カエサル(Iulius Caesar)などの武将の踏襲するところとなる。スルラは前八三年、第一次ミトリダテス戦争に勝利して東方よりイタリアに帰るや、かれの留守中反スルラの政権を再建していたマリウス・キンナ(Cinna)派を掃蕩し、マリウス・キンナ派を支持したサムニテスやエトルリアの諸都市から大量の土地を没収して(34)、それを一二万人に及ぶ自己の退役兵に分配して植民市を建設したのである。また、クラッスス(Crassus)、ポンペイウスと三頭政治を結んで前五九年のコンスルとなったカエサルも、第三次ミトリダテス戦争(前七四—六四)を終熄させたうえシリア・ユダヤに至るまで平定してローマに凱旋したポンペイウスの退役兵のために、土地割当のための農地法を成立させ、三人以上の子供をもつ二万人に、イタリアに残っていた唯一の公有地といえるカンパニアのカプア付近の肥沃な土地を分配し、植民市を建設させた。カエサルはまた、退役兵への土地割当にとどまらず、グラックス以来久しく顧みられなかったローマ市の無産市民(被解放奴隷を含む)を植民に送り出す政策を再びとり上げた。すなわち彼はポンペイウスを倒してのち、コリントスの再興などに約八万人の無産市民を送り出し、イタリア内においても政敵から没収した土地や、自己の財産で買った土地をこのような分配に盛んに用いたのである。この結果、ローマ市の無産市民で国庫から穀物の配給を受けていた者の数は、三二万人から一五万人に減じたと伝えられる。(35) カエサルの死後に続いた武将もカエサルの反対派を含めて、同じ政策をうけついだ。

こうして今や、土地所有と軍務とは、かつてとは逆の因果関係においてではあるが、再び結びつけられたのである。ところで、植民市に送り出された除隊兵は、長期にわたる軍務のゆえに耕作技術を忘れ着実な農業よりも手っ取り早い掠奪と浪費になれていたために、割当地を換金して離農した、と一般的に考えられていた。(36) しかし、ブラントの研究は、当時の兵士の補給源が都市的貧民層というより地方の貧農であったこと、軍務は例外を除いては耕作技術を忘れるほど長期には亙らず、およそ六年程度であったこと、かれらの中には、できるだけ長く兵士稼業にとどまることを欲した者もかなり多かったが、ある場合には六人のうち五人まで、他の場合には四人のうち三人まで、というほどの多くの部分の者がすこしでも早く割当地をうけて帰農することを望んでいたこと、などの点を立証した。(37) スルラの退役兵が植民させられたPraenesteについて、キケロは一八年後の前六三年、土地が少数の人の所有に帰している、と述べている。[38] 退役兵の割当地にはグラックスの割当地のような譲渡制限がなかったから、プライネステのような現象が現われる可能性は十分にあり、そうした例を無視することはできまいが、プライネステはローマ市に近く、土地投資家に目をつけられやすく流通経済にまきこまれやすい特別の場所柄でもあるから、これをもって一般化はできないであろう。とすれば土地分配をうけて帰農した退役兵に、経営の失敗など経済的理由のものは別とし、相当程度の自発的定着性を認めてもよいであろう。

以上のように、マリウスの兵制改革とそれに伴う退役兵への土地割当・植民は、ある程度の重装歩兵農民の再建をもたらし、結果として共同体の分解を阻止する効果をもったと考えられるが、それとともに色濃く現われてくるローマ的特殊性に注意を向けなければならない。まず第一に、マリウスの兵制改革いらい、兵士はかれに武装を与えてくれた将軍の私兵的な性格をしだいに強くもつようになったことである。そのことを最も端的に反映しているものは、将軍に対する兵士の誓約である。将軍に対する誓約は、原理的には国家の代表者としての将軍に対する誓約であるが、それがしだいに個人的・私的な性格をもつようになる。マリウス制によって創った軍隊を国内の政敵に向けた最初はスッラであったが、[39] 個人的・私的な誓約を自己に強要した最初も、前八三年のスッラであった。[40] 内乱が続くかぎり、このような私的・個人的な誓約は、つぎつぎに起こった将軍たちに対して行なわれざるをえなかったわけであり、それは共和政末期の七〇年の政治にきわめて重要な要因として働いた。[41] このように、将軍と私的な従属関係に立った兵士が、退役後、土地割当をうけて各地に植民したのであった。つまり、重装歩兵農民として再建されたかれらは初めから将軍のクリエンテス(clientes)としての立場をもっていたわけである。かれらが(実質的にはかれらの代表格の者だけであるが)民会に出席したときは、かれらのパトローヌス(patronus)である将軍のために票を投じたであろうことは想像にかたくない。

ローマ共和政社会の、正にローマ的特質は、四世紀以後の「ノビレス支配」に見られるようなそのいわば貴族的性格であることは、ゲルツァー[42]以来ローマ史家の強調してやまないところであるが、それらの有力者がパトローヌスの地位に立って、クリエンテスとの間にさまざまな恩顧・義理の関係を結び、これが法の上に現われない社会の基底を支えている、というのが実態であった。「クリエンテスは、元来、ノビレスだけのものではないが、大きなクリエンテス関係のピラミッドの頂点に立つのは、ノビレスであった[43]」と言われたように、有力者を頂点としクリエンテスを底辺とする大小多数のピラミッドが、相互に、時に並列し、時に従属しつつ、並存している、というのが、ローマ社会のいわば伝統的な体質であった。いまやその大きなピラミッドの頂点に、マリウス、キンナ、スッラ、ポンペイウス、カエサルといった有力武将＝政治家が立ち、一般下層民、私兵的農民層のクリエンテスを底辺として従えて、そのような人間関係を基礎に、optimates, populares などの factio をなしつつ、相互に権力闘争を戦ったのであった。このような複数のピラミッド間の対立抗争が共和政末一〇〇年の内乱であった。(44) そしてこのような複数ピラミッド間の緊張の関係すなわち内乱が、共同体再統合(上下の紐帯の再強化)の契機を増したのである。すなわち、権力闘争に勝ち抜くことは優越したクリエンテス(私兵・下層市民)をもつことにより可能となり、優越したクリエンテスをもつことは優越した植民・土地割当の実績を上げることによって可能となる、という関係にあった。植民・土地割当の実績を上げるということはとりも直さず、分解した共同体の一定程度の再建につながる。そして、よい植民の実績をあげるためには、一方では征服すなわち土地の獲得をしなければならなかったし、他方では、植民ないしは土地割当の法案を民会で成立させなければならなかった。

すでに第一章4節末尾(五六―五七ページ)で述べたように、ローマにあっては共同体の分解を復旧させようがための政策は共同体の拡大を必然ならしめ、この拡大の必然性がローマ市民共同体の地中海世界に対する支配を構造的に支えていた。このことは、共和政末期においてもいっそう大きな規模で当てはまる。グラックスの改革いらいイタリアには、カンパニアを除いて公有地はなくなっていた。この状況下における共同体の再建(貧困市民・退役兵への土地割当)は、イタリア内の私有地の国家または私財による買い上げ(カエサルやのちのアウグストゥスの例)か、没収(スッラ、カエサル)による土地獲得に訴えるのでなければ、海外の征服、公有地獲得に頼らざるをえない。こうして、マリウスにおける大規模な海外植民、カエサル、アウグストゥス以後のそれのように、共同体の海外への拡大を必然的に伴わざるをえない。しかもいまやそれは、国内政治における権力闘争に勝ち抜くための絶対条件の一つとなるに及んで、海外への拡大すなわち征服は、クリエンテーラのピラミッド相互の権力闘争によって構造的に支えられ、そこから強力なエネルギーを供給されることになるのである。(45)

しかしながら他面において、これらクリエンテーラのピラミッドを従えた有力武将たちがこの権力闘争に勝ち抜くためには、単に征服戦を成功させるだけではなく、自己の退役兵への土地割当・植民の法案を民会で承認させなければならないし、そもそもまた自己の軍隊を民会によって合法化させなければならなかった。将軍たちは、この時期には、自己の軍隊を形成するに当たって、自己の auctoritas(権威)の力によって兵士を集め、兵士への給与・武装も自力で調達しなければならなかったが、自己のアウクトリタスによって形成された軍隊が、共同体機関としての民会によって、単に将軍個人の私兵的存在以上のものとして合法化されないかぎり、共同体内の覇権を握ることはできない。民会による合法化とは、民会において正規の政務官としての命令権(imperium)を付与されるか、特別の戦争・討伐のための例外的命令権を付与されることである。このような合法化により、膨大な国庫支出を使用しうると同時に、自己のピラミッド底辺を大々的に拡大することすら可能となる。いかに有力な武将といえども、民会によって、ローマ市民共同体の支配の果実の掌握(国庫支出)を承認されないかぎり、共同体内の覇権を握ることはおぼつかないものであった。いかに有力な武将といえども、全体としての共同体あっての覇権であり、権力であったのである。そこでかれらは、民会における重要法案(とくに命令権付与、ついでは退役兵への土地割当にかんする)提出にさいしては、自己のクリエンテスの票に頼らざるをえず、またそのためには、自己の選挙地盤としてのトリブスの維持と拡大のためにたえず努力しなければならなかった。こうしてこの面からも、いったんは共同体内の支配的上層の手中に集中され共同体の分解を促進する契機となった支配の果実は、共同体の下層にも、部分的にではあっても、配分されることになったのである。

ところで、ピラミッド底辺の維持と拡大という至上命令は、単に退役兵・無産者への土地割当・植民、トリブス民への配慮だけにとどまらず、非市民へのローマ市民権付与とトリブス指定にさいしても激しい利害の対立を生み出した。イタリア同盟市市民・ラテン人に対するローマ市民権付与の問題は、フレゲルラエの反乱、ガイウスの市民権法案の敗北以後なんらの進展を見せていなかったが、前九一年、かつての「フルウィウスの提案」(rogatio Fulvia)とほぼ同内容の市民権法案が元老院によって否決されたとき、全イタリア同盟市のローマに敵対する大戦争(イタリア同盟市戦争)が起こり、案ぜられていたとおりローマは非常な危機に陥った。この戦争は結局、前八七年、元老院が降服したすべての者にローマ市民権を与える約束をすることでほぼ収拾がつくのであるが、この過程で、またこれにつづく過程で、最大の障害をなしたものは、もはやローマ市民権付与そのことではなく、ローマ市民権を与えられるであろう膨大な数に上るはずの新市民のトリブス所属をめぐる、武将＝政治家間の対立であった。[46] 結論的にいって、当時激しい権力闘争関係にあったマリウスおよびキンナの派と、スッラおよびそれをバックアップする元老院派との対立であって、戦後最初のケンスス(前八六年)においては、従来最も小さいトリブスであったArmensisやLemoniaなどに、マリウス派を支持したイタリアの有力な共同体が割り当てられるなど、一般にマリウス・キンナ派ができるだけ多くのトリブスを制圧しうるような配慮がなされていた。[47] ついで前八三年、ミトリダテス戦争に勝利してローマに帰還したスッラは、その勢いをかってマリウス・キンナ派を掃蕩するとともに、反対派の土地を没収し、それを自己の退役兵に分配して植民市を建設したが、そのさいそれらの土地のトリブス所属は不変であったから、マリウス・キンナ派に有利にしくまれたトリブス編成は、そのままスッラを支持するトリブスに変じたわけであった。[48]

このように、ローマ市民権付与とトリブス指定をめぐる激しい政争を生み出しただけでなく、クリエンテスの維持と拡大という至上命令は、ピラミッド底辺を、ローマ市民共同体の枠内にとどまらず、属州の有力者や従属国の王侯にまで広げることになった(「属州クリエンテーラ」)。武将＝政治家たちが征服戦争の遂行によって兵士クリエンテーラを作り出したことは、すでにふれたが、かれらはその機会に、征服地や同盟諸王侯とさまざまな恩義関係を結び、自己の権力の基礎をここにも築いた。吉村忠典氏の研究が教えたように、ローマの武将たちは征服地の現住民との折衝に当たってはその親ローマ的な有力者(principes)と接触し、しばしばその有力者を介してその有力者のクリエンテス(clientes, 被護民・子分)の助力を得ることができた[49]。これらの属州クリエンテーラは補助軍の提供によってローマの国防の要請に応え、かつ大きな国防的課題を果したものであり、前四九―四八年にカエサルとポンペイウスとの間で戦われた決戦において、この両武将は、それぞれのもつ属州クリエンテーラを総動員して、多数の補助軍を集めて戦った[50]。

これらの属州クリエンテーラは、もとより直接的に民会において武将＝政治家をバックアップしうる立場にはなかったが、民会において直接的にかれらを支持してくれる市民クリエンテーラの維持と拡大にとって不可欠の要因であったといわなければならない。政治家としては如何に才に長けていても、こうした属州クリエンテーラを十分にもたなかったために[51]、結局は二流の地位に止まらねばならなかったキケロの例は、逆に属州クリエンテーラの内政史的重要性を示すものといえよう。

このように、ローマ市民共同体の外への拡大は、クリエンテーラ関係の拡大再生産を伴い、属州クリエンテーラを含みこみ、武将＝政治家を頂点とする多くのピラミッドが統合されたり重層化されたりして、しだいに少数の巨大ピラミッドに整理されていったのであるが、それならば、このような複数の巨大ピラミッドの編成として現われるローマ市民共同体を、共和政末期におけるローマ社会の基本構造と見ることができるのであろうか。それよりむしろ、クリエンテーラ関係を本質とするいわゆるピラミッドをこそこの段階におけるローマ社会の基本構造と見るべきではないか。ローマを捉えるに当たって、ローマのポリス的(市民共同体的)・公法的(共同体国家の正規の機関的)

な側面より、法律外的(extralegal)な人間関係・社会関係をローマ社会の特質と見、帝政の成立も、そうした諸関係がローマのみでなく地中海諸地方の諸民族の支配階級の間にはりめぐらされた結果(「属州クリエンテーラ」)つくり上げられた統合による、と解する吉村氏の基本的な考え方の正しさを否定するつもりはない。これに対して、市民共同体、その分解と運動法則、等々の概念は、ローマ社会の特質を表現するための概念ではなく、ローマ社会を分析し地中海世界の歴史の中に位置づけんがための物差しとして設定された概念である。この物差しを使って、ローマ社会の特質なるものを解釈しようというのがこれまでのわれわれの試みなのである。このような解釈によって、ローマ社会の特質なるものが、古典古代における普遍(市民共同体)に対する特殊としていっそう明らかになったと思われるし、また、そもそもこのような解釈が可能であったというそのことにおいて、この物差しがローマ史のこの段階についてもなお有効であることが示された、と言えるであろう。

共和政末一〇〇年の内乱において、ローマ市民共同体は、共同体内の複数ピラミッド相互の競争と権力闘争のゆえに、ピラミッド頂点と底辺との紐帯の強化を避けることができず、そこから分解の阻止という結果を手に入れることができた。ローマ市民共同体はさらにこの時期に、地中海世界の他のさまざまな共同体に対する征服と支配という対外関係と、大奴隷反乱に見られるようないわゆる基本的階級関係(奴隷制支配)の緊張からも、類似の作用を受けとることになるが、しかしこれらそれぞれは、それ固有の作用をもローマ市民共同体に及ぼすことになる。節を改めてそれらを考えてゆこう。

4　ローマ帝国の支配の構造

ローマの地中海世界に対する征服と支配が究極的にはローマ市民共同体の運動法則をその構造的な支えとすること、その運動法則の特殊ローマ的現象の中から生まれてくる内政的(共同体内)権力闘争が、一方では分解阻止の要因を作り出すとともに、他方ではローマの地中海世界に対する征服と支配の進展に強い促進剤として働いたことを、これまで見て来た。しかし、そのような征服と支配の進展は、ローマ市民共同体に対しても、ローマの支配を押しつけられる側にとってと同様、重大な影響を与えざるをえない。その点を明らかにしようとする観点から、ローマの拡大を、共同体論的に短く整理・分析しておきたい。

ローマの拡大が、直接的には植民によって支えられていったことは、これまでふれたところである。その植民活動の中核を形づくるものは、「ローマ市民の植民市」(colonia civium Romanorum)の建設であるが[52]、ローマ市民の植民地が文字どおりローマ市民共同体の延長であること、それらはローマの三五のトリブスのいずれか一つに所属させられたこともすでに述べた。この点は帝政期に入っても全く変わることなく、例えばDalmatiaにあるコロニアは、TromentinaまたはSergiaに所

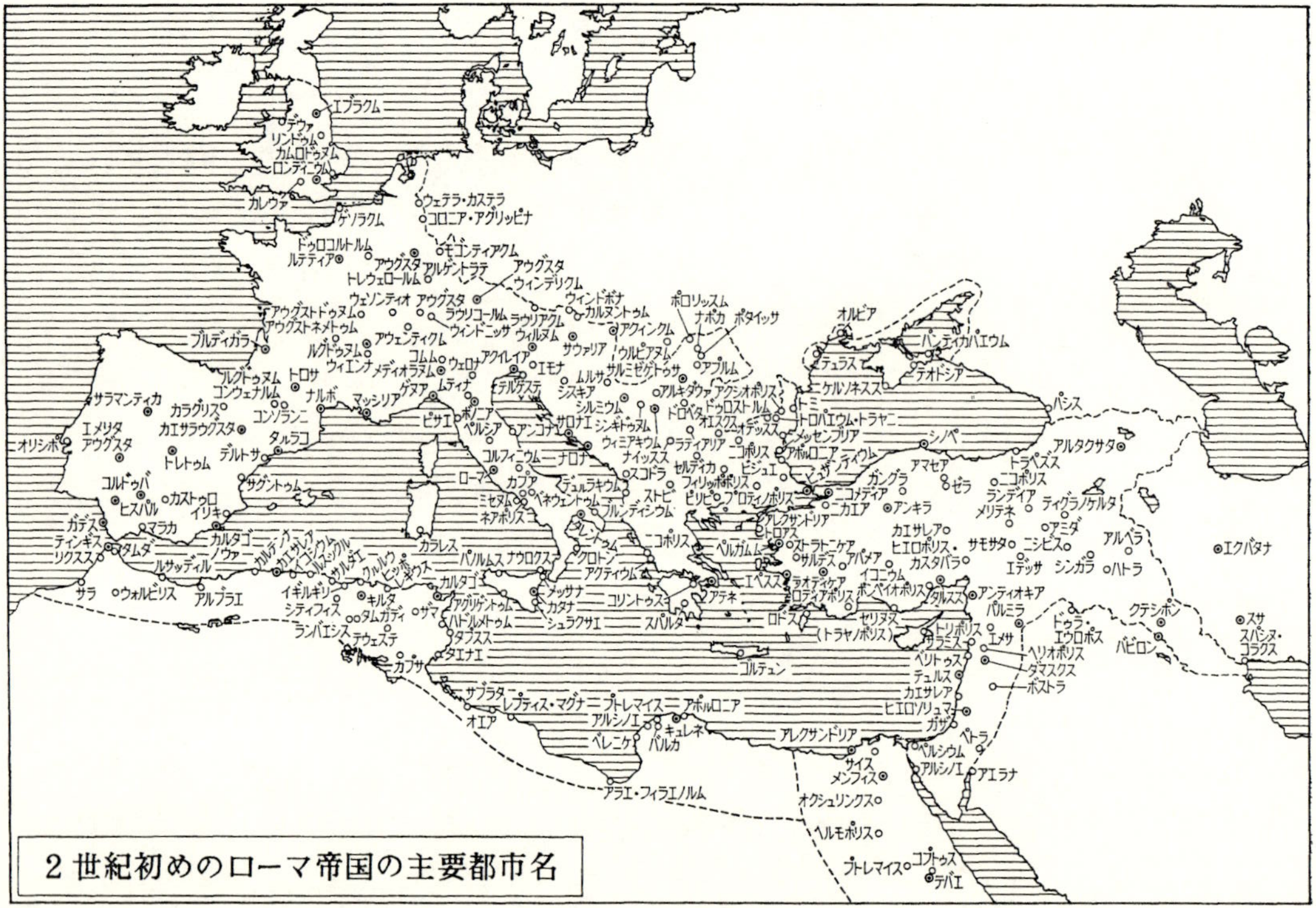

2 世紀初めのローマ帝国の主要都市名

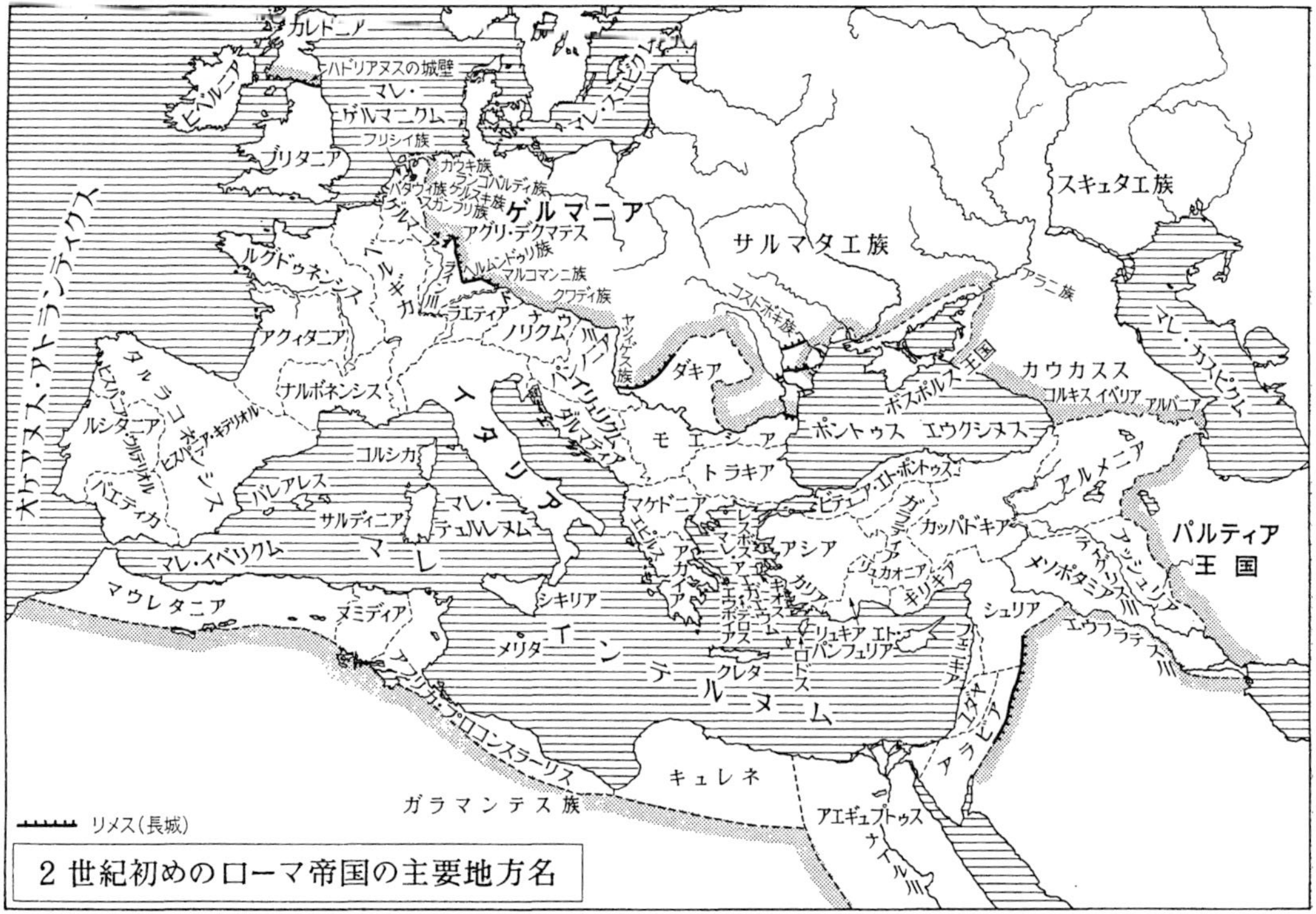

2 世紀初めのローマ帝国の主要地方名

属させられた。[53] このようなコロニアの建設をカエサルが積極的に推進したこともすでにふれた。かれが退役軍団兵への土地割当に当たって、一軍団所属の退役兵を戦略・交通の要点に集団的に植民し、他方、ローマ市の無産市民八万人を海外に(in transmarinas colonias [Suetonius, Iulius, 42, 1])送り出すに当たって、子供を持たない者を植民者に選び、またかなりの数の退役兵をそれに混じたことは、かれの植民がローマ市民共同体の地中海世界に対する支配(属州民搾取)の安定を狙う意味をもつものでもあったことを暗示している。

カエサルの死後、つづく武将たちも、カエサルの反対派も含めて、カエサルの組織的な植民を受けつぎさらに発展させたが、なかでもアウグストゥスは、前四四—三一年の権力闘争時代はもとより、四五年の長きにわたる皇帝時代を通じて、カエサル以上に多数の新しいコロニアを建設し、後にふれるような、外人共同体(civitates peregrinae)に対するローマ市民権付与、すなわちmunicipia化も、カエサルと比較にならないほど多く行なった。Vittinghof が作成した地図によると、[54] 属州におけるコロニアの建設は、カエサル以前には総数七であったのに対して、カエサルによるものは、属州別に言って、Narbonensis と Gallia に五、Hispania に一〇、Africa に八、Macedonia (Achaia) に三、Asia-Pontus-Bithynia に四であり、アウグストゥスによるものは、Narbonensis に三、Baetica に四、Tarraconensis に六、Lusitania に二、Africa に一四、Mauretania に一三、Sardinia に一、Sicilia に六、Illyricum に五、Macedonia-Achaia に七、Creta に一、Asia に二、Pisidia (Galatia) に

八、Syriaに二、となっている。これらは名前・場所がわかっているものだけであるから、実数はもっと多いはずである。その規模が如何に大であったかがこれらから明らかになるであろう。

つづく諸皇帝によってもこうした植民(コロニア)活動はうけつがれていったが、ここでコロニア建設について共同体論にとって重要と思われる点を二、三摘記しておきたい。一つの地方を征服すると、ローマは一応そのすべての土地を取り上げて国有地(皇帝領)とし、課税のために、その地方全体とくに住民の土地を正確に測量する。たとえばアウグストゥスによって征服されたPannoniaの場合、[55]農地は測量の結果五等級に分けられ、各等級ごとに定まった比率でvectigalを課された。住民は従来の所有権を失い、長期賃借人としてその土地(ager vectigalis, 賃借料地)を耕作しつづけた。もしそれが都市化の進んだ地中海東部であったなら、旧来の都市的共同体を介しての間接課税(stipendium)が行なわれたであろうが、Pannoniaの場合、ガリアなどと同じく、都市の発達はほとんどまだ皆無に近く、ローマはここでは、旧来の種族組織と必ずしも対応しない人為的な外人共同体(civitates peregrinae)を設置したのであった。[56]この地にコロニアが建設されるのは少し遅れてティベリウス帝治下であり、それまでこの地方は、これらのcivitates peregrinaeのager vectigalisのほかはローマ国有地であるが、おそらくその相当部分を皇帝領として取り分けておいたと考えられる。ダキアの例(civitas Romulensiumなど)では、civitates peregrinaeは次に述べる軍用地とともに、近隣に駐屯しているauxiliaの長官の直接監督下におかれた。[57]そのほかに重要な土地としては、軍用地(prata legionis, territorium legionis, 軍用の牛や馬の糧秣を採取する牧草地や練兵場)があり、それに隣接して、ローマ市民を含む住民の小集落(canabae)が生まれた。このcanabaeがのちにmunicipiaに発展することがある。たとえばゲミナ第一三軍団(legio XIII Gemina)付属のcanabaeは、一六〇年一〇月四日の碑文に言及されるのを最後とし、それに代わってmunicipium Aurelium、すぐそれに続いてcolonia Aurelia(マルクス＝アウレリウス帝、おそくもコンモドゥス帝による昇格)が現われる。これがアプルム第一市(Apulum I)である。アプルム第二市(Apulum II)は、同じく陣営周辺の村落(vicus)が発展し、セプティミウス＝セウェルスからmunicipiumの格を与えられ、デキウス帝の時代にcolonia nova Apulensisとして確証される歴史をもつ都市である。ほかにPotaissa, Porolissumも類似の発展をした(ただしPorolissumはmunicipium止まり)都市であった。(58)

A. Mócsyは、ドナウ地方全体の軍団軍用地(territorium legionis)について、それは確認されるかぎりドナウに沿った広くない帯状地帯であって、そこにおける生産労働の実際(伐採・石切り・石灰焼き・狩猟等と)は部隊所属の専門労働者(immunes)によって遂行されたこと、しかしその軍用地の管理は基本的には民間人集落である近隣のcanabae(canabenses)、軍用地居住者(consistentes)に委ねられたことを指摘するとともに、ドナウ地方では軍用地がterritoriumと命名されてこのように管理の委任が行なわれた理由について推定し、それは、canabaeおよびconsistentesという特殊な行政法的な形態に土地法的な基礎を与え、それによってcanabaeを共同体の特別な形態として維持しようがためであったであろう、とする。[59] Mócsy の明らかにしたところによると、canabae は軍団陣営の設営と同時に、計画的な都市プランのもとに建設されたものであって、それはおそらくは、単に軍団への必需品供給を第一義的目的としたものではなく、ローマ市民権を獲得した退役兵に新たな生活の場を提供し、かつ彼らの子弟から新兵を徴募することをその第一の目的にしたものであって、そのため、特にハドリアーヌス帝以後、準都市行政が明らかに導入された。[60] ローマの征服はこのような多様な土地所有関係と共同体を作り出すが、ここにコロニアが(Pannonia の最初のコロニアはティベリウスの Colonia Iulia Emona) 設置されるといっそう複雑な変化を見せることになる。

コロニアの建設が全く新しい処女地に行なわれる場合とか、ブリタニアの Camulodunum や後の Aelia Capitolina(エルサレム)の例のように、原住民が殲滅、または奴隷化ないしは追放される場合には、比較的単純にローマ的都市の建設が行なわれるが、Pannonia の場合のようにすでに原住民の土地を ager vectigalis として一応安堵したような場合(これはもちろん所有権の剝奪を経ているのであるから、取り上げることも可能ではあるが)は、既存の原住民共同体との関係において極めて興味ある措置が取られたのである。すなわち、コロニアの建設とは土地法的に言えば、ローマ式測量法(centuriatio)による測量[61]と植民者への土地割当(adsignatio)を経ることを意味するが、その場合、既存の原住民共同体に土地の一部が残しおかれ、原住民も incolae(ローマ市民権をもたない永住民)としてコロニア内部での居住が許される。しかもかれらのうちの有力者層ないしは親ローマ派にはローマ市民権が与えられ、植民者(colonus)の一人として adsignatio に加えられる、というのが一般であった。地方によっては、かれらの中から、コロニアの都市参事会員(decuriones)や都市政務官(magistratus)が現われ、数世代後にはローマ騎士や元老院議員になる者も出た、という。(62)

このような発展について、興味ある知見を加えてくれるものは、ゲルマニア諸州で発掘された villa rustica の遺構である。Mayen の Stadtwald で発掘された一ウィルラは、ラーテーヌ期の杭上家屋以来連続した集落の上に建設されたもので、八ないし九層に、四世紀の後半までトレウェリ人の連続的居住が続いたことが確かめられた。ラーテーヌ期いらいの陶器形式が長く使用され、それが漸次的にローマ的形式に移行していることから考えて、ローマの征服によっても住民の交代はなく、原住民がその地にやがて、盛期には約四〇〇ユゲラ(約一平方キロ)のウィルラを構えたと察せられる。しかもそのウィルラの外貌は、前面に円柱柱廊を配したいわゆる porticus villa とよばれる威風堂々たるもので、この形式はイタリアから移入されたものであると同時に、専門家が「支配者建築物」(Herrschaftsarchitektur)と呼ぶほどの社会的威信を象徴し、所有者がそこから都市の政治に有力な影響力を与えつつたずさわったことを示している、と推定されている。(63) ローマの影響のもとに原住民の一部上層が上昇してウィルラ所有者になり、或る時期におそらくはローマ市民権も獲得して、都市の有力者になった過程がここからうかがわれる。

ウィルラが「支配者建築物」といえるほどの威容を示しているのは、ヘルウェーティ族の旧領地であった Vindonissa の軍用地や Aventicum のコロニアに属する幾つものウィルラであり、その多くは二世紀初めに溯るもので、最も大きいものは二・五平方キロ(一〇〇〇ユゲラ)に達するという。遠くからでもすぐ目に入るほどの高い位置に構えられ、モザイクや壁画を示す遺構は、所有者の富と社会的威勢を誇示するに十分であった。そのうちの一つ、Aventicum 北西二〇キロメートル、Bieler See 湖畔 Erlach にある一ウィルラは、そこから発見された碑文から推察されているところによると、Dirox という名前の原住民の所有にかかるもので、隣接して煉瓦焼場をもち、そこでは Gratus なる人物(おそらくはこのウィルラの賃借人)の所有する奴隷(名前は Masso)が煉瓦を焼いていた。(64) このような原住民によるウィルラ所有は、ラウリキ族の領地にある一ウィルラからも確認される。おそらく最初の所有者の名にちなんで Munciacum または Munatiacum と呼ばれたこのウィルラの原住民地主とその妻の碑文によると、この地主はローマ市民権を保持していた。ラウリキ族がコロニアに加えられ、やがてその中から大ウィルラを保有するほどのコロニア有力者が現われたことをこのウィルラは物語っている。(65) 二世紀にその盛期を迎えたこのウィルラの賛美はいっそう著しく、ローマの影響による原住民共同体の分解、原住民有力ウィルラ所有者の威容と社会的威信は、南の方ほど顕著であったことが察せられる。

ゲルマニア諸州のウィルラ所有者としては軍事コロニア植民者の後裔が確認されることは当然として(66) Vindonissa の例からわかるところでは、もとの territorium legionis の住民の後裔が駐屯軍に供給するために設営したウィルラが、二世紀になって大所領に発展したことがあった。これらウィルラ所有者の中には原住民上層が少なからず含まれていたことは想像に難くない(67)。

このように、コロニアの建設はローマ市民権の付与、すなわちローマ市民共同体の補強と拡大を含むと同時に、原住民共同体の分解と発展に作用することになる。そのほか、ローマは属州未耕地に対する原住民の occupatio を許したことも、土地保有の不均等発展をもたらした(68)。パンノニアではトラヤーヌス帝の時代に退役兵への土地割当も行なわれたが、これも土地保有・所有の不均等化の原因となった(69)。

コロニア、とくに退役軍団兵コロニアについて次に注意すべき点は、婚姻によるローマ市民権者の増大である。ローマ市民と、通婚権 (ius conubii) を持たない外人 (peregrini) との間の結合は、ローマ法では一般に適法な婚姻 (matrimonium iustum) ではなく、出生子は万民法 (ius gentium) によって母の身分を襲うとされ、その後修正されたこともあったが、ハドリアーヌス時代に再び右の万民法の規定が復活された。そのため退役兵植民者と植民市近在の土着の女との結合の出生子は一般に外人 (peregrini) となるはずであった。しかしかれらは、退役に当たって通婚権、すなわち、身分の異なる女とローマ法上の適法な婚姻を結ぶ特権を与えられたため(70)、コロニアでの出生子はローマ市民となった。このように適法な婚姻のきずなによって植民市近在の土着の女との結合を推進したことは、植民市の将来にとって、ひいてはまたローマの支配の安全にとって、きわめて有効な措置であった。この窓口を通してもローマ市民共同体は補強されたのであった。

共同体論にとってコロニアがもついっそう重要な問題は免租の問題である。ローマ支配下の土地は、すべて土地法的に言えば二大別される。一つは、ローマ市民の「最良の権利における所有権」の対象となりうる土地(本章第1節参照)であって前一六七年以来免租とされた土地、もう一つは、地租を課されているもの、すなわち支配者たるローマ市民共同体の上級所有権を認めさせられている土地である。後者は、若干の自由(免税)都市すなわち、civitates liberae (et immunes) (第一次ポエニ戦争以後のシチリアに最初の例を見たもの)を除く属州地がそれに当たり、一般的に言って都市共同体の多い元老院管轄属州では、共同体を介して間接課税されるスティペンディウム (stipendium) を、皇帝管轄属州では直接課税されるウェクティガル (vectigal) またはトリブートゥム (tributum) を収める。それらの耕作者は civitates peregrinae を形作る。これに対して前者は、前一世紀前半のイタリア同盟市戦争以後について言えば、イタリアと Gallia Cisalpina がそれに当たる。ディオクレティアーヌス帝がイタリアにも新税制、カピタティオ＝ユガティオ (capitatio-iugatio) 制を実施してからはこの区別はなくなる。そこで問題は、コロニアがローマ市民共同体の延長であり前進拠点であるならば、イタリアの土地と同様に免租をうけていたか、ということである。

属州の土地でありながら、土地法上イタリアの土地(カエサルによる Campania 植民いらいイタリアには ager publicus はほとんど残っていない。ほとんどすべて最良の権利における所有権の対象たる完全私有地であり、免租地である)と同等に扱われる権利のことを、「イタリア権」(Ius Italicum)と呼ぶが、結論的に言ってコロニアのうち限られたものだけがイタリア権を与えられたにすぎなかった。先ほど例にあげたPannoniaのEmonaは、そしてパンノニアのすべてのコロニアは、それを与えられていなかった。[71]全般的に見て、大規模な植民が行なわれたカエサル、アウグストゥスの時代のコロニアのうち、遠隔のマケドニアに建設されたとか、スペイン内陸僻地の非文化的地方に送り出されたような、いわば不利な条件のもとで送り出された植民者に、その不利を補うために与えられた例外的な特権であって、後には(例えばセウェルス帝から与えられたTyros)ローマへの特別の奉仕・忠誠への報償として他のコロニアに与えられることもあるが、すでに二世紀にはその付与は稀となっている(ダキアの四コロニア)。[72]つまり、コロニアの市民は、同じくローマ市民でありながら、被支配者である属州民と同様に地租を課される者が非常に多かった、ということである。地租免除はそもそもローマ市民共同体の地中海世界に対する支配の果実に参加していることを示すものであるから、コロニアのローマ市民はその支配の果実に平等に与かれないことになっていたわけである。つまりは、ローマ市民共同体の拡大と外からの補強と平行して、このような不平等が進行していたわけで、それは共同体成員権の名目化を来すものと言えるであろう。

コロニア建設にさいして現地人の若干にローマ市民権を与えることはすでにふれたが、二世紀以後、新たなローマ市民の植民者を送り出すことなく、既存の外人共同体(civitates peregrinae)、次に述べるローマ市民自治市(municipia civium Romanorum)、ごく稀にはラテン人植民市(colonia Latinorum)に、ローマ市民植民市(colonia civium Romanorum)の資格が与えられ、多くの場合すでにそこに在住している相当数のローマ市民の商人・金融業者・地主のみならず、その時にその都市の市民であった者にローマ市民権が与えられる例が多くなる。さきの現実の植民者が送り込まれたコロニア(植民コロニア)と区別してこれを昇格コロニアと呼ぶが、昇格コロニアは植民コロニアのような政治的・軍事的課題を負わされることはなかった。

ローマ市民共同体に外から新ローマ市民が補給される道筋として、いっそう重要なのはmunicipium civium Romanorumである。municipiumとは元来、前三三八年、ラテン同盟市戦争の終結に当たってローマ市と同盟を結び、「投票権のないローマ市民権」(civitas sine suffragio)を与えられてローマへの特定の負担を約束した独立の小都市国家のことを指したが、やがてカエサルはtrans-padani(ポー川以北の人びと)のラテン市(後述)をmunicipium civium Romanorumとし、その市民にローマ市民権を与えたことが始まりとなって、ムニキピウムはローマ都市法上の一つの資格として位置づけられるようになった。これ以後civitates peregrinaeにローマ市民権を付与する時はまずmunicipiumとされるのが普通となり、ローマへの忠誠の報償としてその措置はとられた。スペイン、北アフリカ、ドナウ地方にその例が多かった。(73) コロニアは「ローマ市民団の内部からの拡大成長」であるのに対して、ムニキピウムは「外から市民団に入った」(Aulus Gellius, Noct. Att., 16, 13, 8)

という成立事情の相違は、前者においてはローマ法が用いられるのに対して、後者は自治をもち固有法を用いる(suis moribus ac legibus uti, Gellius, 16, 13, 6)、という相違を生み出していた。そしてこの自治のゆえに、コロニアたるよりもムニキピウムたる方を願った都市がティベリウス帝時代にはあったのに、ハドリアーヌス帝の時代には、この自治をさえもすててコロニアに昇格しようとしたムニキピアが少なくなかった。それはおそらく、ムニキピアの場合には集団的市民権付与の大量化現象に応じて、ローマ市民共同体への編入は名目化せざるをえず、都市の格の上でも上位と考えられたばかりか、イタリア権付与の可能性を含むコロニアへの昇格を望んだからであろう。しかるにイタリア権の付与は二世紀に入ると稀となる。それに加えて、ちょうど同じ頃から軍務とローマ市民権の必然的関連も稀薄になってゆくのである。それはこういうことである。

市民権と軍務は必然的に結びつくものとする古典古代の通念に従って、伝統的にローマ軍の中核と考えられてきた軍団(legio)はローマ市民により構成され、非市民より成る補助軍(auxilia)と鋭く区別されたが、さきの昇格コロニアや右のムニキピアによるローマ市民の急増は、必然的に軍団兵の出身地をイタリアから属州都市へと拡大することを意味した。ところが、昇格コロニアが急増しはじめて間もなく、ハドリアーヌス帝は軍団新兵の徴募を軍団駐屯地で行なう制度を導入し、あわせてローマ市民権を新兵の資格要件としては厳しく要求しなくなった。つまり、昇格コロニアやムニキピアによりローマ市民共同体の拡大が急増すると、ローマ市民権は、ローマ市民共同体の支配の最も重要な手段である武力・軍務との必然的なかかわりを失いはじめているわけである。ここでも、ローマ市民共同体成員権は名目化しはじめている。

それにもかかわらず、ムニキピアの多数存在は、原住民の共同体に影響を与えざるをえなかった。これもパンノニアの例であるが、一二四年にAquincumのvicusがムニキピウムとされてから、この北東パンノニアには、軍団用地(territorium legionis)とそのcanabae、補助軍(auxilia)のterritorium(cohortis)とそのvici、ムニキピウムAquincum、それに隣接するエラウィスキ人共同体(civitas Eraviscorum)、この四者が並存したが、一九七一年に刊行された一碑文の解釈から、civitas peregrinaであるcivitas EraviscorumのARM(……)なるおそらく首長(アフリカのsufes, Haeduiのvergobretusに当たる)がムニキピウムの都市参事会員(decuriones)を兼ねていたことが、推定されている。[74] civitas EraviscorumがAquincumに従属していたと考えないまでも、[75] このような密接な関係がciv. Eraviscorumの分解を早めたことは間違いあるまい。そしてcanabaeもまたのちにmunicipiaに昇格してゆく。[76] 一七八年のRegensburg碑文(CIL III 14370, 10)から、canabae在住の一ローマ市民が近隣のcivitas peregrinaに土地(ager vectigalisであることはまちがいない)を獲得し、ついで、それをcanabae付属地(territorium contributum)にすることに成功した、と推定され、こうしてcanabaeのムニキピア化の準備がすすめられた、と解釈されている。[77] ローマ軍団駐屯地の存在が、原住民の土地所(保)有関係に介入し、ないしは共同地を蚕食してゆく様がここから読み取られる。[78]

ローマ市民共同体の拡大・増大の窓口として、個別的ローマ市民権付与についてもふれなければならない。すでにコロニア建設にさいしてそうした事例があることはふれたが、ここではそれ以外の場合を述べておく。第一はラテン人都市にかかわる問題である。ラテン人都市については、ラテン人についての説明によって理解される。ローマ史上ラテン人(Latini)と呼ばれたものには二種類あった。第一は「古いラテン人」(prisci Latini)であり、もともとローマ市と同盟を結んだラティウム諸都市の市民を指した。かれらは、前三三八年ラテン都市同盟解消後もローマ市との間に、通婚(conubium)・通商(commercium)・土地所有・裁判等の私法上の対等の関係を結び、その後もローマと協力し、あるいはローマの主導下に植民活動を行なった。前一世紀の初めイタリア同盟市戦争開始のころのかれらとローマ市民権との関係は、ローマ滞在中のラテン人は民会で投票できること、ただしそのトリブスは投票に先立って行なわれた籤できめられること、ローマ市またはコロニアに移住して(移住には若干の制限があったらしいが)ケンススに登録すればローマ市民権を獲得できること、不当徴収訴訟を起こして勝訴すれば褒賞としてローマ市民権を獲得できること、および、ラテン市の政務官経歴者にローマ市民権が与えられること、などであって、ラテン人とローマ市民との間には差別の関係よりもむしろ対等の関係に近いものがあった。

ラテン人の第二の種類は、「植民ラテン人」(Latini coloniarii)と呼ばれるもので、前二六八年に植民されたAriminum、およびそれ以後イタリア同盟市戦争までに植民された「十二のラテン植民市」

の市民を指し、古いラテン人より劣格と考えられた。ところが、イタリア同盟市戦争ののち、ガリア＝キサルピナ(Gallia Cisalpina)の外人共同体(civitates peregrinae, Transpadani)がラテン植民市(coloniae Latinae)に昇格される一方、古いラテン人すべてにローマ市民権が与えられて「古いラテン人」が消滅するとともに、これ以後「植民ラテン人」およびラテン植民市(coloniae Latinae)、ラテン自治市(municipia Latina)は本来のラテン人と関係のない人法上および都市法上の身分・資格となる。これらのラテン人都市とローマ市民都市(colonia, municipium)との間には、内部法制上も外観上もほとんど差異はなかったが、カエサル、アウグストゥス時代を過ぎてからは、前者から後者への昇格はきわめて稀となった。わずかに小ラテン権(minus Latium)と大ラテン権(maius Latium)を通して、ラテン都市の指導的上層にローマ市民権を与えローマ市民共同体に入れる道を残しただけであった。小ラテン権とは、ラテン都市の政務官経歴者とその家族がローマ市民権を獲得しうる権であり、すでに前二世紀末には存在していたことが確かめられ、大ラテン権とは、参事会員decurionesになればローマ市民権を獲得しうる権であり、ハドリアーヌス帝時代の初出である。これらは、ラテン都市およびラテン人がしだいにローマ人都市・ローマ市民との差を大きくしローマに対して被支配者側すなわち外人共同体(civitates peregrinae)、外人(peregrini)の地位に向かって落ちていった現実を前にして、それらの共同体の指導的上層を支配者ローマは自らの市民共同体の末端に組み入れ、かれらを通じて故郷共同体の支配を巧みに進めようがために考え出された苦肉の策であるということができよう。このようにして与えられるローマ市民権は、名誉的・名目的なものでしかなかったであろう。

同じような、civitates peregrinae の指導的上層をローマ市民共同体の末端に組み入れる政策は、ポリスに対してもとられた。[79] ポリスはおそらくはその古い歴史的・文化的伝統に対する誇りから、自らすすんで municipia civium Romanorum に昇格されることは、少数の例外を除いてはなかった。しかしローマはこれらのポリスに対しても、そのまま被支配者の地位に据えおくことを避け、ローマへの功績、あるいは共和政末の内乱時においては反対派武将への敵対の功、などに応じて、ローマの直接統治からの自由(ἐλευθερία)、自治(αὐτονομία)を与え、あるいは租税の免除または軽減を許すとともに、ポリスの指導的有産層に個別的に家族もろともローマ市民権を付与した。こうして今や、ローマ市民共同体は古い独立と自治を誇るポリスの指導層をまでも包摂するものとなっていたのである。そのさい、かれらは故郷のポリスの市民権を保持し故郷の都市への負担を負いつづけることができた。このような外からの新ローマ市民に故郷共同体の市民権の保持を認めるという二重市民権[80](Doppelbürgerschaft)は、イタリア同盟市戦争以前にそれが認められた例があり、ローマ市民共同体が他の civitates peregrinae を包摂し、あるいはその上層を末端に組み入れ拡大してゆくに当たって、この二重市民権がきわめて重要な役割を果たしたことは確かである。と同時に、他の共同体成員権と両立可能なローマ市民権とは、もはや本来のローマ市民共同体成員権とは異質なもの、ある意味では一種「没ローマ化」(entromanisieren)[81]し始めていることも、あわせて注意さるべきであろう。

ローマ市民権の個別的付与に関して、最後にふれなければならないのは、補助軍兵(auxiliares)および水兵への付与である。[82]さきに、婚姻による市民権付与の問題として退役軍団兵への通婚権付与に言及したが、ここで取り上げるのは補助軍兵の問題である。免状(diploma)から今日推定されているところによると、五四―七八年には、「二五年もしくはそれ以上」勤務した現役兵に対して、八〇―一一〇年には、現役兵(のみは一〇五年まで)および退役兵に対して、一一〇―一七八年には、二五年勤務した退役兵に対して、ローマ市民権と通婚権を付与するディプローマが交付された。ただ一四〇年ごろを境に、それ以前には本人「およびその子孫に市民権」が付与されたものが、それ以後になると「子孫」への付与は行なわれなくなったのは、まだローマ市民権をもたない現役中に同じく非ローマ市民の土着女との間に子供を儲け、退役後は別の、おそらくはローマ市民女と結婚し、さきの子供にはローマ市民権を取得するという乱用が頻発したためであろうと推定されているが、この乱用がまさに個別的市民権付与の一ケースであったわけである。そしてこのようなディプローマによって、二世紀半ばまでに二〇〇万人以上の新市民が生まれたとも推定されている。このようなディプローマは二世紀末(一七八年)をもって消滅するが、これは、この時期にはすでに補助軍兵自身、またその妻もはじめからローマ市民権をもつ者であったからで(legio と auxilia の接近)、それほどまでにローマ市民権が普及したからであったろう、とされている。
補助軍勤務によって、活力ある青年が種族その他の共同体から二五年あるいはそれ以上ひき離され、故郷の共同体から疎外されるとともに、ローマ市民共同体に入れられ、多くは駐屯地付近に定着させられたことは、政治的には大きな効果を持ったであろう。またこれら新市民の妻子を介して新定住地の多くの住民がローマ市民を近親に持つことになり、また新市民の故郷共同体において将来のローマ市民権獲得の可能性が、支配者であるローマ市民共同体に対する近親感を育てたであろう。その意味で、これはきわめて効果のある制度であった。

以上、簡単に整理・分析してきたローマ市民共同体の拡大の諸形式を念頭におくと、ローマの地中海世界に対する支配の構造はおよそ次のように図式化されうるであろう。ローマの地中海世界に対する支配は、ローマ市民共同体が、それ以外のさまざまな、私有すらも未発達であるような原始的な共同体からポリス的共同体に至るまでの、多種多様な、無数の共同体に対してうちたてた支配である。ローマ市民共同体は支配共同体であり、他の諸共同体は支配される従属共同体(それがローマ側から外人共同体〔civitates peregrinae〕と言われるわけである)である。支配と被支配との区別は、ローマ市民権の有無である。支配共同体であるローマ市民共同体は、前一世紀初めのイタリア同盟市戦争以後はイタリアのすべての共同体であり、カエサルの時にはガリア=キサルピナを含む。それればかりか支配共同体はおよそ四つの型式で地中海世界に拡大していった。第一は支配共同体の地域的拡散、「内部からの拡大成長」であって、colonia civium Romanorum の建設がそれである。第二は、支配共同体に外部から新市民を補強することで、ローマ市民権の個別的付与による。大ラテン権・小ラテン権を通し、あるいは外人共同体の指導的上層への個別的付与を通し、あるいは軍団退役兵への通婚権(conubium)の付与、補助軍兵・水兵へのディプローマの付与によるものがそれである。第三は、第一と第二の結合型で、コロニア建設に伴う原住民上層への個別的付与、コロニアに隣接する旧来の外人共同体の、後年における吸収合併、である。第四は、個々の外人共同体への一括的ローマ市民権付与で、municipium civium Romanorum の資格を与えることである。およそ以上の四型を通して支配共同体は地中海世界各地に拡大してゆき、地中海世界全体に拡散していたローマ市民共同体が諸他共同体を支配したものであった。

このような諸型式は、支配される側から見れば、ランバエシスの例のように、下から上に昇ってゆきついには支配者側の一員になれるような階梯としての意味をもつ都市の格付けであった。(83) この諸型式は、そのような期待可能性を意味していたゆえにも、支配にとってきわめて効果的な諸型式であった。しかし、この階梯を昇るということは、共同体の分解の歩を進めるということでもあった。多くの共同体はこの梯子段を積極的に昇って、ローマ都市的な発展段階の共同体に発達しようとした。ローマの支配は、地中海世界の諸共同体に特徴的な、共通のこの運命に、それらが早くゆきつくように能率的に手をかした。地中海世界の「都市化」と「ローマ化」とはそういう意味のものであった。

しかし、このように大規模に拡大した支配共同体に対しても、この拡大が影響を与えないではおかなかった。ローマ市民共同体の末端には、ローマ市民権の権利を行使しえない多くの市民権者が現われていた。支配者であるのに属州在住のローマ市民は例外を除いて課税されたし、刑事訴訟において持っているはずの権利を行使できず、帝国の政治(ローマ市民共同体の運営)に参加できず、防衛とも原則的に関係はなくなっていた。こうして「没ローマ化」したローマ市民権(支配共同体への所属)は拡大につれて名誉化・名目化の道を辿り、それがはじめもっていた特権的性格を失っていった。二世紀末にはローマ市民権はもはや軍務の報償としての魅力を失うほどに、いわばインフレによって価値を下落させた。二一二年のカラカラ帝告示(Constitutio Antoniniana)が帝国内全自由人にローマ市民権を付与したのは、価値の下落した紙幣を、それをもたない残りの貧民に与えたようなものにすぎなかった。そのとき、ローマ市民権保持者の集団は、ローマ市民「共同体」などではなく、「支配」共同体でもなかった。ここに至って、「ローマ市民共同体」概念の有効性は、全く失われているわけである。

5　二世紀、ローマ市民共同体内部の階層分化

支配共同体となったローマ市民共同体の、このような拡大は、その末端にこのような不平等を、

しかも大規模に生み出しつつあったが、一方、共和政末期の内乱の終結、帝政の成立は、ローマ市民共同体の上下の紐帯を再強化した権力闘争の要因を除去することによって、共同体分解の歯止めをはずすものであった。すでに述べたように権力闘争は、武将＝政治家を頂点とし、貧民・私兵・退役兵、さらには属州人をも含むクリエンテーラを底辺とするところの大ピラミッド相互のたたかいであったから、権力闘争の力学的作用はそれぞれのピラミッド内部の上下の紐帯の再強化を結集し、そのような歪んだ形ではあれ、市民共同体の分解は阻止されていたのであったが、帝政の成立とは、それらの複数ピラミッドの単一ピラミッドへの統合にほかならなかったから、ここに右のような力学的作用は消滅せざるをえない。そして、拡大によるところの不平等の産出と、帝政成立による分解歯止め要因の消滅とは、いわば並行して進み、相乗的効果を生んでゆく。では、ローマ市民共同体の内部にはどのような変化が進行し、それは、ローマの地中海世界に対する支配にどのような構造的変化を与えてゆくであろうか。

いま、およそ紀元一〇〇年前後の時期を目安として、ローマ市民共同体内部の社会層分化を構造的に把握しようとすると、ほぼ次のような類型化が可能であろう(84)。いまや巨大ピラミッド化したローマ市民共同体の頂点には、皇帝と帝室があり、次にそれをとりまいて元老院身分すなわち ordo senatorius (consulares のような最上級の者から一般議員まで含まれる)があり、その下に騎士身分すなわち ordo equester (procuratores 等の皇帝役人としてあるいは militia equestris 等の軍務について全帝国にわたって勤務する者たちから、一般の騎士身分まで含まれる。もはやこの時代には属州官僚制が整備されて、徴税請負人としての活動は騎士身分には閉ざされている)がある。その下には、さらに、全帝国に散在するローマ市民権都市の参事会員身分(ordo decurionum)の大群がある。これら三者は、帝国内の身分(ordo)として法的に制定されて特権・身分表徴・爵位が決められ、それぞれの身分所属のためには財産額が決定されている(元老院身分一〇〇万セステルティィ、騎士四〇万、参事会員は都市ごとに異なる)が、一定の条件のもとに下から上への上昇可能性があり(もちろん降下の可能性もある)、そうした社会的流動性によってカスト化を免れている。これら三者は、ローマ市民共同体内の支配的上層であり、ことに皇帝は強大な軍隊(ローマ市民・非市民双方から成る一般兵士に対する指揮系統もまた、元老院身分・騎士身分によって担われる)と、有能な官僚群(これも軍隊とほぼ同様)とを掌握し、また宮廷には秘書および一種の秘密警察として皇帝解放奴隷の一群をも擁して、実質的に全帝国に対する支配権を握る。そして一般市民はその多くの部分はすでに貧民であるが、原理的にはこの支配を支えそれに連なるものとしてローマ市民権をもち、イタリア半島のみならず地中海世界全体に散在する。ローマ市民の中には一部の解放奴隷も含まれる。

他方において、多数のラテン人・外人(peregrini)、すなわちローマ市民権をもたない者が、ローマ市民共同体の支配を受ける者として広汎に存在する。かれらは属州だけではなく、ローマ市そのものにすら多く居住し、解放奴隷を含む多くは貧民であるが、ローマ市民権をもたない属州都市の参事会員など富裕者も少なくなく、知識人・教養人も多く含まれる。それら富裕者を先頭にして、東部のポリスなどは別として、多くはローマ市民権の付与を願い、ローマ市民共同体に編入される期待を懐いている。

以上のように、ローマ市民共同体の内部においても、非ローマ市民の内部においても、上下の差は甚だしい。にもかかわらず、前者が支配者であり、後者が被支配者であるという建て前でローマの支配は進められ、その擬制の上にローマの支配は維持された。被支配者は支配者団の中に上昇する期待可能性の中に生き、支配者団の下層は、上層身分に上昇する期待可能性の中に生きることによって、この擬制は支配の安定的要素であった。この擬制の象徴的表現がローマ市民権であった。ローマ市民権は、地中海世界において特権的差別身分たることの表現であった。

しかるに、ローマ市民権が内包する特権の多くの部分が、ローマ市民共同体の拡大につれて、多くのローマ市民によっては享受されえない空虚なものに名目化していたことはすでにふれた。それらに加えて、ローマ市民の身体をローマ帝国役人の不当侵害から守る刑法的特権や法廷的保護も、しばしば無視される事例が続発する。同じ犯罪を犯しても外人よりは軽い刑を課されること、政務官とくに属州総督の懲戒権(coercitio)から守られ、有罪判決を受ける前に鞭打ちを課されることはなく、要求すれば法廷をローマに移すことができる(reiectio Romam)、等は、ローマの裁判制度の古くから確立された原則であったが、それらの原則そのものは否定されなくとも、現実的に貧しく

弱いローマ市民の場合それらの権利を行使しえなかった実例が多く現われてくるのである。(85)

このようなローマ市民の刑法的特権の名目化はきわめて重要かつ象徴的である。というのは、正にちょうど同じころから、ローマ法学者たちは刑法上差別される二つの人間集団として、ローマ市民と非市民をではなく、特権上層民すなわち honestiores (honestiore loco positi; altiores) と一般下層民すなわち humiliores (humilioris loci; humiliore loco positi; tenuiores; plebeii) との二身分をあげているからである。(86) 前者に含まれるものは、元老院身分 (viri clarissimi) (議員のほかにその男系卑属三親等までとその妻を含む)。騎士身分は武官および宮廷役人に一代限り与えられたが、マルクス帝はそれを世襲とし元老院身分におけるように三親等まで拡大し、さらに騎士を三級にわけ、viri eminentissimi (praefectus praetorio のみ)、viri perfectissimi (その他の praefecti や財政・書記長官)、viri egregii (その他の役人) となした。このうち後二者はのちに honorati と総称された。以上の三級のほかにおそらくローマ市にのみ存続した一般の騎士 (equites Romani) が含まれた。以上の uterque ordo (両特権身分) のほかに兵士および退役兵とその子供も加えられた。そしてこれらに帝国諸都市の参事会員 ordo decurionum ならびに decuriones 以外の都市の高級役人すなわち magistratus, aediles, iudex がこれに加わる。これらの honestiores が持っている刑法上の特権は多岐に亙った。死刑について見ても、ハドリアーヌス帝は反逆罪 (maiestas) のほかは親殺し (parricidium) の場合にのみ死刑を課した。この原則が守られなくなった時にも、honestiores の死刑にさいしては属州総督は皇帝の勅許をうる必要があった。このほか、honestioresが免除された死刑に、十字架刑・野獣刑・剣闘刑などの見世物刑があり、鉱山労働刑・強制公共労働刑・打擲・拷問などからもかれらは免除された。これらの刑法上の特権を享受するhonestioresに対して、これら一切をもたないものがhumilioresであったのである(87)。

以上のようなhonestiores対humilioresの差別は、旧来のローマ市民対非市民の差別と、どのような階層関係にあるのであろうか。注意されなければならないことは、honestioresは、単純にローマ市民共同体の一部上層ではない、ということである。そのことを端的に示しているものはordo decurionumの扱いであって、honestioresに含まれるdecurionesは、単にローマ市民権都市のそれのみではなく、civitates peregrinaeすなわち外人都市(東部の都市の大部分はそれである)のそれをすべて含んでいる(88)。都市のmagistratus, aediles, iudexの場合も同様である。したがってhonestioresは、ローマ市民権の有無にかかわりのないローマ帝国の特権上層民なのである。同様にhumilioresもまた、ローマ市民・非市民を含むところのローマ帝国全体の下層民である。

そしてローマ市民対非市民の第一の差別と、honestiores対humilioresの第二の差別との時代的な関係も、ある説が主張するように、第一の差別がすたれたあと第二の差別の体系が生まれたとか、第二の差別の体系はハドリアーヌス帝とピウス帝が法をもってこれを導入した、とかいうものではないであろう(89)。むしろ一方において、第一の差別はその実効が弱まりつつも二世紀の後半まで跡づけられ、(90)その弱化と並行しながら、第二の差別が個々の具体的なケースについて形をとり定着していったものであろう。ローマ市民共同体の拡大による内部の不平等の増大という現実の進行とともに、第一の特権差別を自己に適用させえないローマ市民が増大する一方、それを自己に適用させうる富と勢力と dignitas をもつ先の三つの身分は外人都市参事会員の同じような勢力と富と dignitas にもとづいた自己主張を容れつつ、現実のケースにおいて第二の特権差別を自己にかちとり法的に固定化していったものであろう。古典期のローマ法学者にとっては、第二の差別の方が現代的意味をもつものであったゆえに、それに関する論述が多く今日に残されたものであった、と考えられる。このように考えれば、第一の差別体系の後退は、拡大によってローマ市民共同体の分解がすすみやがてはそれが形骸化・名目化してゆくとともに、ローマ市民共同体による非ローマ市民共同体に対する支配という構造が擬制化してゆく発展と歩を共にするものであったであろう。そしてこの発展と並行して、現実の支配・被支配の力関係に即した第二の差別体系が形成されてきたものであったであろう。その意味で、第二の差別の体系は、新しい支配の構造の法的表現という意味を持つものであったと解さなければなるまい。では今や形成されつつある新しい支配の構造とは如何なるものであったか。

古代における統計の欠如から最も推定することの困難なものが人口である。なんら十分な根拠があるわけではない(91)が、これまでしばしば受け容れられてきた推定を使って、二世紀前半のローマ帝国の全人口を五〇〇〇万ないし八〇〇〇万人と仮定すると、(92)このうち、decuriones 一〇万人、騎士二、三万人、元老院議員約六〇〇人、兵士・退役兵含めて五〇―一〇〇万人、である。このうち、兵士・退役兵は官僚群と同様に皇帝の手足的役割のものであるからこれを引いて数えれば、法定親等内の家族を含めても、ローマ帝国の支配層は、五〇万は出るかもしれないが一〇〇万には達しないことになる。このように極端に底広のピラミッド構成の中で、ピラミッド頂点の極めて小部分を honestiores が占め、他の部分に humiliores が広がっている、という不安定さを支える擬制としてローマ市民共同体の支配という旧来の支配の構造の建て前が維持される必要があった。この擬制と建て前が維持できなくなり、二一二年の Constitutio Antoniniana がそれを確認したとき、しかも他方、地中海諸地方内の諸共同体の分解力をてこに発達してきた(そしてローマの「都市化」「ローマ化」の政策はそれを大規模に推進した)地中海世界が、分解を支えた諸条件の後退によって、発達力を失い、地中海世界の一つの世界としてのより以上の発展にブレーキがかけられるに至ると、まだ不安定な新しい支配の構造(honestiores 対 humiliores の差別体系の基盤。これもまた共同体の都市的共同体への分解運動の一環の中でその新しい段階に応じたものとして形成されつつあったものであることは、すでに理解されたであろう)は、自己を支える擬制の支柱をも失い、自己を再生産する根源からも切り離されて、さなきだに不安定な新しい支配の構造は深刻な動揺に陥らざるをえない。それが三世紀の動乱の意味である。

この新しい支配の構造を考えるためには、これまで問題をできるだけ明確にするためにあえて捨象してきたきわめて重要な問題を、いま論じてきたローマ市民共同体の支配なるこれまでのローマの支配の構造に、重要な論点として組み入れて考え直す必要がある。それはいうまでもなく奴隷制の問題である。ローマ市民と非ローマ市民との差別、honestiores 対 humiliores の差別のいずれともからみ合って、自由人(ローマ市民・非ローマ市民を含む)対奴隷の差別、honestiores, humiliores 両者と奴隷との差別がある。宮廷において皇帝側近として勢力を振い、巨大な富を蓄えもした皇帝解放奴隷は、如何に社会的・政治的地位は高くとも、humiliores であった。奴隷対自由人、ローマ市民対非ローマ市民、honestiores 対 humiliores、これらはそれぞれ構造的に相互に如何なる関係にあるか、という問題が解かれねばならないのである。

(1) Lily Ross Taylor, The Voting Districts of the Roman Republic, Rome, 1960, pp. 270–276, 333–336.

(2) 以上のようなローマ市民法上の私有地の性格については、吉野悟「共和政ローマの公有地と私有地」『法制史研究』14(一九六四)、一〇〇ページ以下、一一二ページ以下。船田享二『ローマ法』第一巻、岩波書店、一九六八年(改版)、一八三ページ以下、マックス＝ウェーバー『古代社会経済史——古代農業史——』(渡辺金一・弓削達訳)、東洋経済新報社、一九五九年、四〇四ページ以下。ローマ的土地測量法については、いまなお M. Weber, Röm. Agrargeschichte in ihrer Bedeutung für das Staats- und Privatrecht, 1891. 最近では O. A. W. Dilke, The Roman Land Surveyors. An Introduction to the Agrimensores, 1971, Newton Abbott.

（3）L. R. Taylor, op. cit., pp. 280 ff.
（4）Comitia centuriata とそこにおける投票制度のあらましについては、船田享二、前掲書、九二ページ以下。それによると第一クラッシスの農民の財産額は、土地に換算すれば少なくとも二〇ユゲラであった。これに対して、植民者が割り当てられた土地は、前三八七年のウェイイへの植民では一人七ユゲラであるが、前一二二年のガイウス＝グラックスによるアフリカへの植民は一人二〇〇ユゲラを割り当てた。ティベリウス＝グラックスの貧民への割当地は三〇ユゲラ以下であり、マリウスの退役兵のアフリカへの植民は一人一〇〇ユゲラであった。テイラーは新トリブスには第一クラッシス（重装歩兵）農民が多かった、と推定する(op. cit., p. 300)。
（5）L. R. Taylor, op. cit., p. 50.
（6）ibid., p. 300–301.
（7）ibid., p. 90.
（8）こういった叫びについては、例えば H. Last, in: Cambridge Ancient History, Ⅶ 471ff. を見よ。
（9）マックス＝ウェーバー、前掲書、四二三—四二四ページ。
（10）吉野悟、前掲の『法制史研究』14（一九六四）所載論文、九七—一〇一ページ。船田享二『ローマ法』第一巻、一八四—一八五ページ。
（11）船田享二『ローマ法』第二巻、四三四ページ以下。
（12）船田享二、前掲書、第一巻、一八四ページ。
（13）長谷川博隆「土地法における家畜の問題」秀村欣二・三浦一郎・太田秀通編『古典古代の社会と思想』岩波書店、一九六九年、二三五ページ以下。
（14）弓削達『ローマ帝国論』五五ページ以下。
（15）船田享二、前掲書、第一巻、一八八—一八九ページ。
（16）この時代の属州総督の官職については、豊田浩志「後期ローマ帝国とキリスト教㈠」『史学研究』一二七号、一九七五年、五四ページ以下。この論文は、表題そのものを直接扱った部分よりも、属州総督職の変遷を中心とした属州統治機構を扱った部分がはるかに量が多く、またよいまとめを提供してくれている。

(17) 船田享二、前掲書、第一巻、一九〇ページ。

(18) 船田享二、前掲書、第一巻、二二八ページ以下。

(19) 以下の騎士身分の歴史的形成過程については、長谷川博隆「キケロ時代の騎士身分——土地所有について——(一)」『史学雑誌』六七の七(一九五八年)、四六ページ以下を参照されたい。

(20) 今日、騎士=資本家層、すなわちプブリカーニに関する最も簡潔かつ適確な研究は、E. Badian, Publicans and Sinners. Private Enterprise in the Service of the Roman Republic, Oxford, 1972. である。

(21) この側面を過大評価すべきではないとする批判的学説については、長谷川博隆「内乱の一世紀」岩波講座『世界歴史』2、一九六九年、二九四ページ以下。騎士が現実に裁判に不当の圧力を加えたか否かの問題よりも、審判人を独占したことの無言の政治的圧力がこのさい注意さるべきである。

(22) もとより「共同体」「分解」「復旧」などという概念でグラックス兄弟が考えたというのではない。むしろ「中産農民層=国防力の担い手たる兵士」の回復という、この改革の「復古的」性格、「本来的には真正のレス=プブリカの回復」をめざしたこと(長谷川博隆「内乱の一世紀」岩波講座『世界歴史』2、一九六九年、二九〇—二九一ページ)の共同体論的な意味を解釈しているのである。

(23) 船田享二、前掲書、第一巻、一六三ページ。

(24) 長谷川博隆「フレゲラエの叛乱(bellum Fregellanum)考——ローマ市民権とラテン市——(I)」『史学雑誌』七二の一一(一九六三年)、とくに三五ページ以下。

(25) これについては、長谷川博隆、同論文、一五—一九ページ。

(26) 長谷川博隆、同論文、二四ページでは、この提案の裏にグラックスの動きを推定する。

(27) こうした解釈については、弓削達『ローマ帝国論』一〇四ページ以下。
(28) 長谷川博隆、前掲論文はこの反乱の全面的分析である。
(29) 細目については、吉野悟「共和政ローマの公有地と私有地」『法制史研究』14、一九六四年、九七―一一〇ページ。その他、吉野悟『ローマ法とその社会』近藤出版社、一九七六年、一三八―一四一ページ等。
(30) このような共同体の分解が、一方の極にどのような巨大土地所有者を生み出していたかの興味ある具体例を、P. A. Brunt, "Two Great Landowners", Latomus, 34 (1975), pp. 619-635 が推定している。一人は、L. Domitius Ahenobarbus で、前一世紀半、かれが自己の兵士に戦勝後分配することを約束した一人四〇ユゲラという土地面積の数字(Caes., B. C., I 17, 3)を基礎に、ブラントは、それは総額四〇万―六八万ユゲラに達する規模のものでなければならないが、この土地所有は、ドミティウスを他のポンペイウスやクラッススの規模の latifondista の一人として示すものであっても、ドミティウスの家の歴史から見てそれ自体不思議ではない(p. 624)、とする。もう一人はメテルス＝カエキリウス家の何ぴとかの解放奴隷 Isidorus で、前八年のかれの遺言(Plin., H. N., XXXIII 134 f.)にあらゆる可能な分析を加えたすえ、ブラントは、かれの土地所有もドミティウス規模のものと考えうる、とする(p. 626)。Isidorus の所有奴隷四一一六人の半分以上(二五七〇人)は牧畜奴隷で、他の多くの用途に当てられた奴隷を差し引くと、彼の所領は奴隷による直接経営ではなく、多数の小小作人に賃貸しされたものであろう(ドミティウスの場合も同様)、というのもブラントの推定である。そしてさらに、Isidorus の富の源泉の少なくとも一部が Metellus Caecilius 家の一人(その一人を特定しようと努力されている)に由来することが推定され、それがこの共和政末期一〇〇年間に急上昇したこの家柄にあっては不思議ではない、と結論される。ブラントは Isidorus の例が Domitius Ahenobarbus の巨大財産の傍証となると考えているのであるが、四〇万ユゲラ(一〇〇〇平方キロメートル)が古代イタリアの全面積(二五万平方キロメートル)の二五〇分の一にも達することもこの推定の反証にはならない、と彼は考える。それは四〇万ユゲラのかなりの部分が属州に存在した(ドミティウスは実際 Hispania Ulterior に相続財産をもっていた。Caes., B. C., II 18, 2)ことによって解決する、と指摘される(p. 634, n. 49)。属州支配の果実の不均等分配による共同体の分解(前節末を見られたい)は、ここにも明らかに読み取られることになる。

(31) 村川堅太郎『羅馬大土地所有制』日本評論社、一九四九年、一三ページ。

(32) マリウスの兵制改革およびその後の発展については、R. E. Smith, Service in the post-Marian Roman Army, Manchester, 1958.

(33) これらマリウスの退役兵については、Chr. Meier, Res Publica amissa, Wiesbaden, 1966, S. 100 ff.

(34) スルラが敵方の equites や諸都市から没収した財産がもとになって、共和政末期のノビレスの中でもとくに優越した巨大財産が形成されたこと、すなわちスルラの独裁が共和政末期の巨大財産の形成、さらには大財産中の上下分化の画期をなしたことを、Maria Jaczynowska, "The Economic differentiation of the Roman nobility at the end of the Republic", Historia, Bd. 11(1962), pp. 487–489 は強調した。

(35) カエサルの植民については、Fr. Vittinghof, Römische Kolonisation und Bürgerrechtspolitik unter Caeser und Augustus, Wiesbaden, 1952, S. 49 f.; E. T. Salmon, Roman Colonization under the Republic, London & Southampton, 1969, pp. 128 f. 簡単には、弓削達『ローマ帝国の国家と社会』岩波書店、一九六四年、一九ページ以下。

(36) 村川堅太郎、前掲書、一六一—一七ページ。その後では、M. Jaczynowska, op, cit., p. 489 なども同じ解釈。

(37) P. A. Brunt, "The Army and the Land in the Roman Revolution", Journal of Roman Studies, LII(1962), pp. 68–86.

(38) Cicero, de lege agraria, II, 78. そのほか in Catil, 20 など。M. Jaczynowska, op. cit., p. 489 は、この Praeneste の立地を考慮に入れずに注(36)に言及したような一般的推量を下している。そして退役兵

の手放した農地が大財産の増大に資した、と解する。
(39) 長谷川博隆「内乱の一世紀」岩波講座『世界歴史』2、一九六九年、二九八ページ。
(40) R. E. Smith, op. cit., p. 33.
(41) ibid., p. 43.
(42) M. Gelzer, Die Nobilität der römischen Republik, Leipzig u. Berlin, 1912 (in: Ders., Kleine Schriften, I, Wiesbaden, 1962).
(43) 吉村忠典「ローマ、王政共和政時代」『世界史大系』4、誠文堂新光社、一九五九年、二四三ページ。
(44) M. Jaczynowska, op. cit. は、共和政末期における支配層の分解を、nobilitas 対他の一般元老院議員という二分として考える M. Gelzer に由来する従来の有力説に対して、一握りの巨大土地所有者 (piscinarii—Cic., ad Att. I, 19, 6 etc. 自己の所領を収入源と考えるのではなく、自己の庭園とか villa にある養魚池のことにばかり心を奪われる趣味人で、国家のことを考えない人、の意に用いられている)、対、他のノビレスを含む一般元老院議員、という分解を推定しようとする(とくに、op. cit., pp. 492–497)。彼女の主張は、この経済的分解が、彼らの政治的行動の分裂と対応していた、というところにある。そして、piscinarii は共和派としてポンペイウスを支持し、他の一般元老院議員がカエサル dictatura を支持したとする R. Syme, The Roman Revolution, Oxford, 1939, pp. 62–67 の推定に賛意を表するのである。大小の政治家＝武将それぞれがいずれの factiones につながったかについては、別に再検討を加える必要があろうが、ノビレスの経済的分解と政治的結合関係の対応にかんする Jaczynowska の推定は、われわれの言うピラミッドの並存と従属という権力闘争の重層構造を見ているものとして、注目に値する。
(45) 共和政末期の内乱の時代にローマの拡大がとどまらず続いた事実は、従来だれでも承知している。しかし従来の受け取り方では、内乱にもかかわらず拡大した、という認識が普通であり、それを偉大な個人、たとえばポンペイウス、カエサルといった人物の業績に帰することが多い(たとえば、Artus Betz,

Entstehung u. Entwicklung des römischen Provinzialreiches. Ein historischen Überblick, Gymnasium, 71, 1964, 267–276, bes. 271 f.)。これら個人の偉業を否定するのではなく、なにゆえにその偉業が可能であったか、ということの構造的な根拠を問うのが、本書の立場である。

（46） Lily Ross Taylor, The Voting Districts of the Roman Republic, Rome, 1960, pp. 101 f.

（47） ibid., p. 111 f.

（48） ibid., pp. 118–119. イタリア同盟市前後の市民権問題全般については、長谷川博隆「フレゲラエの叛乱(bellum Fregellanum)考――ローマ市民権とラテン市――(Ⅱ)」『史学雑誌』七二の一二。同盟市戦争後の市民権付与とトリブス所属の問題については、簡単に弓削達『ローマ帝国論』一二三―一三一ページ。

（49） 吉村忠典「リーウィウスにおける外民族の principes とローマ」秀村欣二・三浦一郎・太田秀通編『古典古代の社会と思想』岩波書店、一九六九年、二七一ページ以下。同「ローマ元首政の起源」岩波講座『世界歴史』2、一九六九年、三一七ページ以下。同「アンビオリクス」秀村欣二・久保正彰・荒井献編『古典古代の伝承と伝記』岩波書店、一九七五年、一八九ページ以下。

（50） 吉村忠典「Pompeius の legio vernacula について」『西洋古典学研究』八号、一九六〇年、七四ページ以下。同「属州クリエンテーラと補助軍」『古代史講座』5、学生社、一九六二年、二二八ページ以下。同7、一九六三年、八〇ページ以下。

（51） 吉村忠典、前掲論文『古代史講座』7、八四―八五ページ。それはかれが長期の属州統治や征服戦をしなかったためであり、その同じ理由から、かれの所領はルクルルス、ポンペイウス、カエサル等と比べると桁ちがいに見劣りするものであった。クラッススの考えでは、年収の中で一軍団を維持できるような者が金持ちであった(M. Jaczynowska, op. cit., pp. 491–492)。かねがなければ当然大きなピラミッドを維持することはできない。

（52） 本節の以下の叙述全体については、Fr. Vittinghof, "Römische Stadtrechtsformen zur Kaiserzeit",

Zeitschrift der Savigny-Stiftung für Rechtsgeschichte, 68 (1951), Romanistische Abteilung, S. 435 f., Ders., Römische Kolonisation und Bürgerrechtspolitik unter Caesar und Augustus, Wiesbaden, 1952. ならびに弓削達『ローマ帝国の国家と社会』一八—四三ページ、およびそこで使われている参考文献を参照。

(53) Fr. Vittinghof, "Die innere Verfassung römischer Städte—Möglichkeiten und Grenzen der Epigraphik im Donauraum", Vestigia, 18 (1973), S. 86.

(54) Fr. Vittinghof, Röm. Kolonisation, S. 148 f.

(55) J. Harmatta, "Landed Property in Early Roman Pannonia", Acta Antiqua, 20 (1972), pp. 123-132. このほか、征服・植民一般について、Fr. Vittinghof, Urbanisation als Phänomen der Antike. (「第一四回国際歴史学会議報告書」一九七五年)を参照。

(56) ガリア(Tres Galliae)の場合は旧部族(civitates)を単位として編成された。井上幸治編『フランス史』(新版)、山川出版社、一九六九年、一八—一九ページ(高橋秀)。高橋秀「地中海世界のローマ化と都市化」岩波講座『世界歴史』2、一九六九年、四四二ページ。村川堅太郎『羅馬大土地所有制』一三九ページ。その典型、Allobroges の中心集落 Vienna の colonia Lat. 化については、他に Denis van Berchem, Entwicklung des Städtewesens unter römischer Herrschaft; "Introduction", Vestigia, 18 (1973), p. 35. 旧来の種族組織と、新たに設置された civitates との対応のさまざまな型を同時に示しているのは、ダルマティアの場合である。ゲザ＝アルフェルディの研究(Géza Alföldy, "Einheimische Stämme und civitates in Dalmatien unter Augustus", Klio, 41 [1963], S. 187-195; より詳しくは、Ders., Bevölkerung und Gesellschaft der römischen Provinz Dalmatien, Budapest, 1965, S. 40 f., 68 f., 97 f., 134 f., 152 f.) によれば、旧来の種族はローマの征服後、大体はそのまま civitates peregrinae に組織されたが、それとは異なった扱いをうけた種族もあった。リブルニアはダルマティアで最も都市化の進んだ地域であったが、アウグストゥスの時代にその地に二つのコロニアと六つまたは七つのムニキピアが建設されると、大きな種族のリブルニ族は、いずれかの都市領域に編入されるか、あるいは独立の civitates peregrinae（大プリーニウスによれば一四）に分割されるかした。ダルマティア南東部の多数の小種族（ウァルロは八九をあげる）は二つの大きな civitates（Deraemestae, Docleatae）にまとめられた。ダルマティア東部の嶮岨な山地帯にいた最大の種族 Pirustae は、紀元九年のパンノニア＝ダルマティア戦争の結果ローマに征服されたが、おそらくその後それはローマによって解体されて三つの civitates（Siculotae, Ceraunii, Scirtones）に分かれた。ケルト系の Scordisci は、三属州の設置（パンノニア、ダルマティア、モエシア）に伴い、三つの civitates（ダルマティア在住の部分は Dindari、モエシア在住の部分は Celegeri、パンノニア在住の部分は旧来の種族名を保持して Scordisci）に分かれた。その他、都市化に伴い都市領域に編入され、完全に消滅した種族（Palarioi, Labeatae, Taulantii）もある。

（57） Fr. Vittinghof, "Die innere Verfassung römischer Städte", Vestigia, 18(1973), S. 89.

（58） Constantin Daicoviciu, "Urbanisation et romanisation dans la Dacie Trajane", Vestigia, 18(1973), Akten des VI. Internationalen Kongress für Griechische und Lateinische Epigraphik, München, 1972, S. 97–98. 一〇六年における属州ダキアの設置から（それに先立つ一〇〇年以上も前からのローマ人との接触があったにしても）、アウレリアヌス帝による属州の放棄までのわずか一六五年の間に、ダキアの「ローマ化」がきわめて順調に、また原住民層奥深くまで進んだことは、かなり特異な事例であることを、Constantin Daicoviciu, "Die Romanisierung Daziens", R. Stiehl, H. Stier(Hrsg.), Beiträge zur Alten Geschichte und deren Nachleben. Festschrift f. F. Altheim zum 6. 10. 1968, Bd. I, Berlin, 1969, S. 535–547 は、言語、文化、宗教観念、都市化、経済、ローマ市民権者の数等、あらゆる側面について指摘し、また進んだ「ローマ化」の原因について考察した。このように、それがローマ化の速度や強さの点で特異な例であることは、ダキアにおける諸関係の発展に、典型的なものが含まれていることを示している。

（59） A. Mócsy, "Das Problem der militärischen Territorien im Donauraum", Acta Antiqua, 20(1972),

S. 158–159. なおこの論文の S. 152–159 は軍用地の用途についての簡潔なしかし十分な考察である。

(60) A. Mócsy, a. a. O., S. 159–165. 彼によれば，canabae が近隣のムニキピアに編入されるか，それ自身がムニキピア化されるのはセウェルス朝時代または三世紀である。その理由について Mócsy は次のように考える。退役兵が canabae という特殊な組織に入って生活したことの国家にとっての利点は，かれらが一般のムニキピアに入って土地を所有し，一般市民化し，軍役奉仕(彼らの子弟の)に背を向けるようになることを妨げることができたことにある。ところが二世紀の間に，ローマ市民権者が拡大し新兵徴募源がしだいに増大したので，canabae のこのような役割は小さいものになっていった。それゆえ，いまや canabae を一般のムニキピア化することができたのだ，と(S. 164)。

(61) O. A. W. Dilke, The Roman Land Surveyors. An Introduction to the Agrimensores, Devon, 1971, pp. 133 ff. マックス＝ウェーバー『古代社会経済史』(渡辺・弓削訳)，四〇四ページ以下。

(62) Fr. Vittinghof, Röm. Kolonisation, S. 25. 現住民の共同体がポリスであったばあい，こうしたからみあいは，いっそう複雑になる。そのような一例，ピシディアのアンティオケイアについて，Barbara Levick, Roman Colonies in Southern Asia Minor, Oxford, 1967, pp. 72 f., 93, 115 f., 189 f. を参照。

(63) N. Brockmeyer, "Die villa rustica als Wirtschaftsform und die Ideologisierung der Landwirtschaft", Ancient Society, 6(1975), S. 219–226. Mayen のウィルラについての F. Oelmann, H. Mylius, K. A. Seel らの研究については，ibid., Anm. 20, 22 等を見られたい。

(64) N. Brockmeyer, op. cit., S. 221–222.

(65) ibid., S. 222–223.

(66) ibid., S. 223–224.

(67) E. Meyer, Die Schweiz im römischer Zeit, Basel, 1948, S. 98 によると，二世紀のこの地方(今の Aargau)には約一三〇の villae rusticae があった。Brockmeyer, a. a. O., S. 324, Anm. 36.

(68) J. Harmatta, op. cit., p. 126.

(69) ibid., p. 131.

(70) この問題については、高橋秀「補助軍兵士に交付されたディプローマの考察——元首政期におけるローマ市民権の普及と兵役——」秀村欣二・三浦一郎・太田秀通編『古典古代の社会と思想』岩波書店、一九六九年、二九五ページ以下。

(71) J. Harmatta, op. cit., p. 130.

(72) イタリア権を付与されたコロニアの研究は、Fr. Vittinghof, "Römische Stadtrechtsformen zur Kaiserzeit", S. 465–472. 簡単には、弓削達『ローマ帝国の国家と社会』二四—二六ページ。

(73) Denis van Berchem, Entwicklung des Städtewesens unter römischer Herrschaft; "Introduction", Vestigia, 18(1973), p. 34

(74) Tibor Nagy, "Aspekte der Urbanisierung in Pannonien", Vestigia, 18(1973), pp. 95–96. ムニキピアと原住民共同体との同じような関係は、civitas Boiorum と Carnuntum との間にも見ることができる。これについては、第五章三節、三二〇—三二一ページをみられたい。

(75) Fr. Vittinghof, "Die innere Verfassung römischer Städte", S. 91 は、こうした考え方は北イタリアの例からの推論であるとして、警告を発している。ローマ市民の都市が原住民の共同体(civitates peregrinae)に隣接して建てられると、長い間には両者は融合して一つのローマ市民都市になる。アフリカについては、高橋秀「地中海世界のローマと都市化」岩波講座『世界歴史』2、一九六九年、四二四—四二五ページ。東部の Patrae, Sinope, Heraclea Pontica, Apamea については、弓削達、前掲書、二二ページ。

(76) ドナウ地方の legionis territorium(pratum), canabae およびムニキピウムの入り組んだ関係については、A. Mócsy "Das Problem der militärischen Territorien im Donauraum", Acta Antiqua, 20 (1972), S. 133–168. canabae から municipium Latinorum, municipium civium Romanorum を経て colonia civium Romanorum へと、約一〇〇年の間に上昇をとげた都市としてヌミディアの Lambaesis

がある。高橋秀「地中海世界のローマ化と都市化」岩波講座『世界歴史』2、一九六九年、四二七ページ参照。

(77) J. Harmatta, op. cit., pp. 129–130. 同じ雑誌の同じ号に載った論文で、A. Mócsy がこの碑文を考察しているが、彼はこの “territorium” を、なんらかの地域的主権に属した土地が新設の軍団陣営の用に供せられるため軍団に割り当てられたもの、と控え目に結論している(A. Mócsy, “Das Problem der militärischen Territorien im Donauraum”, Acta Antiqua, 20[1972], S. 137–138)。ここでは Harmatta の解釈を採用した。Mócsy も、Moesia Inferior と南ダキアでは、他の属州における civitates peregrinae が、territorium と記されていることがあることを指摘している(a. a. O., S. 141)。

(78) ローマ軍団の駐屯の有無、退役兵定住地の有無が、当該地方の旧来の諸関係の変化に決定的な影響を及ぼしたであろうことは、同じドナウ地方でも黒海沿岸地方の例から逆に推定される(以下については、Dionis M. Pippidi, “Les villes de la côte ouest de la mer Noire d'Auguste à Dioclétien”, Vestigia, 18[1973], pp. 99–114)。当初、Istros, Tomi, Callatis, Dionysopolis, Odessos の五ポリスで構成されたコイノンは、紀元九年オウィディウスが Tomi に流されて来た時より以前に、帝国内に編入されていた(ibid., p. 104)。それらの諸市は同盟市(civitates foederatae)または自由免税市(civitates liberae et immunes)とされていたものと思われる。紀元一五年に属州 Moesia が設置されてから、おそらく三世紀に至るまでその法的地位に変化はなかったと考えられている(pp. 102, 106–107)。ところが、これらのポリスには重要な軍団の駐屯が行なわれなかった。おそらくそのことと関連して、これらの諸ポリスにはローマ人人口の漸次的増加はみられはしたものの(二世紀の二〇年代に Callatis に conventus civium Romanorum が言及され[AE, 1964, 250]、アントニーヌス朝時代には Istros, Tomi に、三世紀には Odessos に、φυλαί 'Ρωμαίων についての言及が知られ、二世紀の Tomi にはまた σπεῖρα 'Ρωμαίων の存在が認められる)、ギリシア系・トラキア系の圧倒的優位はゆるがず、これら諸都市のギリシア・ポリスとしての基本的性格は変わらなかった、とされている(ibid., pp. 103, 108–110)。ところで、これらの諸ポリスのうち、Odessos(今のVarna)は別で、ここには前一世紀末に軍団の駐屯が行なわれた。この都市に、アントニヌス＝ピウス帝の時代、二世紀の半ばすぎに建設されたと確認される巨大なローマ的浴場の遺構が発掘されて、注目を集めているが、この浴場建設も、軍団駐屯と関係があるであろう(Burkhard Böttger, "Die römischen Thermen in Varna", Das Altertum, 23[1977], S. 29–36)。しかし、軍団駐屯がOdessosの社会的・住民的変化にどれほどの深い影響を与えたのかは、詳らかではない。いずれにしても、軍団駐屯の有無が社会的諸関係の変化に及ぼす影響の相違を、これらの例から読み取ることができるであろう。Pippidiはさらに、Istros, Callatis, Tomi三市の後背農村地帯(χῶραι)の住民層の変化を、Istrosを例にとって明らかにしている(ibid., pp. 111–113)。それによると、χῶραι出土碑文から明らかになる住民構成は、都市部とは異なって、退役兵等のローマ人ないしローマ系住民が圧倒的優位に立ち、かれらのほとんどは村落在住者である。それらの村落は、vicus Quintionis, vicus Cassiani, vicus Nonus, vicus Secundiani, vicus Celeris等の名称もわかり、その或るものは位置も明らかにされている。それらのうち、今日知られるところでは、二村落は明らかに原住民村落である(Buteridavaおよびὁ λεγόμενος Λαϊκὸς πύργος)。ここからPippidiは、もとギリシア人および従属化した原住民(Getae人)の村落であったところへ、ローマ人植民者が多数入植し、新しい土地制度と農業技術を導入した、と推定している(ibid., p. 112)。しかもここには二人のローマ系の地主的土地所有者が確認される。その一人(Messia Pudentilla)は村落民(vicani Buteridauenses)と争いを起こしており、もう一人(L. Pompeius Valens)は小アジアの町Fabia Ancyraから来住してregio Histriに定住し、かなり大きなvillaを持ってそこで死んだ。かれはIstrosの神官職についていた(ibid., p. 112)。この二人の例を除いては、大部分の退役兵・ローマ人はvicusの中でまったく原住民と同等の立場で生活し、原住民と並んで村落の役職をつとめた。かれらローマ人は、数は多くとも、原住民とともに村落共同体を作っていたのである。このような、この地方独特の発展は、この地方にcanabaeや退役兵コロニアのごとき定住地の設置と発展がなかったことの結果であったであろう。軍団の駐屯およびそれに付随するcanabaeの設置が生み出す急激な社会的発展がないところでも、ローマの支配の確立過程で浸透するローマ人の入植が、原地人の村落共同体に変化を与えやがてはその分解を促す経過が、ここから読みとられるであろう。

(79) ローマ時代の東部のギリシア系都市については、A. H. M. Jones, The Greek City from Alexander to Justinian, Oxford, 1940. 簡単には、高橋秀「地中海世界のローマ化と都市化」岩波講座『世界歴史』2、一九六九年、四四八ページ以下。

(80) 二重市民権の問題については、弓削達、前掲書、三五―三九ページ。

(81) J. Palm, Rom, Römertum und Imperium in der griechischen Literatur der Kaiserzeit, Lund, 1959, S. 133.

(82) 以下については、前掲の高橋秀「補助軍兵士に交付されたディプローマの考察」を参照。

(83) 前掲の、高橋秀「地中海世界のローマ化と都市化」岩波講座『世界歴史』2、一九六九年、四四〇ページ。Géza Alföldy の最近の論文は、この側面をローマ社会の安定性に貢献した社会的流動性(上昇可能性)の第二の形として、重視している。cf. G. Alföldy, "Die römische Gesellschaft—Struktur und Eigenart", Gymnasium, 83(1976), S. 20–21.

(84) この問題を考えるために有益な研究が、最近とくに多い。直接に関連するものだけを挙げれば、J. Gagé, Les classe sociales dans l'empire romain, Paris, 1964. P. Garnsey, Social Status and Legal Privilege in the Roman Empire, Oxford, 1970. K. Hopkins, "Elite Mobility in the Roman Empire", Past & Present, 32(1965). (M. I. Finley [Ed.], Studies in Ancient Society, London-Boston, 1974, pp. 103–120). M. Reinhold, "Usurpation of Status and Status Symbols in the Roman Empire", Historia, 20(1971), pp. 275–302. G. Alföldy, "Die römische Gesellschaft-Struktur und Eigenart", Gymnasium, 83(1976), 1–25.

(85) P. Garnsey, op. cit., pp. 261–264.

(86) ibid., pp. 221 f.

(87) ibid., pp. 234–259. 弓削達『ローマ帝国の国家と社会』三九七ページ以下。

(88) P. Garnsey, op. cit., p. 266.

(89) これらの説は、それぞれ A. H. M Jones, Studies in Roman Government and Law, Oxford, 1960, pp. 64–65. A. N. Sherwin-White, Roman Society and Roman Law in the New Testament, Oxford, 1963, p. 174 で表明されているが、前者に対しては、P. Garnsey, "The Lex Julia and appeal under the Empire", Journal of Roman Studies, 56 (1966), pp. 167 ff. が、後者に対しては p. 181–185 が批判を提出した。これらの問題の立ち入った検討は別稿に譲りたい。

(90) P. Garnsey, Social Status and Legal Privilege in the Roman Empire, pp. 267–270.

(91) 人口推定の困難さについては、R. Duncan-Jones, The Economy of the Roman Empire. Quantative Studies, Cambridge, 1974, pp. 259 f. P. Salmon, Population et dépopulation dans l'empire romain, Bruxelles, 1974.

(92) 以下の粗い推定については、G. Alföldy, a. a. O., S. 10.

第三章　地中海世界とローマ帝国の奴隷制論的構造

1　奴隷制にかんする「実証史学」とマルクス主義史学

前章においては、地中海世界に対するローマ帝国の支配の形成を、古典古代における共同体発展の一般的運動法則と、ローマ市民共同体の特殊ローマ的発展径路とを追求しながら、共同体論的構造としてあえて図式的に捉え直す試みをつづけてきた。この試論は、同じ共同体論的な分析で奴隷制の発達を理論的に正しく把握し共同体論の中に位置づけることができるならば、一層の説得力を獲得するであろう。しかしながら、奴隷制の問題は、いうまでもなく、古典古代史の全域・全時代にまたがる最大の問題であり、日本国内の学界においても(1)、国際学界においても(2)、一九四五年以後における最大の論争問題であるといってもよいほどに、論点は多岐にわたり、蓄積された資料的知識も巨大なものになっている。したがってそれらの諸論点・諸研究蓄積を十分に踏まえた上でなければ、今日では、学問的に正確で良心的な奴隷制論を試みたとは言いえないのである。しかもそれは至難の業と言わなければならない。にもかかわらず、本書の試論を曲がりなりにも完成させるためには、奴隷制の問題を避けることは絶対に許されない。本格的な奴隷制論を展開する準備を欠いていることを十分に承知しながら、あえて共同体論という一つの視角から奴隷制を捉える大まかな構図を提示してみたい。したがって立論の手がかりは、個々の論点ではなく、古典古代全体を「奴隷制社会」ととらえることができるか否か、という、ソヴェト・東欧社会主義国の歴史家と、西欧の非マルクス主義歴史家との間に横たわる、最大の論争問題の検討におかれることになる。この問題を検討するための前提は言うまでもなく、奴隷制概念の限定的定義である。

われわれは次のような無難な定義から出発する。「奴隷制とは、一方には、土地・労働用具等の生産手段の所有者があり、他方には、それらの生産手段の所有から完全に分離され(自己のものとしては関係せず)それゆえに不自由身分としての差別規定を与えられた人間があり、前者の人間が、後者の人間を、したがってまたその労働力を、財産として所有し、その余剰労働(の生産物)を搾取するようなさまざまな形態の経済制度である(3)」と。この定義の特徴は、単に、完全に自由を失って他人に隷属し、自己を所有する人間によって生殺与奪の権を握られているような人間が存在する、というだけの問題として奴隷制を捉えるのではなく、そのような二通りの人間が生産の場において関係を結ぶ、経済制度として捉えるところにある。したがって、そのような隷属的な人間が、家事労働の補助をするとか、男性の性的欲望のはけ口とされているとか、あるいは政治的陰謀の手足に使われているとかいう場合は、少なくとも直接には、右の定義の枠内には入らない。以上のように、この定義にはすでにこのような限定が加えられているのであるが、それにもかかわらず、このような限定的定義自体は論争点を形づくらない。場合によってはこのような限定をせざるをえないことは、立場の相違にかかわらず、大体において認められている、といってよかろう。

問題は、古典古代という一つの時代、地中海世界という一つの世界、あるいは、ローマ帝国という一つの国家とその支配を、奴隷制社会、奴隷所有者国家、奴隷制支配、等々と規定しようとするところから生ずる。そうした捉え方は、言うまでもなく、基本的にはマルクスに由来する、といってよいであろう。世界史を、生産力と生産関係の発展のいわば函数として次々に現われる経済的社会構成の前進的諸時期の継起として捉える、マルクスの『経済学批判』「序文」の有名な定式などから、マルクスは、世界史における人類の経済的発展の一段階として「奴隷制社会」を設定し、古典古代すなわちギリシア＝ローマ古代がそれに当たると考えた、と見ることは決して誤りではないと思われるからである。今日のマルクス主義歴史学においては、「奴隷制社会」の定義をさらに厳密にとらえ、ある社会において必ず並存するところの複数の経済制度(生産関係)の中で、「奴隷制という経済制度が基本的(支配的)なものであるような社会」、すなわち、「奴隷制が……他の経済制度の性格や機能を制約し、全体を奴隷制的に編成している」ような社会を、奴隷制社会、ないしは奴隷制社会構成と呼ぶ、と規定される。(4)

この規定も究極的にはマルクス・エンゲルスに由来するといってよいだろう。周知のようにエンゲルスは、奴隷制を労働奴隷制と家内奴隷制とにわけ、後者の前者との相違を次のように説明した。すなわち、古典古代では offene Sklaverei(公然たる奴隷制)が労働をして自由人にとって不名誉なものたらしめたが、Haussklaverei(家内奴隷制)においてはそうではなかった、ということを述べた個所で、東洋におけるような家内奴隷制はこれとは別だ、と言い、そこでは、「生産の基礎(Grundlage der Produktion)は(奴隷制によっては)直接的には形成されず、間接的に、家族の構成部分として(の奴隷によって生産の基礎は形成されているの)であって、奴隷制は目立たないうちに家族に移行している(後宮《ハレム》の女奴隷)[5]」と述べる。つまり家内奴隷制は直接に生産の基礎をなさず、不生産的労働と見られているが、これが古典古代とは全く違う、というのである。というのは古典古代では、奴隷制は「全生産の基礎」(Basis der gesamten Produktion)[6]だ、と言われるのであるが、その意味は、彼らにあってはもとより、文字通りのすべての個々の生産(部門)の基礎という意味ではない。一方では、「発達したギリシア諸国家やローマで」は、奴隷制は「農業や製造工業や航運業などで生産的労働の支配的形態である[7]」と言われているが、しかし他方では、「あらゆる社会形態においてはある特定の生産(bestimmte Produktion)があって、それがすべての生産に優越し、従ってその諸関係が自余のすべての諸関係に、それぞれの順位を示し影響を与えている[8]」、そのような特定の生産があること、そしてそのような特定の生産とは「全古代世界において決定的な生産部門である」ところの農業であることが繰り返し指摘されているのであるから[9]、「全生産の基礎」たりうるためには、何よりもまず農業の基礎でなければならず、奴隷制が農業の基礎であることによって「他の経済制度の性格や機能を制約」するものとなる、と考えるのは、マルクス・エンゲルスの本来の考え方に即している、ということができよう。(10)

以上のように、奴隷制を限定的に定義し、古典古代の「奴隷制社会」概念を理論的な厳密さにおいて把握しようとする歴史家たちの他方において、古典古代における奴隷制の役割をできるだけ小さく見ようとする別の立場の歴史家も多い。前世紀いらい積み重ねられてきた奴隷の実態にかんする実証的研究を総合したウェスターマンの著作(11)は、その代表的なものと見ることができるが、この立場の研究も如何に活発であるかは、フィンレイ編する論文集(一九六〇年)(12)に収められた諸家の論文の多様さにも反映しており、またその中にはとくにそうした意図をもった論文が目につく。ウェスターマンの二つの論文(13)、フォークトの論文(14)にはとくにその傾向がいちじるしく、A・H・M・ジョーンズ(15)にも同じ立場が前提されている。これらに例を見るような、いわゆる実証史学の研究成果は、こんにちほぼ次の点において共通の主張点をもっている、といってよかろう。

第一は、マルクス・エンゲルスの理論形成にあたって前提された古代(とくにギリシア)における奴隷数を伝えるアテナイオス(Athenaios, VI 272~3)の証言は誇張であるか、誤読されたものである(16)、という点である。実証的研究における今日のある推定によれば、ペロポネソス戦争開始前(前四三二年頃)のアッティカの人口は、家族を含めた市民、一一万―一五万、メトイコイ、二万五〇〇〇―

三万五〇〇〇、したがって、自由人総数、一三万五〇〇〇―一八万五〇〇〇、それに対して、奴隷数は、六―八万、[17] 多く見つもる場合で一〇万、[18] である。これに対して、エンゲルスは、全盛期アテネの自由市民を女・子供を含めて約九万人、メトイコイ四万五〇〇〇人、これに対して奴隷を三六万五〇〇〇人とし、したがって成人男子市民一人に対して少なくとも一八人の奴隷がいた、と考えたし、[19] また、ペルシア戦争時代のコリントの奴隷数、四六万、アエギナのそれ、四七万、と考えた。[20] この数字は、アテナイオス(Athenaios, VI 272～3)の伝える、コリント四六万、アエギナ四七万、前四世紀末のアテネ四〇万、という数字をそのまま受けついだものであるが、この数字の正しい読み方はそれぞれ、六万、七万、四万であることが、ベロッホ(Beloch)、ラウファー(Lauffer)によってすでに本文批判的に批判された。[21]

この本文批判的な読み方をとらずアテナイオスのテクストをそのままに読むウェスターマンは、別の方法でアテナイオスの数字を拒ける。[22] すなわち、これらの数字や、前二世紀―一世紀のシチリアとイタリアの奴隷反乱で殺された奴隷数一〇〇万、という数字は人口密度の点から言っても物理的に不可能であるとしてこれらをすべて棄却し、クセノポン(Xenophon, Poroi, 4, 14～15)の伝えるニキアスの所有する奴隷一〇〇〇人、ヒッポニコスのそれ六〇〇人、フィレモニデスのそれ三〇〇人という膨大な個人所有奴隷数も確実な伝承にもとづくものではなく、それがかりに事実であっても例外的事例であるとして棄て去る。それに対して、富裕者の奴隷所有数の妥当な例としては、デモステネスの刀剣作りのエルガステリオンの三二〜三三人、寝台枠作りのそれの二〇人、ティマルコスが相続した一一〜一二人(Aisch., 1, 97)があげられる。そして、リュシアスの法廷弁論(Lys., 24, 6)を引き合いに出して、むしろアッティカの人口のかなりの部分は奴隷をまったくもっていなかった(フィンレイ編、邦訳書、一三八ページ)とし、「アッティカでは奴隷の数が全人口の三分の一以上を占めたことはなく、おそらく四分の一以上にもならなかった」という推定(同、一三九ページ)を結論づけようとする。これらの奴隷数を基礎にした推定に加えて、ギリシアには奴隷反乱に対する危惧がうかがえるようなポリスの立法は一つもないこと、あるものはただ自由人の革命運動に利用するための奴隷解放を阻止しようとする配慮だけである(Ps.-Dem., 17, 15)こと、などの判断を加えて、次のように結論する。すなわち、前五―四世紀のギリシアのポリス(とくにアテネ)でかなり大規模な奴隷労働が使用されたことは疑いないが、奴隷は自由人と並んで同じ仕事に偏見も摩擦もなく使われたのであり、奴隷が自由人より多かったとか、ポリスが「奴隷に数的に圧倒されている社会のメンタリティを示していた」とかの意味で、ギリシア文化が奴隷制にもとづいていた、と主張することはできない、と(同、一四〇ページ)。

以上のように、奴隷数推定の根拠となるアテナイオスの本文批判的な修正によるにせよ、あるいは他の史料に現われる数字によるそれの修正によるにせよ、いわゆる実証史学が今日推定している奴隷数と、マルクス・エンゲルスの理論形成の前提となった膨大な数字との距たりは大きい。しかし、かりにこの奴隷数の誤差の問題がないとしても、アテネ・コリント・アエギナは例外であって、ドーリア族・北西ギリシア方言群の移動・占領・定着した諸地方では異なった型の隷属労働が支配的であり(Heilotai, Penestai, Klarotai)、アテネ以外の主要国家は奴隷労働に基づく国家ではなかったし、ヘレニズム時代の主要国家も奴隷が主要生産者ではなかった、ということに注意すべきであることが指摘された。けっきょく、古典古代の如何なる地域・如何なる時期においても、奴隷制が全職種において支配的な経済的制度であったことはなかったことが、A・H・M・ジョーンズの分析から結論される、といってよい。(23)

第二に、古典古代においては、奴隷と自由人という二つの種類の人間群に社会は画然とわかれていたのではない、という主張がある。すぐあとでふれることになるフィンレイの論文は、この問題を掘り下げる中で生まれたものであるが、ウェスターマンは、ギリシアにおいては奴隷と自由人との間に劃然たる区別がないこと、「法的人格をまったく欠如し自己の財産を所有しない一個のものとしての奴隷が現実に存在したことはめったになかった」(フィンレイ編、邦訳書、二九ページ)こと、という意味での奴隷制の「構造上のゆるやかさ」(同、三五ページ)を主張することによって、ギリシア「奴隷制社会(文化)」論を否定する含意をもっている。この「構造上のゆるやかさ」を示すために、デルフォイの解放碑文から自由の四要素として、一、自分自身の主人であること(自由の法的承認)、二、身体を拘束または侵害されないこと、三、行為の自由、四、移動・居住地選択の自由、を析出し(同、三八ページ以下)、この自由の四要素のすべてを欠く奴隷はギリシアには稀であることを指摘する。すなわち、ウェスターマンによれば、ギリシアにはプランテーションまたは牧畜農場などの型の農業奴隷は発達せず、χωρὶς οἰκοῦντες(別居奴隷)または μισθοφοροῦντα σώματα(賃金はこび手)とよばれる手工業奴隷が、アテネなどのポリスに最も典型的な奴隷であったが(同、三〇―三一ページ)、この別居奴隷は右の自由の四要素のすべてを欠くのではなく、一の自由の法的承認は欠くが、「自己の仕事の性格にかんしてある程度の選択権をもち、移動・居住地選択の自由もかなり大幅にもっていた」(同、四三ページ)から、三と四の自由はすでにもっていた。いっぽう、デルフォイの解放碑文から明らかなように、解放された奴隷もこれらの自由の要素をただちに回復するのではなく、隷属契約付きの解放(παραμονή)であって、一の自由は確実に得たが、残りの三つの自由は契約によって制限されていた。こうしてギリシアの社会は、完全な自由人と完全な不自由人(奴隷)との間に存在する、たとえば四分の一あるいは四分の二だけ自由な奴隷、四分の一不自由な自由人といったさまざまな隷属度をもった身分によって構成される流動的な社会であった。したがって奴隷は、危険な反乱を起こすことなく漸次的に自由へと移行しえたのであって、ギリシアの古典期に奴隷反乱がなかったのはそれによって説明されるのであり、また軍役その他の市民的義務から免除されている点において奴隷は自由人より有利な立場にすらあり、前五―四世紀に奴隷の境遇について不満がきかれないことは重要な証拠である(同、四五ページ)。およそこのような議論のすえ、ウェスターマンは、古典古代にあっては「シチリアとイタリアのラティフンディアの場合を除けば、奴隷労働は労働市場においてけっして独占的なものにならなかった」(同、四六ページ)と結論し、こうしてゆるやかな構造をもった奴隷制の土台の上に高度の文化が発達したのに対して、古代末期のコロナートおよび手工業コレギアに見られた移動の自由の強制的禁止が、文化の衰退をもたらしたことを暗示しようとする。

第三に、奴隷制が全生産の基礎となっているということの意味を、主要な生産部門である農業の基礎をなしている、という意味にとらえ、そのかぎりにおいて奴隷制が他の経済制度に優越する支配的な経済制度である、という場合に、「奴隷制社会」の存在を論定するという理論的規準を承認し、それに照らして今日の実証的研究の水準で考えると、奴隷制社会の名に値するものは、前二―一世紀のイタリアのみである、というヴィッティングホーフの指摘がある。(25) かれによれば、この時期にローマとイタリアは支配権を握っており、農業が他の生産を規定する基本生産であり、奴隷を用いて経営されるイタリアのラティフンディア制が「最も進歩的な」制度であったから、この時期のローマ国家を奴隷所有者国家と名づけることができる、という。いまふれたように、ウェスターマンすら、シチリアとイタリアのラティフンディアでは奴隷労働が労働市場において独占的なものになったことを認めているのである。

第四に、『共産党宣言』における階級闘争史観の宣言、『経済学批判』序文の「定式」における、生産力と生産関係の矛盾によって導き出される「社会革命」(soziale Revolution) 概念を経て、一九三三年二月一九日のスターリン演説における「奴隷革命」論に至る、奴隷の階級闘争の重視に対して、歴史的事実として奴隷の階級闘争を過大評価すべきではないこと、古代における国制推転に対して奴隷の階級闘争の役割を過大評価すべきではないこと、(26) 古代世界の崩壊・奴隷所有者の除去に対して「奴隷革命」がこれを推進したというスターリン＝テーゼを実証する根拠はないこと、などが強く打ち出されるに至っている。(27)

以上のようないわゆる実証史学の主張のうち、第一と第二・第三の論点は、ソヴェト・東欧社会主義国の歴史家を含めて、今日のマルクス主義の歴史家の多くによっても、おおむね認められているところといってよかろう。これにたいして第四の論点は、マルクス主義の歴史家と西欧の非マルクス主義歴史家との間の論争点を形作っているが、しかしそれだけではなく、マルクス主義の歴史家の中にもこの第四論点を認める論者が現われていることは注意されて然るべきであろう。ただその場合、「奴隷革命」論からの脱却は、いち早くシュタエルマンから始まって、かなり一般的であるように見られるが、「社会革命」概念、ことに古代末期における生産力と生産関係の矛盾の問題については、激しい論争があり、実証面・理論面双方にわたって検討すべき問題が多い。(28) これにかんしては、本書の構成上、後段に至ってふれることになろう。

さて、それでは、以上のようないわゆる実証史学の研究成果と主張に照らすと、先のマルクス・

エンゲルス的な「奴隷制社会」論はもはや維持できないことになるのであろうか。右の実証史学の旗手たちの多くはそのように考えるのであるが、問題はそのように単純ではない。まさにこの問題について、マルクス・エンゲルスの理論に即して、しかもこれらの実証的諸研究の成果にもとづいて、それを内在的に批判しようとしたヴィッティングホーフの論文(29)は問題を整理する上で有益である。この論文発表年の一九六〇年以降におけるマルクス主義歴史学内部における柔軟な発展は、むしろヴィッティングホーフの建設的・対話的な批判の有効性を示しているかのようである。一九六〇年以降におけるマルクス主義歴史学にかんする批判的検討は、その後コッホ(30)およびプラッハナー(31)によって受けつがれたが、それらはヴィッティングホーフほどの深い理解力を示していないように思われる。ヴィッティングホーフは右の論文で、さきにふれたような実証的諸論点を指摘しただけでなく、問題解決の正しい方法ないしは方向について身をもって示したのである。すなわち、世界史の発展段階の一つとして設定された「奴隷制社会」論を正当に評価し、これを単なる反撥や単なる固執から解放して、理論的にも実証的にも深化・発展させてゆくためには、まずもって理論そのものを、理論形成者の意図に即して正確に把握し、それを実証的研究の成果をふまえて柔軟に発展させてゆく方法的態度が必要であることを、ヴィッティングホーフはその作業そのものをもって示した、と考えられる(32)。奴隷制が「全生産の基礎」だと言ったエンゲルスの表現が与える抵抗感のゆえに理論全体を断罪するのではなく、それは実質的には農業の基礎をなすという意味である、というところまで探りあて、かくして到達した理論的規準そのものを使って「古典古代奴隷制社会」論の可能性を自ら問う、という彼の作業は、従来西ヨーロッパの非マルクス主義歴史家には前例のないものであった、と言えるであろう。

しかしながら、この場合、理論形成者の意図に即して把握するとは、単にこれだけに尽きるものではない。より根元的に、マルクス・エンゲルスの、前近代社会把握の発想の源にまで溯らなければなるまい。ここではもとより、その作業を専門的な意味で十分に果たすことはできない。わずかに、本書の主題とも関連して最も重要と思われる一つの発想について簡単にふれるに止めざるをえない。

2　奴隷制と共同体の分解

本書の主題と関連して最も重要に思われることとして注目したいことは、奴隷制(農奴制も)の理論的究明が共同体の発展の分析と追求の中で行なわれたものであること、したがって奴隷制社会論もほんらい共同体の運動法則の追求のなかで形成されたものと見られることである。このことを示すものは、何よりもまず『諸形態』に見られるマルクスの追求の論理である。

マルクスはここで、資本・賃労働の成立の過程とその基礎的諸前提を追求するのであるが、資本・賃労働の成立を、直接生産者個人の賃労働者化と、労働の客観的諸条件の資本化との、両面における過程として捉え、この過程を、直接生産者と労働の客観的諸条件(とくに土地・用具)との分離としてとらえる。[33] この分離の生ずる以前においては、直接生産者と労働の客観的諸条件とは、共同体を媒介として結合していたのであるが、このような、直接生産者が共同体を媒介とし自己のものとして労働の客観的諸条件に関係する関係(すなわち共同体的土地所有)の解体が、この分離を導き出した、とされる。したがって、資本・賃労働の成立の基礎的諸前提の究明は、共同体的土地所有の追究によって果たされる。[34] ところで、共同体的土地所有を媒介づける共同体は、生産力をはじめさまざまな諸条件に規定されて異なった形態をとるものであるが、その代表的な形態としてアジア的・古典古代的・ゲルマン的の三形態があげられる。これらの三形態はいずれも、その解体によって、直接生産者と、労働の客観的諸条件との分離を導き出すわけであるが、なかでもその分離が資本・賃労働の成立を結果したゲルマン的形態とその解体過程の分析に力点が置かれるのは、本論文の副題(「資本関係の形成または本源的蓄積に先行する過程の分析」)が示しているとおりである。しかしそれとの関係で、他の二形態もたえず引き合いに出されて分析の対象となり、古典古代的形態とその分解過程の基本的諸契機についても随所に重要な指摘がなされる。

われわれにとって重要なことは、そのなかで、奴隷制と共同体との基本的関係について適切な理論的究明がなされていることである。『諸形態』の段階においては、共同体の三形態は土地の共同所有と私的所有との関係の、所有形態の差異として捉えられているのであるが、古典古代的共同体

(および古典古代的土地所有)とは、土地の共同体所有と私的所有とのいずれもが優越することのない、いわば相補的統一をなして並存する共同体である。[35] そしてこの共同体は、基本的には諸個人と共同体の再生産活動そのもの(生産力の上昇)によって、その共同体的土地所有を破壊されてゆく。と同時に、戦争と征服が奴隷制を成立させ、奴隷制が共同体の変形をもたらすことが、随所に繰り返し指摘されている。[36] そして、「戦争は、それが生存の客観的諸条件を占取するためであろうと、その占取を維持し、永久化するためであろうと、必要にして重大な全体的任務であり、重大な共同的作業である」[37] とされ、とくにローマについての論述で、戦争と征服は「本質的には共同体自身の経済的条件となっている」と述べられ、その戦争と征服の影響は「共同体の基礎である現実の紐帯を廃棄する」と言われているところから明らかなように、[38] 戦争と征服は、古典古代的共同体の形態(構造)そのものが存続するためには必然的に伴わざるをえないものとして捉えられると同時に、その結果が共同体の分解であり、他方では奴隷制の成立であり、共同体の奴隷制による分解である、と捉えられていることが、とくに注目されるのである。つまり、「古典古代奴隷制社会」論は、このように、古典古代的共同体の必然的条件としての戦争と征服、その結果としての共同体の分解と奴隷制の成立、奴隷制による共同体の分解、という共同体の運動法則の追求の中で形成されたものであった。[39] われわれは本書で、地中海世界の成立を、市民共同体の運動法則に即して、世界史の発展の中にいわば法則的に現われた一世界として、また特殊古典古代的・地中海的一世界として、把握する努力を試みてきたのであるが、このような共同体論の中でこそ、奴隷制の成立と発達は理論的に正しく把握され位置づけられるものであることが、『諸形態』によって示されている、と言えるであろう。

ところで、奴隷制と共同体の関係、ことに前者の後者に対する分解作用は、「実証史学」の歴史家によっても、少なくとも暗黙のうちに認識されているように思われる。さきにふれた論文集『西洋古代の奴隷制』の編者フィンレイは、みずからこの論文集に収録した論文「ギリシア文化は奴隷労働を土台としていたか」(40)において、古典古代奴隷制社会論について独特のアプローチを試みている。この論文はしかし、単純に割り切ることの困難ないくつかの含意をもっている。フィンレイの置いた力点に注意を払いつつ、同時にその暗黙の認識を読みとる努力をしつつ、内容を検討してみよう。まずかれは、ギリシアの奴隷数の算定において、さきにふれたウェスターマンらと異なり、はるかに大きな奴隷人口を推定するが(フィンレイ編、邦訳書、八〇―八一ページ)、かりに奴隷人口が全人口の三分の一か四分の一であったとしても、それはアメリカ南部奴隷州における人口比と変わることなく、「奴隷が必然的に社会全体の不可欠の要素になっていくほど十分に多数存在していたことはけっして否定できない」(同、八二ページ)と主張すると同時に、奴隷の使用された用途が鉱山・手工業・商業・家事など、ウェスターマンらによって一般に認められている職種であったばかりか、「奴隷制は規模において家父長と息子たちの労働に優越していた限りにおいては、農業を支配していた」（同、七八ページ）という意味で農業における奴隷制をも重視し、「ギリシア世界の諸時期、諸地域において奴隷が遂行したことのない行為・活動は、生産的・非生産的、公的・私的、快適・不快のいずれにせよ（政治活動を除いては）何もなかった」（七五ページ）と主張する。

以上の部分は、フィンレイのその後の独立の著書『古代経済』（一九七三年）[41]においては、奴隷の「社会的・経済的な位置分布」（social and economic location）と名づけられている問題にかんするものであって、フィンレイの主張の力点は、古典古代においては奴隷は「雇傭（職種）における位置分布」（location in employment）ならびに「社会構造における位置分布」（location in social structure）のいずれにおいても基本的（fundamental）なものであって、古典古代はアメリカ南部と同じ広い意味での奴隷社会（slave society）であった、というにある[42]。

しかしながら、フィンレイのさきの論文の重要な意味は、実はこれらの主張の点にあったのではない。かれは、奴隷の「人数は質的意義の問題にはまったく無関係である」（同、八一ページ）と考え[43]、奴隷存在の質的意義を考える接近法として全く別の道を提唱する。その道とは社会人類学の概念の意味で「機能」（function）を考えることであり、「奴隷制が如何に機能したか」（同、九八ページ）を考えることだ、という。この観点は、右にふれた一九七三年の著書『古代経済』においてはすでに消えており、この論文においても、フィンレイがギリシアにおける奴隷制の機能を如何なるものとして捉えていたかを読みとることは、必ずしも一義的には容易ではない。その捉え方を探る上で、

「奴隷制の存続を当然のこととしていた」(同、八五ページ)ことの現われとみられる諸現象として、かれがあげる次のような諸点ももちろん重要であろう。

かれはそのような諸現象として、哲学者・思想家の奴隷論や奴隷制批判論よりも、「哲学者でも有閑富裕者でもなかった大多数のギリシア人」庶民の奴隷制にたいする考え方をたずねる。そして、労働をつねに奴隷と結びつける意識から、自由人の「労働者のイデオロギー」が現われなかったばかりか、「労働」という一般的な概念も、「一般的な社会的な機能としての」労働という観念も存在しなかったこと(同、八七ページ)、いかなる貧民も、もし可能なら奴隷を買おうとしたことが指摘される。また、いかなる時でも「奴隷制の正当性は疑われなかった」証拠として、ポリスにおける社会問題がつねに借財の帳消しと土地の再分配であって貧困自由民はけっして奴隷を経済的競争者として告発したことはなかったこと、社会的対立や革命的運動にさいして自由貧民が奴隷と団結することもなかったことが論ぜられる(同、八八―九〇ページ)。さらにまたフィンレイは、革命運動に奴隷が利用されることはあっても、そのさいには必ずその奴隷は解放されて「奴隷制は損われないまま残った」(同、九一ページ)こと、おそらくローマなどの例外を除いて奴隷や奴隷反乱に対する恐怖はなかったこと、などをも、奴隷制の正当性や自明性が疑われなかったことの現われとしてあげている。

このような、奴隷制の存続やその正当性・自明性が疑われなかったことの現われとして詳しく論ぜられている諸現象が、奴隷制の働いた機能の一〔つ〕として重視されていることは間違いないであろう。しかしながら、フィンレイがここで提唱している奴隷制の機能という観点からのアプローチを、より有効に深化させてゆくために、フィンレイが必ずしも奴隷制の機能との関係で明確に強調しているとは言いがたい一つの基本的な論点を、掘り起こしてゆく必要がある。

それは、奴隷制がポリス共同体の発展と関連させて捉えられている点である。すなわち、フィンレイはギリシアにおける諸身分のスペクトルとして、㈠家畜などと同様に個人の動産に含まれる奴隷(chattel-slavery)、㈡農奴に似たクレタの oikeus(小屋に住む奴隷)、㈢ヘロット(テッサリアの Penestai など類似のものを含む)、㈣債務緊縛者、㈤条件付き解放奴隷(契約したパラモネー〔奉仕〕期間中は旧主人に役務奉公をした)、㈥被解放自由人(アペレウテロイ、身分的にはメトイコイ)、㈦自由人、という七つの範疇を析出するが、この完全な自由から完全な不自由に移行する諸身分を、前節で紹介したウェスターマンの論文のように並列的にとらえて「構造上のゆるやかさ」を結論するのではなく、それらが共同体の発展に応じて現われてくるのだ、という考えを次のように述べる。すなわち、これらの諸身分のカテゴリーは「全部が、同じ共同体の内部に一挙に同時に現われるのは、たとえあるにしても稀であり、またギリシア史の全時期においてそれらが等しく重要であったり、同じ意義をあらわすわけではない。だいたいにおいては、経済的・政治的に先進的な共同体では本来の〔動産――訳者の挿入語〕奴隷が決定的な形態であり(他の諸形態を実質的に排除していた)、他方、もっと古風な後進的な共同体においては、クレタ・スパルタ・テッサリアでは後代にさえ、アテネではソロン以前の時期に、いずれにせよヘロット身分と債務緊縛身分とを発見することができた」(同、七四―七五ページ)。つまり、「ギリシアの都市国家は進歩すればするほど、ヘロット身分のような『混成種』の諸類型よりもむしろ純正種の奴隷制の方を有していた」(同、一〇三ページ)と考えているのである。それでは、「ギリシア都市国家の進歩」というのは何を目して言うのか。彼は言う。「個人の自由がその最高の表現形態に到達した諸都市――アテネが最も顕著である――は動産奴隷制が隆盛を極めた都市であった」「ギリシア史の一様相は、自由と奴隷制が手を携えて発達したこと、これである」(同、一〇三ページ。この一文はこの論文の結びのことば)などの表現から推察されるように、ポリス内部の民主主義の発達を念頭において言われているものと考えられる。

ところでフィンレイは、ポリス内部の民主主義の発達を、共同体の発展とどのようにかかわらせて理解するのかを明らかにしていない。しかし、これをわれわれの共同体論で捉え直すなら、共同体の分解を前提にし、分解にもかかわらず、財産の多寡にリンクさせない政治的平等を実現して共同体の分裂を阻止しようとしたところに、古代民主政が生まれたものである(ウェーバーの類型概念で言えば、重装歩兵ポリスから民主政市民ポリスへの発展である)から、[44]「都市国家の進歩」とは正に共同体の分解にほかならない。とすれば、フィンレイの認識を共同体論的に捉え直すなら、奴隷制の発達と共同体の分解は手を携えて進んだ、ということである。しかもフィンレイのこの論文にあっては、その問題提起全体が、「奴隷制の（が）機能」の側面から「古典古代奴隷制社会」論の可能性を問う、という接近であったのであるから、奴隷制と共同体の分解との関係は、奴隷制が機能して共同体の分解の方向に作用する、ということにならざるをえない。フィンレイはこのような表現をとっているわけではもちろんないが、彼の認識を共同体論的に捉え返すと、こういうことになるのである。

以上のように考えるなら、いわゆる実証史学の歴史家のなかにもまた、共同体論的表現を選ぶか否かは別として、実態としては、奴隷制による共同体の分解の事実を認識している者がある、と言えるであろう。しかしながら、奴隷制が共同体の分解を促進する機能をもった、という側面の認識だけでは、共同体と奴隷制との構造的な関係全体を捉えたことにはならない。この側面の認識だけでは、奴隷制は共同体の外からやって来て共同体に作用した、と受けとられかねないが、すでに『諸形態』に関連してふれたように、古典古代的共同体の必然的条件としての戦争と征服が奴隷制を成立させたとすれば、共同体と奴隷制との構造的な関係全体を明らかにするために、奴隷そのものの存在しうる基本的条件にまでさかのぼって考える必要がある。

3　市民権と自由

いうまでもなく、奴隷の存在の基本的な条件は経済的条件で、生産手段の発達・労働生産性の向上によって、他人によって搾取されうる余剰労働の存在が可能となる最低限の生産力段階への発展である。しかしながら、これは経済的搾取一般の基本的条件であって、被搾取者が正に奴隷となることを決定する条件ではない。そのような決定的条件として、第二に、相互に排他的な諸共同体の分立、それらの間における国際法・戦争法規の未発達(マックス＝ウェーバーのいう「慢性的戦争状態)、その結果として、他共同体の成員は原則的には生命財産を保障されない、という特定の段階における諸共同体間の関係の存在、が指摘されなければならない。そしてこの決定的条件を満たしたものが、市民共同体＝国家が多数並立・抗争する古典古代の世界であったことは、すでに第一章第5節でふれたところである。

ところで、以上の二点のうち第二の点は、自由身分を共同体成員権に付随するものと見、したがって、自由身分の否定である奴隷身分の成立を共同体成員権の否定に求める、という見解を暗黙の前提にしている。つまり、他共同体の成員は、一般には生命財産を保障されない慣行であるから、とくに降服者に対しては如何様に扱うことも可能であって、経済的基本条件が存する場合には、これに共同体成員権を与えず経済的搾取にゆだねることができたのであり、ここから奴隷身分が生まれるという考え方である。もしこの考えが正しいなら、奴隷はまず捕虜奴隷として現われるはずであり、やがてこれに準じて同一共同体成員であって成員としての義務を履行しない債務不履行者、または犯罪者も、成員権を失い、捕虜奴隷と同じ境涯、つまり奴隷一般におちる、ということになるはずである。こうした推定は、ポリスで貧富の差が激しくなって債務に陥った者がまず奴隷となる、とする通俗的な唯物史観の説明とは異なるが、最近ではこうした見解をとるものが珍しくなくなった。(45)

しかしながら、自由身分は共同体成員権に由来するという基本的な考え方は、単なる歴史的・理論的推定の枠内の問題ではなく、法史学においてかねてより議論の対象となってきた問題である。しかもその議論は、右のような歴史的・理論的推定を、必ずしも一義的に支持するものと言い切ることはできない。ローマ法史学においてはこの問題は、ローマ市民権(civitas)と自由(libertas)の関連の問題として、古くからの研究史をもっている。古くはモムゼンに由来し、(46) Desserteaux, Betti, Lévy-Bruhl, Volterra, Kaser と発展する研究史の主流は、自由(libertas)とはローマ市民権(civitas Romana)の属性であり、市民権を失った者は同時に自由をも失い、無権利であり、なんぴとがこれを捕え、殺し、あるいは奴隷としてもさしつかえないものであった、とする考えを打ち出して来た。(47) ところが、こうした従来の定説的な考えに対して、エルンスト＝レフィ(E. Levy)が全面的な批判を加え、(48) わが国においてもこれに従う研究者が多い。(49) レフィの批判は、ローマ市民権をもたないで自由身分のみを持つ多くの事例をあげて、両者を「二つの独立の制度」として無関連と主張することであるが、事例の解釈に問題がないわけではない。

「人格中消滅」(media capitis deminutio)、「水火の禁」(aqua et igni interdictum)の事例は、いず

れも罰としてとられた一時的な特別措置の結果現われた状態であるか、偶然の結果そうなってしまった例である。「ユニウス法によるラテン人」(Latini Iuniani)すなわち「新ラテン人」(Latini facti)は、市民法上の解放三要件のいずれかの瑕疵のゆえをもって、擬制(fictio)によって植民ラテン人と等視されたものであって、自由人ではあるが被解放ローマ市民とはなれず、さまざまな法的無能力をもった、それゆえ死ぬ時は遺産に関して奴隷と同様に扱われた者である。「アエリウス゠センティウス法による被解放民」(libertini e lege Aelia-Sentia)すなわち「降服外人類」(dediticiorum numero)は、解放前の奴隷の行為に瑕疵があったために、制裁として解放後この身分にされたもので、自由のうちの「最低の身分」(pessima condicio)といわれる。かれらは決してローマ市民権を与えられない。この両身分には反対方向を向いた二つの顔ないし二つの意味がある。一方ではこれらは、ローマ市民共同体の拡大に好都合に働いたところの自由で開放的な市民権政策の一環として理解され、瑕疵のある場合にも事実上の自由を与えある程度の市民的生活に与からせるという効果をもったであろう。[50] しかしながら、他方において、この両身分は、奴隷を解放してローマ市民共同体に収容するのは完全に条件が整っている場合に限る、というローマ市民共同体の決意の所産でもある。完全な条件が整わない場合は、生前は自由人として生活することを許されても、市民権は与えられず、結局は奴隷として死ぬものとみなされざるをえなかった。この両身分において、たしかに市民権と自由は分離している。しかしだからといって、それを証拠に、市民権と自由は元来別の制度だったと主張することはできない。それはそれぞれ特別の理由があってあえて分離させられたものであった。「人格中消滅」「水火の禁」も例外的な特別の理由によってとられた措置である(しかも、次にふれるレヴィ-ブリュールの論文は、人格中消滅はもと人格最大消滅と一つであって、市民権と自由を同時に失う罰であった、と指摘している〔フィンレイ編、邦訳書、二二六ページ〕)。これらをもって、市民権と自由との、「本来的」「原則的」な関連を否定することはできない[51]。

いっぽう市民権と自由との本来的な関連、後者が前者に由来するという考え方は、歴史的・理論的な推定であると同時に、積極的な論証の試みもすでに重ねられている。その代表的な研究であるレヴィ-ブリュールの論文[52]は、端的に言って、市民権と自由は不可分のものであり、自由は市民権の付属物であること、それはローマだけでなくギリシアやユダヤなど、市民権にもとづいたすべての社会において妥当する、ということを主張しようとする。そのことをこの論文は、㈠あらゆる奴隷は外国人である、㈡あらゆる外国人は奴隷である、という二つの接近法によって論証しようとする。

まず、㈠の論証のために、ローマ市民のローマにおける奴隷化を検討し、債務による奴隷化はないこと(nexus は奴隷ではない)、家父長の家子にたいする生殺与奪の権は奴隷化を含まないこと、自己売却は奴隷身分を結果しないこと、ケンスス忌避者(incensus)は自由とローマ市民権を同時に失い、外人身分となったものであること、クラウディウス元老院議決[53]にもとづく奴隷化や、刑罰奴隷は後代の事例であること、などを確認した上で(フィンレイ編、邦訳書、二一七―二二〇ページ)、奴隷発生源として残る出生と取得について考察する。そして、出生は母が奴隷であることを前提するから真の発生源ではなく、売却・贈与・遺贈などによる取得もその対象がすでに奴隷であることを前提しているからこれも真の奴隷発生源ではない、として、「真実の本源的な発生源はただ一つ、戦争か海賊行為である」(同、二二〇ページ)、したがって、奴隷は非ローマ人でしかありえない、と結論する。もちろん、ローマ市民で奴隷に落とされる者があったが、それはケンスス忌避者や、「ティベル川の彼岸に」(trans Tiberim)売られねばならなかった(十二表法の規定)債務不履行者のように、外国人に売られ、外国人の奴隷となったのである。

㈡の論証は、ローマにおける外国人の法的地位が奴隷と同様にまったく無権利であったことの指摘によって行なわれる。「外国人に対して原則をなすのは、法の相互的欠如である」(モムゼン)。「外国人はローマにおいては自国の法を享受しない。他方ローマの法も彼に適用されない。したがって、それは権利のない存在、つまり奴隷である」(フィンレイ編、邦訳書、二二六ページ)。しかしこれには例外があった。それは、ローマとなんらかの平和条約(修交条約〔amicitia〕、友好条約〔hospitium〕、同盟条約〔foedus〕)を結んでいる国家の国民で、かれらはローマにとって外国人ではない。ラテン人(prisci Latini)も共通の出自をもつ民族的同胞と考えられたから外国人ではない。これらの例外以外の外国人がローマにはいるとき、氏族(gens)の長の被護民(cliens)となってその保護をうける以外には、奴隷となる危険に常にさらされていた。「外国人」は、誰もが好きなように取得したり、使用したりできる存在、つまり殺しても罰せられないアウトローなのである。……経済事情を考慮してその労働力を利用するという考えに至る以前は、外国人の運命はこのようなもの」であった。「外国人が、集団的にまたは個人的にその国に結びついている場合を除いて、彼は誰もが殺すことができる敵、あるいは最も好意的な場合でも、奴隷にすることのできる敵であった」(同、二二八ページ)。

以上のようなレヴィーブリュールの論文に例を見るような、ローマ法史学の従来の定説的な一連の研究から、次のように考えることができるのではなかろうか。すなわち、奴隷の本源的な発生源は共同体成員権の欠如であり、具体的には、強い共同体による弱い共同体の成員の奴隷化、あるいは、他の共同体において保護をもたない無権利の弱い外国人(他の共同体の成員)の奴隷化である、と。レヴィーブリュールにはさらに、共同体間の関係が平和条約で結ばれているという例外的な場合の指摘があり、この例外的な場合がローマの場合にはやがてローマ市民共同体による他の諸共同体に対する支配という構造の形成にさいしてきわめて重要な意味をもつことになったことは、すでにふれたし、また立ち返って見直すことになろう。さらにレヴィーブリュールに見られる「経済事情を考慮してその労働力を利用するという考え」の発生に対する注目は、本節の冒頭に述べた奴隷の存在の基本的・経済的条件に対する指摘を意味すると同時に、後年における大規模奴隷制への発展の基本的な条件にも関係するところの、見落としえない洞察をも示しているのであるが、この問題も後の関連に残しておかなければならない。ここでは、奴隷の本源的発生源を共同体成員権の欠如と見る最も基本的な論点について、若干の補説を加えておきたい。それは、ローマの法学者に見られる特徴的な奴隷の起源論である。なかでもFlorentinusはまず、「奴隷身分(servitus)とは万民法(ius gentium)の規定であり、それによって、ひとが他人の所有権にその自然に反して(contra naturam)服属するものである[54]」と述べる。ここに言う「万民法の規定」(constitutio iuris gentium)とは今日いう意味の国際法の定めという意味ではもとよりなく、ローマ市民法(ius civile)の外であること、ローマ市民にのみ限られるローマ市民法と、政治的な自由・独立のそれぞれに異なる他の外人共同体の市民法ないしは地方の慣習との間にあって、外人のみならずローマ市民にも、ローマの法廷で適用されうる共通法の意味である[55]。そのほかに、「自然法によれば万人は自由人として生まれたのであるから、これ(奴隷身分)は万人法に起源をもつものであった。……あとになって万人法から奴隷身分は侵入したのである」と言うTryphonius[56]や、「自由(libertas)は自然法によって守られ、支配(dominatio)は万人法から導き出された如く……」と述べるUlpianus[57]の語からさらに明らかになるように、奴隷身分は自然法に反するもの、という意味をもつものであろう。つまり、奴隷身分とは共同体成員権の外側に存し、したがってまた自然に反するものであり、共同体成員(この場合ローマ市民)と外人(peregrini)との間に生ずる(ius gentiumの)関係だ、というのであろう。この解釈を保証するかのように、Florentinusは上の句に続けて、「奴隷(servi)という名称は、戦勝将軍たちが捕虜を売ったり、また売ることによって捕虜を殺さずに助ける(servare)のが普通であるところから、このように名づけられたものである。また、奴隷(mancipia)は、かれらが敵から手で捕えられる(manu capiantur)ものであるところから、このように呼ばれるのである」という。この語源論の当否はここでは問わない。ただこのような語源論で説明できると考えたのは、捕虜が奴隷の起源であり、奴隷身分の成立は共同体成員権の否定であり、つまりは自由身分は共同体成員権に付随する、と暗黙のうちに考えられていたからにほかならないであろう。

以上のような、市民権と自由との不可分の関係は、たんにローマについて確かめられるだけでなく、ギリシアにおいても同様であったと考えられる。これについても、一つの論文を紹介することによって基本的な点を確認してゆきたい。それはギリシア奴隷制理論にかんするシュレーファーの論文である。(58)彼はその第iv節「法律上の理論」において、ギリシアの奴隷の法的地位を検討し、奴隷は家畜や財産としての地位をもつと解すべきでなく、奴隷に対する謀殺や奴隷に対する拷問にかんする国の態度の点から見て、外人ないし在留外人の法的地位とその基盤をまったく同じくすることを指摘する(フィンレイ編、邦訳書、一六四―一六七ページ)。奴隷が法的人格をもたないのは、外国人や在留外人とまったく同様なのである。法的人格をもつということは市民の特性であることが指摘される(同、一六六ページ)。外国人はすべて奴隷にする権利があるというのが一般原則であった、という(同、一六三ページ)。これに対して、自国人＝市民の奴隷化の主たるものとしての債務による奴隷化があったが、それは買い戻し条件付きの身体抵当であり、アテネではソロン以後これは禁ぜられ、ゴルテュナではもともと債務による奴隷化は許されなかったものと考えられる（同、一六二—一六三ページ）。刑罰としての奴隷化は二例知られるのみで、そのうちの一例は外国への売却であった（同、一六三—一六四ページ）、という。以上のような法律上の理論からするシュレーファーの論述によってギリシアにあっても、自由は共同体成員権の属性であり、奴隷身分とは共同体成員権を持たないこと（すなわち征服されて捕えられたか、あるいは義務不履行のゆえに共同体から追放されたか）に由来する、ということが示されているのである。そして、かれがこの論文で果たそうとしているもう一つの課題、すなわちギリシアにおける奴隷制理論の整理・分析は、このような共同体と奴隷との本源的な関連構造をいっそう明らかにしているように思われる。

代表的なギリシアの奴隷制理論の一つとして、アリストテレス（Pol., 1253 b–1255 b 40）の所論をあげることが通例であるが、実際にはその所論は複雑・難解で混乱しているとさえ評されるほどである。この難解な所論をシュレーファーは次のようにまとめる。

「生来の奴隷は、それに気づく程度、理性に関与する魂の一部分（感性的部分〔παθητικὸν μόριον〕即ち非理性的部分〔τὸ ἄλογον〕）を持っている生物である。彼は完全に理性を所有し（λόγον ἔχειν）、行動に備えて（τῇ διανοίᾳ προορᾶν）、道徳的選択（προαίρεσις）を可能にする部分（熟慮的部分〔τὸ βουλευτικόν〕）を欠いている。したがって、彼は魂を完全に所有することによって識別されるところの人間でもないし、魂のないことにより識別される動物(θηρίον)でもなく、それだけの特殊種族なのである。彼の全機能は道具(ὄργανον)であり、主人の所有物(κτῆμα)であることである。この点を考えると、彼は主人の一部分であり、しかも身体を使用する仕事しか行なわないから、主人の身体面((σῶμα)の一部でしかない。しかし彼は自ら動く道具であるから他の道具とは異なり、そういったものとして活動する際にさえ、魂(ψύχη)を使用するのである」(同、一八二―一八三ページ)、と。つまり、奴隷はその本性上、完全な人間でもなく完全な物でもないところの特殊な種族だ、というのである。シュレーファーはこの考えを「奴隷天性論」と呼ぶ。この奴隷天性論は、奴隷はバルバロイであり、バルバロイとして識別される明瞭な肉体的外観にその実質的根拠をもち、その実態を正当化するための「彼の時代に妥当した現状にもとづく議論」(同、一八五ページ)であった、と言う(59)。

以上のような「奴隷天性論」は当時最も広く支持されたもの(同、一五六・一七一ページ)であったが、アリストテレス自身その論述の中で認めざるをえなかったように、「偶然によって」奴隷となった者の余りに多数の存在は、「奴隷天性論」の単独支配を許さないほどのものであった。そのような「偶然による」奴隷の存在を説明しうるものとして、「奴隷天性論」とは異なった奴隷制理論がその当時説かれていた。それらの理論は、アリストテレスによって批判されることによって今日に知られているものであるが、その論旨の解釈もかならずしも容易ではない。シュレーファーはアリストテレスの注釈者ニューマンに従って、奴隷天性論と異なったいくつかの奴隷制理論をそこから復元している。それをさらにわかり易く整理すると次の四種類になろうか。それらはいずれも、「奴隷制は強者による弱者の支配である」というテーゼを共通の前提としながら、次のような異なった結論を導き出すのである。

㈠　力それ自体が支配する権利を与えるものであるから、奴隷制は正当である(ソフィストの立場)。

㈡　力それ自体は支配する権利を与えるものではなく、力に基づく支配は自然に反するものであり、したがって不正であるから、奴隷制は不正である。

㈢　力それ自体は支配する権利を与えるものではないとしても、力は徳なくしては存しえないのであるから、被征服者(奴隷)が征服者(主人)に対して示す好意によって征服者(主人)の徳が実証されるなら、その支配は正当である。

㈣　戦争において征服者が被征服者を支配することは約束であり、法であるから、正しい。戦争捕虜の奴隷化は合法的であるから正当である。

以上の四つの奴隷制理論は、奴隷制は強者の弱者に対する力による支配だ、とする認識において共通の地盤をもっている。ただ、㈡はこの同じ認識に立ちながら、その認識の立場から「奴隷天性論」を批判するものであり、しかも「奴隷天性論」以外に奴隷制正当化の論拠を認めないから、奴隷制そのものの批判論となっている、という違いがあるだけである(これは前四世紀のアルキダマス、フィレモンらの理論であったろう〔同、一八七―一八八ページ〕)。言うなれば、これら四つの奴隷制理論は、「奴隷弱者論」であり「奴隷被征服者論」である。先にふれたように、「奴隷天性論」は奴隷はバルバロイであるという実態の正当化理論としての意味をもつものと考えられたが、「奴隷弱者論」はそれとは根本的に異なるところの実態認識を前提にしている。「奴隷弱者論」にはヘレネス(ギリシア人)対バルバロイという意識要因はいっさい含まれていない。そこに前提されているものはただ、戦争と征服と支配と隷属の冷厳な事実だけである。そこにはギリシア人とバルバロイの差別はなく、強者と弱者の区別があるのみである。

奴隷制の起源と本質を考えるためには、「奴隷天性論」と「奴隷弱者論」という奴隷差別にかんする二つの意識形態のいずれがより本源的なものであるかを追究する必要がある。シュレーファーの論文の功績は、これらの問題のうち、「奴隷天性論」について、それがギリシア史発展の特定の段階で、特定の条件の下に生まれた歴史的意識であることを明らかにした点にある。かれは次のように論ずる。「全ギリシア人に共通の呼称として〃ヘレネス〃を、他のすべての人びとを含む範疇として〃バルバロイ〃を使用するようになったのは前八世紀のこと」(同、一五〇ページ)であり、この区別の感情がしだいに強められた末に、ペルシア戦争の勝利が民族的誇りを高揚させて、区別の感情は差別と優越の意識に変じた。ギリシア人の政治的後退ののちは、この差別と優越の意識は文化的優越意識に収斂するが、それは、専制王の支配を甘んじて受けいれる奴隷状態(δουλεία)にあるバルバロイに対する精神的差別感を重要な要素としてもっていた(同、一五〇—一五一ページ)。いっぽう、ホメロスやヘシオドスなどギリシア初期にはまったく知られなかった労働蔑視、少なくとも或る種の職業の蔑視が始まったのは、ドーリス人によって征服されてでき上がったポリスにおいてであって、被征服民は劣等階級として労働を押しつけられ、こうしてここで手工業・商業のみならず農業労働すらもが侮蔑の対象になっていった。こうした労働蔑視は、アテネなど征服関係にもとづかないポリスにおいては、長い間知られないものであったが、前五世紀の間にまず工人(βάναυσοι)に対して、やがては他の労働一般に対して、偏見と侮蔑の意識が向けられるようになった(同、一五六—一六一ページ)。この発展の結果、ある種の仕事は奴隷にしかふさわしくないものと考えられ、ついでは、奴隷はこれらの仕事にしか適さないとみなされるようになるのである(同、一八九ページ)。

以上のような、一方ではペルシア戦争いらいのナショナリズムの発展(はじめは政治的優越感、後には文化的優越感)、そこから生まれたバルバロイ差別意識の成立、他方では、初めはドーリス型ポリスで生まれ、前五世紀以後アテネなど他のポリスに広まった労働蔑視感と労働の奴隷への制限の意識の発生、この二つの意識面での発展は並行して進んだ。そして「奴隷の大部分がバルバロイであるという事実から」、この二つの発展は結びつき、「バルバロイは奴隷に一番適している」と考えられるようになる。こうしてでき上がった「ある種の仕事は奴隷にのみ適する」「ある種の人びとはこれらの仕事のみに適する」「すべてのバルバロイはこの階級の中に入る」(同、一八九ページ)という固定観念を、理論的に正当化しようとするものが「奴隷天性論」である、というわけである。そしてこれが、ギリシア人自身の奴隷化に対する反対論を根拠づけるものであった。このようなシュレーファーの研究が明らかにしたところに従えば、「奴隷天性論」は、ギリシア史の特定の段階において、しかも奴隷制発展の特定の段階において生み出された奴隷制擁護論であるから、それは、奴隷制の起源と本質をそのまま体現している本源的な意識形態であるとはいえないといわなければなるまい。それでは、「奴隷弱者論」または「奴隷被征服者論」はどうであろうか。これについてはシュレーファーは「奴隷天性論」についてのような歴史的条件の追究を行なっていないが、われわれは次のように考えることができるのではなかろうか。

すなわち、「奴隷弱者論」は、弱い、したがって敗れた共同体の成員が、強い、したがって勝利した共同体ないしはその成員の、意のままになる、つまり奴隷となる、あるいは、自己の共同体の保護の手の届かなくなった者が他の共同体において奴隷となる、という歴史的実態を前提した理論であった、と言うことができよう。そしてこの歴史的実態を法的に表現したものが、自由は市民権の属性だという先ほどの捉え方であるということも明らかであろう。そのような歴史的実態を、シュレーファーの引用するエドゥアルト＝マイヤーの文章は次のように言い表わしている。

「奴隷制は、異種族間において、本源的な法的関係がないような、またできもしないような状況の上に成立するものである。……(たとえば宗教的)前提がないところでは、二種族間に、戦争状態が自然な状態である。それゆえ、種族の宿敵については人びとは戦争によるにせよ、略奪とか謀略によるにせよ、支配下においてしまえば、意志通りに扱うことができる。……同じ種族の成員でも、法の力により、たとえば債務や犯罪のために、この奴隷身分につき落とされることがある。それは、種族がその種族成員から(債務や犯罪のゆえに)生命を奪うことができるのと同様である。それにより、その人は自分の種族の共同体から放逐され、異種族の人びとと同列におかれることになるのである」[60](同、一六一ページ)、と。マイヤーはここで、「異種族」(Stämme)間のこととして論じているが、その意味はギリシア人・バルバロイというような大きな分け方での種族ではなく、「戦争状態が自然な状態である」ところの、ウェーバーの言う「慢性的戦争状態」にあるところの共同体間のことであることは言うまでもない。とすれば、「奴隷弱者論」ないしは「奴隷被征服者論」が前提する歴史的実態は、相互に排他的で慢性的戦争状態にある諸共同体の分立する古典古代世界そのものである。したがって「奴隷弱者論」は、古典古代世界の中でとくにギリシアのナショナリズムの高揚という特定の歴史的段階を前提する「奴隷天性論」と比べて、より本源的な意識形態だということになるであろう[61]。このように考えれば、奴隷制は、本源的には、古典古代そのものの共同体の関係の中で生まれ、発展した、ということが、ギリシアの奴隷制理論の分析からも確かめられた、と言いうるであろう。自由身分は共同体成員権の属性であり、共同体成員権の否定が奴隷身分を成立させた、ということが、奴隷制理論からのアプローチによって、ギリシアについても確認された、と言えるであろう。

4 地中海世界の階級構造

ここで、これまで市民共同体の運動法則の解明にさいして捨象してきた奴隷制の契機を入れ直して、地中海世界における市民共同体の発展の特質を改めて考察しておこう。これまでの奴隷制にかんする考察が、共同体との構造的関連に焦点をあてつつ進められてきたのであるから、共同体成員権と自由との本来的関連をいわば羅針儀として使いつつ、共同体の発展の奴隷制的側面を追究することは、もはや困難ではない。

地中海世界は、発展段階の異なる多種多様の多数の共同体が、独自の発展(分解)を遂げて独特の構造をもった共同体(古典古代的形態)へと傾斜してゆく運動法則によって統合された「世界」であったが、それぞれの共同体は、もともと共同体成員権(市民権)すなわち自由身分をもった諸個人の基本的平等の関係として存立していた。それらの共同体は、生産力の漸次的発展によって少しずつ発展するが、なかでもそのあるものは、東地中海世界を結節点としての先行文明の影響、なかでも地中海地方独特の条件の作用にさらされて、商品貨幣関係の働く場に身をさらして、早い速度で分解を始め、その分解の波の中に他の遅れた共同体をもまき込んでゆく。

このような生産力の発展は他方では、創出される余剰生産物の増大となり、経済的搾取の可能性を生み出す。その可能性は、いうまでもなく先進的な共同体におけるほど大である。いっぽう、古典古代の諸共同体間における国際法・戦争法規の未発達(慢性的戦争状態)という条件は、先進的共同体による後進的共同体に対する征服と支配の可能性を含み、しばしばその可能性は現実化する。それが現実化したとき(敗れた共同体の成員を殺さない場合)、すでに存在する経済的搾取の可能性は、勝利した、多くのばあいより先進的な共同体による、敗れた、多くのばあいより後進的な共同体に対する経済的収奪を結果する。この経済的収奪の一つの重要な形態は、敗れた共同体を破壊し、したがってその共同体成員権を否定し、その共同体成員の自由を奪い奴隷として支配する形態である。勝利した共同体は、その入手した奴隷を、自己の共同体成員個々人の所有として支配するか、共同体全体の所有として支配するかするが、その共同体がそれだけの奴隷支配(奴隷の経済的収奪)を可能とするだけに発展した共同体でない場合、より発展した、したがって、より以上の奴隷の経済的収奪の余力をもつ共同体に、それらの入手した奴隷を売却する。それゆえ、古典古代特有の諸共同体間における慢性的戦争状態、諸共同体の発展段階の相違、は、他の条件が揃ったとき豊富な奴隷供給源に転化する。共同体が奴隷支配の余力をもつか否か、またどの程度までそれが可能であるかを決定するものは、その共同体における社会的分業・商品貨幣関係の発達である。この条件があるとき、奴隷制は発達し、家父長制的奴隷制から、時に奴隷制大経営へと発展する。(62)

それゆえ、地中海世界独特の（商品貨幣関係の発達に好都合な諸条件の作用によって展開する）市民共同体の運動法則は、単に土地所有における構造変化（第一章）のみでなく、必然的に奴隷制の発達を伴う。古典古代的形態の共同体を中心にして形成される多数の「小渦巻き」（第一章3節）運動は、奴隷制の中心へとまき込んでいく運動でもある。[63] ところで、奴隷制の発達は、土地所有における構造変化（共同体所有の後退・私的所有の前進、等）と並行して進むだけでなく、前者は後者を促進し、あわせて共同体の分解に拍車をかける。なぜなら、奴隷化した他共同体の成員の、共同体内への浸透は、すでに進行している共同体の分解に応じて、不均等浸透とならざるをえないからである。共同体成員の奴隷所有は不均等に発展する。こうして生まれる家父長制的奴隷制のあるものは、奴隷制大経営に発展し、商品生産に成功すればいっそう拡大する。

このようにして分解の促進された共同体を旧に復する古典古代的な常道（「経済的条件[64]」）は戦争と征服と支配である。この道を比類のない規模と力で驀進したものがいうまでもなくローマであった。ところで、ローマの征服と支配、すなわち他共同体支配（他共同体に対する経済的収奪）の特徴は、敗れた共同体の成員（すなわち敵〔hostes〕）を奴隷（servi）化して支配するにとどまらず、むしろ、そのはるかに多い部分の共同体を破壊することなく自己（ローマ市民共同体）に従属させ、その成員をローマ法上の外人（peregrini）として支配し経済的に収奪したことであった。これがローマの巨大な支配の一つの秘密であったことは繰り返しふれた（とくに第二章4・5節）。他の共同体（civitates peregrinae, peregrini)に対する支配と、奴隷に対する支配とは、共同体の非共同体成員に対する支配としての一つの共通性をもつ。その場合、この二つの支配は、相互に因果関係にある(奴隷支配が外人支配を必然ならしめ、外人支配が奴隷支配を可能ならしめる)のみならず、一つの征服が二つの支配のいずれを(あるいは両者を)生み出すかは、軍事的・政治的・経済的等さまざまな条件によって決定される流動的な関係にある。すなわち、征服が被征服共同体を破壊しないとき、被征服共同体は征服共同体(ローマ)の支配に服する従属共同体、すなわち外人共同体(civitates peregrinae)となり、征服共同体は支配共同体となる。これに対して被征服共同体を破壊するとき、征服共同体は、奴隷に対する支配共同体となる。このような流動的な関係を示す好例は、シチリアの civitates censoriae(戸口調査官管轄の共同体、すなわち公有地)の成立であろう。第一ポエニ戦争後の措置において、少数の共同体は元老院の直轄のローマ公有地とされたことはすでにふれたが(第二章1節)、これには次のような経過があった。キケロ(Verr., II 3, 6, 13)の伝えるところでは、少数の共同体(perpaucae Siciliae civitates)は、第一ポエニ戦争で武器をとってローマと戦ったので、戦後ローマはかれらから罰として土地所有権と完全独立を奪った。しかし、現実的に全共同体の土地が没収されてローマに味方した者に報償(praemium meritorum)として与えられたのは Murgentia 一市だけで、たいていの場合は、土地は法的にはすべてローマ公有地として没収されはしたが、しかし実際はもとの住民に返却(redditus)され、もとの住民は今までどおり自分の土地を耕作し、そこに住むことが許された。(65) これらの共同体は、他の多くの十分の一税都市(civitates decumanae)と同様に、十分の一税をローマ側に納めたほかに、ローマに賃借料(vectigal)を納めさせられたのであった。Leontini, Syracusae, Triocala, Lilybaeum, Bidis などがそれであるが、要するにこれらは、奴隷化の寸前でそれを免れ、旧来の共同体と共同体成員の(法的な所有権はローマに取り上げられたが)保有・賃借権を安堵されたものであったのである。賃貸借は通例どおり五年ごとに更新された。五七の十分の一税都市(外人共同体 civitates peregrinae)も、同じくかろうじて安堵された共同体であるが、civitates censoriae より一格だけ上のものであった。そしてこの両者はいずれも、ローマ法の分類でいえば、外人都市(civitates peregrinae)である。

このシチリアの一例に現われているように、ローマの場合は、civitates peregrinae 支配の占める割合が、他のポリスと比べてはるかに大であったわけである。つまり、レヴィ－ブリュールの言う「例外」の部分、すなわち、修好条約(amicitia)・友好条約(hospitium)・同盟条約(foedus)を始めとしてさまざまな国際条約によって civitates peregrinae としての存続を許された部分(前節)が、ローマの支配の形の主要部分となったのである。このようにして大規模化するローマの支配の果実は、一方においては奴隷支配の果実であり、他方では外人(peregrini)支配の果実であるが、これらの果実は、支配共同体であるローマ市民共同体内部に、これまた不均等に浸透し、その分解を増幅する。この分解は一方において、共同体内の支配的上層(官職貴族・騎士＝資本家層)における土地・奴隷・貨幣の集中である。そして、商業的農業の可能性（商品的作物＝果樹、顧客＝市場、商人＝流通担当者、の存在）がある時（共和政末のイタリア）、それら三者は結合して、奴隷制大農場経営を出現させる。そして、他方において奴隷所有はもとより土地所有をも完全に喪失し無産化した共同体成員の増大、として現出する。

以上のような、奴隷制の成立と発展を共同体の運動法則に即して追求してきたこの発展の論理を念頭において考えた場合、われわれの地中海世界は、「奴隷制社会」として捉えることができるであろうか。「古典古代奴隷制社会」論を、われわれの捉えて来たような意味での「地中海世界」の発展の中で捉え直せば、どのような構造が浮かび上がってくるであろうか。これは一面においてきわめて困難な問題である。地中海世界に統合された各地域ごとの奴隷制の実態にかんする研究の現状は甚だ不均等であり、ことに基本的生産部門である農業における奴隷制の研究が、奴隷制一般の研究の盛行にもかかわらず、きわめて不十分な知識をしか与えてくれないからである。イタリアとシチリアを除けば、史料の関係で農業における生産関係が比較的よく知られているエジプト・アシア・アフリカの諸地方については、農業における奴隷制の発達は絶無に近いか、きわめて弱い。われわれはこの問題を考えるための十分な資料を持っていないというべきであろう。(66) では、農業における奴隷制の発達のきわめて顕著な共和政末期のイタリアとシチリアを除けば、「奴隷制社会」論はまったく成立しない、と割り切ってよいであろうか。それも一つの答え方ではあろう。

しかしながら、地中海世界における市民共同体の独特の発展は、その過程において必然的に奴隷制を生み出し、また、この市民共同体の独特の発展を促進した特殊地中海的諸条件(なかでも商品貨幣関係の発達への刺激、共同体国家の形成)が十分に作用し切るならば、その奴隷制は単なる家父長制的奴隷制の段階にとどまらず奴隷制大経営へと発達し、さらに他の条件(商品作物=商業的農業の可能性、分解の一層の進展)が加わるならば、奴隷制大経営は必ずや農業をも把握せざるをえない。これは、市民共同体の独特の発展の方向性であり、傾向性である。フィンレイの言う「雇傭(職種)および社会構造における位置分布」(location in employment and social structure)は[67]、このような方向性と傾向性において拡大してゆく運動過程で現われる現象なのであって、かれがギリシアの「奴隷制は……農業を支配していた」と強調してやまない[68]ことをこの関連で想起すべきであろう。われわれの言う「小渦巻き」運動は、奴隷制の中心へと吸引される運動であると同時に、農業奴隷制(結局は奴隷制大農場経営)の磁力にたえず引き寄せられている運動でもある。この磁力は、有効に共同体と奴隷制を引き寄せえた場合もあるが、力は働いていても効果は目に見えて現われないことも多かった。しかしながら、だからといって、この磁力そのものの存在に無知であるわけにはゆかない。それは、地中海世界をして正に一つの「世界」たらしめたその同じ力(運動法則)の働きなのであるからである。このように考えるならば、われわれの捉える意味での地中海世界は、「奴隷制社会」への方向性と傾向性をもった、いわば「可能的奴隷制社会」とでも言うべき独特の世界であったというべきであろう。それはけっして、現実的な「奴隷制社会」にはまだなっていない世界であった。それでは、地中海世界を一つの世界として成り立たしめているいわば法則的必然(可能性)をして現実化させたものがローマ市民共同体の発展と支配であったように、この場合でも、「可能的奴隷制社会」は、ローマの支配によって現実的「奴隷制社会」に発展したであろうか。これが最後の問いである。

ローマ市民共同体そのものについて言えば、それは征服の結果としての大規模な奴隷制を胎内に吸収していた。(69) もとよりそれは、支配的上層の手に集中していた偏在した奴隷制ではあったが、同じく支配的上層の手に集中していたイタリアの大土地所有と結びついて奴隷制大農業経営・牧畜経営を生み出していた。このような奴隷制支配の果実は、ローマ市民共同体の共同体的擬制が完全に有名無実化する以前においては、さまざまな形で共同体下層にも僅かではあっても配分されていた。そのかぎりでは、ローマ市民共同体は、奴隷に対する支配共同体でもあった。そしてその奴隷制は、農業を把握していたかぎり、ローマ市民共同体の母地イタリアについていうならば、それは単なる「可能的奴隷制社会」ではなく、現実的な奴隷制社会であった。したがって、ローマ市民共同体による他の諸共同体支配は、まず少なくとも、奴隷所有者(奴隷所有共同体)による支配であり、ローマ帝国は「奴隷所有者の(支配する)国家」であるという意味では、奴隷制国家と名づけることができる。

ところで、ローマの支配は単に奴隷制支配という一本のパイプの上に立っていただけでなく、外人支配というもう一本の、おそらくははるかに太いパイプの上に立っていたことは、これまでたびたびふれたところである。ローマ市民共同体の支配の果実は、イタリアにおける奴隷制支配よりも、地中海世界全体から流入する外人支配の果実の方がはるかに大であったはずである。外人共同体は、生産物のある部分をローマに収奪された。もしその外人共同体の生産様式が奴隷制的であるなら、ローマの外人支配の果実も結局は間接的には奴隷制支配の果実だということになるであろう。しかるに、農業の奴隷制的構造がある程度明確に推定できる属州は、シチリアを除いてはほとんどない。キケロの『ウェルレス駁論』から推定されているところによると、(70)前七〇年代のシチリアの土地経営の特徴は、単にローマ公有地、すなわち戸口調査官管轄の共同体(civitates censoriae)をのみならず、十分の一税都市(civitates decumanae)や自由免税都市(civitates liberae et immunes)の土地を、他の都市の市民が賃借し、奴隷を使って、多くは賃借人自らも耕作者(aratores)として、時には監督奴隷(vilicus)を介して、穀物生産を行なっていることである。したがって、十分の一税としてローマに納められる外人支配の果実は、この場合には正に奴隷制支配の果実であった、ということになる。このシチリアの場合はたしかに例外であり、他の属州について、ある程度でも類似の推定ができるものはない。しかし、他の属州を考えるための一つの手がかりが、シチリアの場合にある、と思われる。

それは、イタリア半島では、穀物生産は、地主在住地(多くは都市)より遠隔地に追いやられ、そこで小作制が発生したと思われ、[71] それに対して商業的農業(果樹栽培)において奴隷制大経営が有利とされたと考えられるのに対して、シチリアは穀物生産に奴隷制がとられた、ということ、および、穀物生産を行なったのはほとんどすべて借地経営であって、しかも多くは他の都市市民による賃借であったということ、であって、この二点の特徴を考えることの中に、その手がかりがある、と思われるのである。第一の特徴について言えば、シチリアでは穀物生産こそが商業的農業の性格をもっていた、ということがここに現われているのである。いうまでもなくローマ市・イタリアいずれもシチリア産の穀物に依存していたことはリーウィウスの明言するところであるが、[72] キケロ時代にシチリアから十分の一税として収められる穀物三〇〇万モディイは、首都全住民とローマ軍二カ月分の食糧をまかなうものであった。[73] 問題はこの十分の一税だけでなく、ローマ政府はそれ以外に多くの穀物をシチリアから買い付けたのである。悪名高いウェルレスのシチリア農民に対する不正行為の一つはこの買付金額のごま化しであったわけであり、前七三年の Lex Terentia et Cassia frumentaria(穀物にかんするテレンティウス・カッシウス法)によってウェルレスは、有償の十分の一税の追加のほかに、一年八〇万モディイの小麦の買い付けを命ぜられ、年総額一二〇〇万セステルティイを国庫から託されたのであった。この前七三年に始まる三年間はウェルレスの言語に絶する悪政によって、この追加買付がシチリア農民を破滅に陥れることになるのであるが、それさえなければ、この追加買付はシチリア農民にとって巨大な購買力をもった顧客の出現を意味したことを見落とすべきではない。ローマ政府の需要のゆえに、シチリアの穀物生産は商業的農業の性格をもっていたのである。穀物生産と奴隷制が結びついていたのはそのためであった。借地人経営者の中に、ローマ市民・ローマ騎士が現われるのは、このような商業的農業の性格と無関係ではない。

穀物生産が、このように特殊な性格を帯びつつ一種の商業的農業であり、営利のための生産であったことによって、それはシチリアの諸共同体に分解的作用を働かざるをえない。しかしながら、シチリアの諸共同体はシチリア先住民系・フェニキア系・ギリシア系、いずれも歴史が古く、共同体の土地に対する私有を共同体成員に限る古くからの共同体規制が残存していたのであろう(74)。そのため分解の結果現われる富裕者は他の共同体にも浸蝕する大土地所有者とはなりえず、借地人とならざるをえない。賃借人がしばしば大借地人であると認められるのも(75)、当然の成行であった。第二の特徴はこのように第一の特徴と関係する。そしてこの二つの特徴は、ローマの支配が時として被支配共同体に対する強い経済的需要となって立ち現われることがあることを示すものである。その意味で、自然発生的な商品貨幣関係は、ローマの支配がもたらす需要的効果によって、拡大強化され、地中海的な地理的条件の及ばないところにまでその波は運ばれてゆくのである。

しかしながら、ローマの外人支配が、シチリアの例のように間接的な奴隷制支配を内にかくしているという例は、今後研究がさらにすすんでも他に多くは存在しないであろう。「奴隷所有者の国家」となっているローマ市民共同体の、他の多くの外人共同体に対する支配は、奴隷制支配を内にかくしつつも、現実には奴隷制支配にはなっていない。シチリアに対するウェルレスの搾取と悪政は、悪党ウェルレスゆえの例外ではなく、本質的にはローマの外人共同体支配の極端な典型を現わすものと言うべきであろう。(76) 他方、ローマの支配は需要喚起剤として働くことによって、諸共同体の分解を促進し、「奴隷制社会」への傾向と傾斜を強めるかぎりにおいて、ローマの外人支配は、奴隷制支配への傾向と傾斜をもつところの「可能的奴隷制支配」であると言えるかもしれない。二世紀末ごろドナウ中流の北岸にあった Marcomanni と Quadi、四世紀半ばごろ decumates agri にあった Alamanni にあっては大量の奴隷の存在が知られ、しかもその奴隷所有が種族の princeps にかぎられていたが、それは他のゲルマニアの地方と異なってローマの経済と社会の影響が最も著しかった地方での例外的現象である、とされていることは、(77) ローマの支配の先端部が(具体的には、第二章4節で見たような、軍団の駐屯、canabae の設置等々を通して)ゲルマニアの種族共同体の分解に作用しつつあったことを示すものであって、「可能的奴隷制社会・支配」への傾斜の第一歩であると言えるかもしれないからである。このようにたしかに、ローマの支配はその分解的作用によって、「可能的奴隷制社会」の現実化を促進する要因ではあったが、同時にローマの支配は、この現実化を阻止する別の重大な要因をも生み出していた。それは、ローマの支配すなわちローマの平和 (pax Romana) そのものによって、ローマ以外の諸共同体間の「慢性的戦争状態」が原則的に止揚され、奴隷存在の基本的条件である古典古代特有の国際関係が消滅したということである。ローマそのものについては、征服の進展はなお奴隷供給源をつぎつぎと開発していたが、これとても、レヴィーブリュールのいわゆる「例外」的扱いをうける共同体や種族の増加によって、底なしのものではない。ローマ以外の共同体については、それらはローマの支配によって分解は促進されるが、それがただちに奴隷制への傾斜を意味するものとはなりえなかった。ローマの平和が、被支配共同体の「奴隷制社会」への傾斜のブレーキとなったからである。以後、ローマの支配の及ばない周辺種族間の戦争捕虜、人さらいや棄て児から獲得された人間など、奴隷商人の手を通って市場に出される購買奴隷か出生奴隷が主たる奴隷源となる。いずれも高価な投資を要する商品であって、農耕における粗放使用を許さない貴重品となってゆくことが、被支配共同体の「奴隷制社会」への傾斜のブレーキとならざるをえないのである。

以上考えてきたところから明らかなように、ローマの支配は、地中海世界の「可能的奴隷制社会」を、現実的「奴隷制社会」に発展させることはなかった。もとよりローマの支配は、諸共同体の分解に促進的作用を働いたが、他方においては、ローマの平和そのものによって、その分解が「奴隷制社会」への道をとることを閉ざしたのであった。ローマの支配は、ローマ市民共同体が現実的に「奴隷制社会」となることに決定的に作用し、また、すでに「奴隷制社会」を実現している共同体に対してはその奴隷制支配を強化した。しかし、いまだ「奴隷制社会」を実現していない多くの他の諸共同体に対しては、あるがままの搾取形態によってそれぞれ生み出される余剰生産物をできるだけ多く収奪するという道を選び、ローマ市民共同体の経済的条件が必要とする以上には敗れた共同体の奴隷化を推進しなかったことはもとより、諸共同体の「奴隷制社会」化をも欲しなかった。その意味で、ローマの支配はあくまでも奴隷支配と外人支配の二本のパイプの上に立っていたのであって、二本のパイプは一本のパイプになることはなかった。一方のパイプを通って奴隷支配の果実が、他方のパイプを通って外人支配の果実が、ローマ市民共同体に吸い上げられた。吸い上げ方が激しいとき、抵抗運動が生じた。前二世紀末から一世紀初めにかけてのシチリア奴隷反乱、前一世紀初頭のイタリア半島のスパルタクス反乱は一方のパイプの吸い上げに対する抵抗であり、ブリタニア・ガリア・北アフリカ・小アジア・ユダヤ各地に後代に至るまで続発する民族主義的な反ローマ運動・反「親ローマ派」(諸共同体の支配的上層、「よき人士」)運動は他方のパイプの吸い上げに対する抵抗であった。「可能的奴隷制社会」である地中海世界は、全体として見れば、拡大しそれ自体分解しつつあるローマ市民共同体を支配階級とする一大階級社会となっていた。奴隷反乱も、民族主義的反ローマ運動も、この一大階級社会における支配階級に対する、異なった形における階級闘争であった。一方においては、ローマ市民共同体内部の階層分化と支配層すなわち特権上層民(honestiores)の漸次的独立化(第二章5節)、他方においては奴隷の反乱と、やがては、本質的には共同体復権運動である民族主義的反ローマ運動、この両者の激しいからみ合いの中で、まずは、ローマ市民共同体の「奴隷制社会」的構造とローマ市民共同体自体が廃棄され、やがては「市民共同体」=都市の残骸の傍らに、より原始的で社会的分業度の低い、非地中海的性格をもった共同体をまとめあげる強力なデスポティズムが現われてくるのである。

（1）　土井正興「戦後日本における奴隷制研究の展開と奴隷制研究の当面する諸課題」専修大学人文科学研究所『人文科学年報』四、一九七四年、五三―一〇九ページ。弓削達「西洋古代における共同体・国家・奴隷制」歴史学研究会編『現代歴史学の成果と課題』２、一九七四年、四九―七六ページ。

（2）　国際学界にかんしては、ソヴェトおよび東欧社会主義国におけるマルクス主義の立場からする研究と、西ヨーロッパ諸国の非マルクス主義歴史家による研究という二大潮流に分かれるが、いずれも膨大な研究蓄積をもち、それらについて簡単に展望できる整理・紹介はない。二、三のものだけを挙げれば、前者については、香山陽坪編『奴隷制社会の諸問題』有斐閣、一九五八年。W. Seyfarth, Soziale Fragen der spätrömischen Kaiserzeit im Spiegel des Theodosianus, Berlin, 1963, S. 11–78. E. M. Štaerman, Die Blütezeit der Sklavenwirtschaft in der römischen Republik. Autorisierte Übersetzung von Maria Bräuer-Pospelova, Wiesbaden, 1969, S. 1–35(Einleitung). 弓削達「「奴隷所有者的構成」の衰退をめぐる理論的諸問題――最近の研究動向についての一管見から――」『西洋史研究』新輯４号、一九七五年、六四―一一四ページ。後者についてはJ. Vogt とH. U. Instinsky の編にかかるForschungen zur antiken Sklaverei im Auftrag der Kommission für Geschichte des Altertums der Akademie der Wissenschaften und der Literatur の叢書の多数の実証的研究書を指摘するだけで十分であろう。なお、Jürgen Deininger, "Neue Forschungen zur antiken Sklaverei (1970–1975)", Historische Zeitschrift, 222. Bd., 1976, S. 359–374 は、東西の研究状況にかんする最も新しい報告として有益である。

（3）　文章は厳密には同じでないが、ほぼ同じ定義を下しているものとして、太田秀通「古典古代社会の基本構造と奴隷制」岩波講座『世界歴史』２、三九三ページ。

（4） 太田秀通、前掲論文、三九四ページ。

（5） エンゲルス『反デューリング論』下、粟田賢三訳、岩波文庫、二九二ページ(Vorarbeit)。

（6） マルクス・エンゲルス『ドイツ＝イデオロギー』古在由重訳、岩波文庫、二八ページ。なお、マルクス・エンゲルスの奴隷制の概念については、中村哲「奴隷制と小経営生産様式――マルクス・エンゲルスの歴史理論の再構成」『日本史研究』一四八(一九七五年)、一―二九ページを見よ。家内奴隷制についてはその一五―二三ページ。

（7） 『資本論』第二巻三篇二〇章一二節(全集、二四巻、五九〇―五九一ページ)。

（8） マルクス『経済学批判』武田隆夫・遠藤湘吉・大内力・加藤俊彦訳、岩波文庫、三二二ページ(序説)。

（9） E. Ch. Welskopf, Die Produktionsverhältnisse im alten Orient und in der griechisch-römischen Antike. Ein Diskussionsbeitrag, Berlin, 1957, S. 79.

（10） 生産関係(経済制度)としての奴隷制、生産様式としての古典古代的型態、奴隷制社会、これら相互の関連と区別について、マルクス・エンゲルスの考えていたところを明解に論じたものとして、太田秀通「奴隷制と奴隷制社会について」『歴史学研究』四四七号(一九七七、八)、とくに二九―三三ページを推す。本文の記述は簡略にすぎたが、この太田氏の解釈と、基本的には同じ理解を前提にしたものであることを付記しておく。

（11） W. L. Westermann, The Slave Systems of Greek and Roman Antiquity, Philadelphia, 1955. これは Pauly-Wissowas, Realencyclopädie der classischen Altertumswissenschaft, Suppl. vol. 所収の "Sklaverei" の項目の増補である。

（12） M. I. Finley (ed.), Slavery in Classical Antiquity. Views and Controversies, Cambridge, 1960. 奴隷制研究会訳『西洋古代の奴隷制』東京大学出版会、一九七〇年。

（13） W. L. Westermann, "Slavery and the Elements of Freedom in Ancient Greece", Quarterly Bulletin of the Polish Institutes of Arts and Science in America, January, 1943, pp. 1-16.（フィンレイ

編、邦訳書、二七—四八ページ、安藤弘訳)、Id., "Athenaeus and the Slaves of Athens", Harvard Studies in classical Philology, suppl. vol.(1941), pp. 451–470.(フィンレイ編、邦訳書、一二一—一四八ページ、金沢良樹訳)。

(14) J. Vogt, "Wege zur Menschlichkeit in der antiken Sklaverei", Tübingen Rektoratsrede, 9 May, 1958(Tübingen: J. C. B. Mohr)(フィンレイ編、邦訳書、四九—七〇ページ、小田洋訳)。

(15) A. H. M. Jones, "Slavery in the Ancient World", The Economic History Review, 2nd ser., 9 (1956), pp. 185–199.(フィンレイ編、邦訳書、一—二六ページ、太田秀通訳)。

(16) これについては、S. Lauffer, Die Bergwerkssklaven von Laureion, Mainz, II, 1956, S. 150 ff.

(17) W. L. Westermann, The Slave Systems of Greek and Roman Antiquity, pp. 7 ff.

(18) S. Lauffer, a. a. O., S. 151. なお、諸研究者による奴隷数推定については、フィンレイ編『西洋古代の奴隷制』邦訳、八〇ページ、一一〇ページ(桑原洋訳註)に詳しい。

(19) エンゲルス『家族・私有財産・国家の起源』岩波文庫、一五七ページ。

(20) エンゲルス『反デューリング論』岩波文庫、下、三一ページ。

(21) S. Lauffer, a. a. O., S. 151.

(22) W. L. Westermann, "Athenaeus and the Slaves of Athens."

(23) 注(15)所掲。

(24) W. L. Westermann, "Slavery and the Elements of Freedom in Ancient Greece."

(25) Fr. Vittinghof, "Die Theorie des historischen Materialismus über den antiken „Sklavenhaltersstaat". Probleme der alten Geschichte bei den „Klassikern" des Marxismus und in der modernen sowjetischen Forschung", Saeculum, 11(1960), S. 99.

(26) この点は、前掲の太田秀通「古典古代社会の基本構造と奴隷制」の一つの力点でもある。この太田氏の力点に対する土井正興氏の批判(『歴史学研究』三六〇号[一九七〇、五]四五ページ以下、同じく四三四号(一九七六、七)三六ページ以下)は、太田秀通「奴隷制と奴隷制社会」『歴史学研究』四四七号(一九七七、八)、ことにその三四ページ以下によって答えられている。

(27) Fr. Vittinghof, a. a. O., S. 102–103. Ders., "Die Bedeutung der Sklaven für den Übergang von der Antike ins abendländische Mittelalter", Historische Zeitschrift, 192(1961), S. 265–272.

(28) その若干については、前掲の、弓削達「「奴隷所有者的構成」の衰退をめぐる理論的諸問題」で関説した。

(29) 前掲の Saeculum, 11(1960), S. 89–131.

(30) Hajo Koch, "Die Deutung des Untergangs des römischen Reiches im historischen Materialismus", in: K. Christ(Hrsg.), Der Untergang des römischen Reiches, Darmstadt, 1970, S. 425–455.

(31) G. Prachner, "Zur Bedeutung der antiken Sklaven- und Kolonenwirtschaft für den Niedergang des römischen Reiches(Bemerkungen zur marxistischen Forschung)", Historia, 22(1973), S. 732–756.

(32) ヴィッティングホーフのマルクス・エンゲルス理解には誤ったところがある(たとえば、前掲の太田秀通「奴隷制と奴隷制社会」二一ページ、注13および同氏の『東地中海世界』岩波書店、一九七七年、一七二—一七九ページの指摘)としても、そのことによって、ヴィッティングホーフの論文が「実証史学」の垣根をあえてふみ越えてマルクス主義史学との対話の場を作ろうとした建設的努力は、買われなければならない。

(33) マルクス『資本主義的生産に先行する諸形態』手島正毅訳、国民文庫、たとえば五七ページ。

(34) 同書、たとえば、七・四七ページ。

(35) 同書、一三—一四ページ。

(36) 同書、たとえば、三七・四〇・四三ページ。

(37) 同書、一三ページ。

(38)　同書、二九ページ。

(39)　マルクス・エンゲルスにおける共同体と奴隷制にかんする歴史理論全般についての立ち入った分析については、中村哲「前近代アジアの社会構成――マルクス・エンゲルスの歴史理論の再構成――」『日本史研究』一六三(一九七六年)、四―六一ページ、ここではとくに、二六―三一ページ。ほかに、松尾太郎「古典古代的生産様式論と『資本論』の構成」『経済志林』四四の一(一九七六年)、一―五一ページ、とくに二六―四〇ページ。太田秀通氏が「前資本制の農業を主要生産形態とする社会構成において、農業におけるこのような意味での(他の生産諸関係にそれぞれの順位を示し影響を与えているような――弓削補)主要生産関係を求めるならば、それはなんらかの形態の共同体こそそれだ」と解説され、さらに『諸形態』から「……奴隷制・農奴制などは、……常に二次的であって本源的なものではない」の部分を引用されて解説された上で、共同体的生産関係を軸としその他の奴隷制等々のウクラードを併せ持つところの「古典古代的生産様式は、一定の条件のもとで奴隷制を支配的生産関係とする奴隷制社会となりうる……」と述べられている(「奴隷制と奴隷制社会」『歴史学研究』四四七号、三二・三三・三〇ページ)のも、マルクスにおける、共同体と奴隷制との関連の認識を、指摘されたものである。

(40)　M. I. Finley, "Was Greek Civilisation based on Slave Labour?" Historia, 8(1959), pp. 145–164. 邦訳書、七一―一二〇ページ。

(41)　M. I. Finley, The Ancient Economy, London, 1973.

(42)　ibid., pp. 71–79.

(43)　ibid., p. 71. では "the test is not numbers but social and economic location." と論旨が進められる。

(44)　このような解釈については、弓削達『ローマ帝国論』二九ページ。

(45)　太田秀通「古典古代社会の基本構造と奴隷制」岩波講座『世界歴史』2、四〇〇―四〇四ページ。私がかつてこの見解を最初に表明した時はかなりの勇気が要った(「奴隷制度にかんする一つの考え方」『一橋論叢』一九五七年八月号)。なお、太田秀通『東地中海世界』一五七ページ以下、ほか随所が階級としての奴隷の存在を判定する規準として「自己の共同体なきもの」を設定しているのは、本書とは異なったアプローチによって同一の認識に到達したものとして、注目に値する。

(46) Th. Mommsen, Römisches Staatsrecht, III(1), S. 141.

(47) 研究史の概要は、弓削達「ローマ市民権と自由」谷和雄編『西洋都市の発達』山川出版社、一九六七年、七一―一〇ページ。

(48) E. Levy, "Libertas und Civitas", Zeitschrift der Savigny-Stiftung für die Rechtsgeschichte, 78 (1961), Röm. Abt., S. 142-172.

(49) 吉野悟「ガイウス法学提要における自由身分の論理」『社会科学研究』第二六巻第三・四合併号(一九七五年)、二八〇・二八八ページ。赤井伸之「Latini Iuniani 考(一)」関西学院大学法政学会『法と政治』二四の三(一九七三年)、六三―六七ページ。

(50) 赤井伸之、前掲論文、六四ページ、吉野悟、前掲論文、二八四―二八七ページ、は、それぞれ固有の表現をとっているが、この面を強調するものである。

(51) 以上の点くわしくは、前掲の弓削達「ローマ市民権と自由」一―四九ページを見られたい。吉野悟、前掲論文、二八〇ページには、「最古代は知らず」と述べられているから、吉野氏は、「本来的」関連まで積極的に否定しようとされるのではない。私にとってはそれで十分なのである。

(52) H. Lévy-Bruhl, "Esquisse d'une théorie sociologique de l'esclavage à Rome", La Revue Generale du Droit, de la Législation et de la Jurisprudence, 55(1931), pp. 1-17. 前掲のフィンレイ編『西洋古代の奴隷制』所収、二一五―二三三ページ(内藤万里子訳)。

(53) Senatusconsultum Claudianum. 五二年に成立した議決で、ローマ市民たる女性が他人所有の奴隷と同棲した場合、奴隷の主人が合意の上であれば女性は自由身分を失わないが、この同棲より生まれた子供は、父(奴隷)の主人の奴隷となり、奴隷の主人が合意せずしかも彼が戒告したにもかかわらず同棲をつづける場合、女性は財産と自由を失い、夫(奴隷)の主人の奴隷となることを定めたもの。

(54) Dig., I, 5, 4=Institutiones Iustiniani I, 3, 2.
(55) 吉野悟「ガイウス法学提要における自由身分の論理」『社会科学研究』第二六巻第三・四合併号、三〇一ページ。
(56) Dig., I, 1, 4=Institutiones Iustiniani I, 5.
(57) Dig., XII, 6, 64.
(58) R. Schlaifer, "Greek Theories of Slavery from Homer to Aristotle", Harvard Studies in Classical Philology, 47(1936), pp. 165–204. 前掲のフィンレイ編『西洋古代の奴隷制』所収、一四九―一九三ページ(小川洋子訳)。
(59) 前掲のフィンレイ編『西洋古代の奴隷制』所収のG. Vlastos, "Slavery in Plato's Thought"(清永昭次・馬場恵二訳)が示すように、プラトンも、奴隷にロゴスの欠如など人間としての一種の欠落を見る点において「奴隷天性論」に与するであろうし、プラトンは弟子アリストテレスの奴隷制理論に同意したであろう、とも言われている(二一一ページ)。本章、注(12)所掲のフィンレイ自身の論文も、アリストテレスの奴隷制論を、シュレーファーと同じ意味のものとして理解している(八四ページ)。
(60) Ed. Meyer, "Die Sklaverei im Altertum", Kleine Schriften, I(1924), S. 177. 邦文は、小川洋子訳を少し改めた。
(61) この本源的な意識形態は、やがて、奴隷制の人為性を主張して奴隷平等論を唱え、「奴隷天性論」的奴隷制正当化論を討つ役割をもたせられることにもなる。そのような思想の表現を、エウリピデスについて復元しようとしたものとして、太田秀通「エウリピデスの奴隷観――『アレクサンドロス』復元の問題との関連で――」『人文学報』一一四(一九七六年)、一―一六ページが注目される。
(62) 前掲の中村哲「奴隷制と小経営生産様式」『日本史研究』一四八、二三―二四ページ。同「前近代アジアの社会構成」『日本史研究』一六三、二七―二八ページ。
(63) T. V. Blavatskaja, E. S. Golubcova, A. I. Pavlovskaja, Die Sklaverei in hellenistischen Staaten

im 3.–1. Jh. v. Chr., Wiesbaden, 1972 において Blavatskaja は、前三—二世紀の西ロクリス・アイトリア・アカルナニア・マケドニアにおいて、奴隷制は、ギリシア本土のポリスの中心地域の奴隷制の性格に接近したことを示した。これに反して、Golubcova によれば、小アジアにおいては、また、Pavlovskaja によれば、エジプトにおいても、ヘレニズム時代に、類似の発展は認められなかった。また、A. Daubigney-F. Favory, L'esclavage en Narbonnaise et Lyonnaise d'après les sources épigraphiques, in: Actes du colloque 1972 sur l'esclavages, Besançon-Paris, 1974, pp. 315–388 は、ナルボネンシスの約九五〇の碑文、ルグドゥネンシスの約一九〇の碑文から、都市化の進展と、奴隷制の普及とが明らかに関連があることを示した。この関連は、Deininger のように、後者が前者を促進したと解すべきではなかろう(Jürgen Deininger, "Neue Forschungen zur antiken Sklaverei (1970–1975)", Historische Zeitschrift, 222. Bd., 1976, S. 371)。

(64) マルクス『資本主義的生産に先行する諸形態』手島正毅訳、二九ページ。

(65) Cic., Verr., II, 3, 6, 13 の言う "perpaucae Siciliae civitates" については、R. T. Pritchard, "PERPAUCAE SICILIAE CIVITATES: Notes on Verr. 2, 3, 6, 13", Historia 24 (1975), pp. 33–47.

(66) J. Mangas Manjarrés, Esclavos y libertos en la España romana, Salamanca, 1971, p. 515 は、前三世紀から後三世紀までの期間のイベリア半島について、帝政期のおよそ一一〇〇の碑文から約五〇〇人の奴隷、その倍ほどの解放奴隷を析出したうえ、この地の奴隷の全体像は、法的地位・職業・宗教などの点で、帝政初期のローマの古典的奴隷制と同じであると結論するが、この史料は、農業における奴隷制については、まったく語らない。この研究については J. Deininger, a. a. O., S. 370–371 を見よ。ギリシアでは、前四世紀に見られたような緩慢な土地集中が続き、共同体所有と私的所有の相補的統一という古典古代的共同体の構造は、後者に重心を移す形にくずれていった。そして、ローマ支配下の時代にも、この傾向は進んでいき、農民的小経営の下降のみならず、市民の減少などの結果、農地そのものの荒蕪地化が各地に見られるようになった。それでも、ポリス共同体の伝統は他地方と比較にならないほどに生き残り（太田秀通『東地中海世界』岩波書店、一九七七年、三七五―三七九ページ）、したがって、ポリス共同体を支える中小農民の小経営が存続していたと考えられる（注68を見よ）。それらの農民小経営における奴隷制の役割についてはほとんど明らかにするすべがないが、絶滅したとは考えられないとしても、支配的な経済制度であったとは、もはや言えない程度のものであったであろう。

（67）　本章第2節（一六五ページ）参照。

（68）　フィンレイ編『西洋古代の奴隷制』七六―七八ページ（フィンレイ論文）。古典期ギリシアの農業における奴隷制の役割にかんするこのようなフィンレイの捉え方と基本的に一致し、古典期アテネの農業に「発展した労働奴隷制がなくとも」「家内奴隷制はアテネ農業生産の基礎であった」ことを、さまざまな史料の分析から推定しているものが、太田秀通『東地中海世界』岩波書店、一九七七年、一八〇―一八一、二一一―二二四ページである。前四世紀までを視野に入れて、「独立自営の中小土地所有農民を基幹とするアテネにおいては、そして多分アテネ型ポリス一般においても、小経営の労働力として奴隷が使われることが多くなり、小規模家内奴隷制に立脚するアウトゥールゴイを支配的生産様式とする、この意味で奴隷制社会と規定しうる共同体国家が成立した」（二四〇ページ）というのが氏の結論である。

（69）　P. Brunt, Italian Manpower 225 B. C.–14 A. D., Oxford, 1971 は、表題の時期に、イタリアの人口は、五〇〇万から七〇〇万に増加したこと、その増加の大部分は、奴隷の流入によることを推定した。かれは、前三世紀末のイタリアの奴隷数二〇〇万、アウグストゥス時代にすでに三〇〇万と推定する（とくに p. 121 ff.）。しかしこれは推定としては、多すぎる推定かと見られている（Jürgen Deininger, a. a. O., S. 369）。

（70）　土井正興「奴隷蜂起と農業問題」『歴史学研究』三九〇（一九七二年）、二一―二五ページ。村川堅太郎『羅馬大土地所有制』一四四―一五四ページ。

（71）　村川堅太郎、前掲書、六七ページ。

（72）　Livius, 26, 40, 16.

(73) R. T. Pritchard, "Gaius Verres and the Sicilian Farmers", Historia, 20(1971), p. 226.

(74) 村川堅太郎、前掲書、一五〇ページでもこのような推定がなされている。

(75) 土井正興、前掲論文、二一―二二ページ。

(76) R. T. Pritchard, op. cit., p. 238.

(77) E. A. Thompson, "Slavery in Early Germany", Hermathena, 89(1957), pp. 17–29. フィンレイ編『西洋古代の奴隷制』所収、とくに二七五―二七八ページ（土井正興訳）。

第四章　イタリアにおける農業構造の変化

1　ローマ帝国における生産力と生産関係の問題

前章までにおいて確認したこと、推定したことをふまえて、およそ紀元一〇〇年前後を目安とした時期の地中海世界とローマ帝国の政治的・社会的構造を考えるための諸要因をあげると、およそ次のような諸点にまとめられるであろう。

(一)　地中海世界に対するローマ帝国の支配は、地中海諸地方に拡大されたローマ市民共同体による、他の多くの外人共同体に対する支配、という構造をとる。

(二)　支配共同体であるローマ市民共同体も、被支配共同体である外人共同体も、それぞれ分解が進んでいる。支配と隷属はこの分解を促進する。

(三)　ローマ市民共同体の母地イタリアにおいては、農業の奴隷制的構造が顕著であり、大規模奴隷制経営が農業全体に影響を与えている。

(四)　ローマ市民共同体の共同体的性格が、たとい擬制であっても、存続しているかぎりは、ローマ市民共同体は奴隷制社会を実現している。ローマ市民共同体は奴隷に対する支配共同体でもある。

(五) ローマ市民共同体の外人共同体にたいする支配は、政治的支配の関係でありつつ、経済的搾取を最も重要な内容とするかぎり、階級関係である。ローマ市民共同体の奴隷に対する支配も階級関係である。

(六) 従属=外人共同体は、シチリアのような例外を除いては、農業の奴隷制構造はみられず、奴隷制社会を実現していない。

(七) ローマ帝国は、奴隷に対する支配共同体であるローマ市民共同体による支配である、という意味において、「奴隷所有者の国家」と規定することができる。

(八) 地中海世界全体については、諸共同体が奴隷制社会への傾斜と傾向性をもつという意味において、「可能的奴隷制社会」ではあるが、現実には、奴隷制社会を実現していない。

(九) ローマ支配共同体と隷属共同体、双方の分解の中から、honestiores 対 humiliores の身分差別が現われる。

(一〇) honestiores 対 humiliores の身分差別は、ローマ市民共同体と外人共同体双方の分解の進行、その結果としての、ローマ市民共同体による外人共同体の支配というローマ帝国支配の構造の擬制化、こういった発展に並行して擬制化した支配構造を肩代わりするものとして現われてくるところの、実質的な支配者集団と被支配者民衆の階級関係の法的表現である。

㈡　実質的な階級関係としてしだいに現われてくる honestiores 対 humiliores の関係に、ローマ支配共同体と隷属共同体双方の分解によって再生産されるとともに、ローマ市民共同体による外人共同体の支配というローマ帝国支配の構造の擬制によって支えられる。

以上の諸点を念頭におきながら、帝政期における地中海世界とローマ帝国の発展の基本構造を捉えようとするならば、まず次の二点の追跡が必要であろう。

第一は、㈤に指摘したローマ帝国における階級関係の一方である奴隷制的構造、すなわち「奴隷所有者の国家」としてのローマ帝国の構造が如何に発展し変化してゆくか、という点である。これは㈢・㈣・㈦から帰結されるように、イタリア農業における奴隷制的構造の変化と発展の追究の問題となる。階級闘争の一つとしての奴隷反乱の問題も、ここに含まれる。

第二は、ローマ帝国における階級関係のもう一方であるペレグリーニ支配の構造が、如何に発展し、変化してゆくか、という点である。これは経営構造の変化の問題よりも、むしろ原住民・農民反乱の性格を追究する問題となる。

以上の二点が明らかにされたあとで、地中海世界における諸共同体のその後の発展を明らかにしなければならない。後に論ずるところをやや先取りして言えば、市民共同体の特殊地中海世界的運動法則の弱化・後退、発展の緩慢なより原始的な共同体の歴史の表面への擡頭が見られるのであり、それらに対する統合者、時に抑圧者の機能をもったものとして、honestiores の階級的役割が規定されるのである。

まず第一の問題から考えてゆく。イタリアにおける農業の奴隷制的関係の後退、小作制的関係の出現と前進、奴隷制から小作制への移行、こういった経過を事実の上で確認すると同時に、それを地中海世界とローマ帝国の共同体論的・奴隷制論的立場から、解釈するという課題である。

ところで、イタリア農業における奴隷制から小作制への移行の問題については、最近十数年の間の研究はきわめて活発となっている。一六世紀のクヤキウス(Cujacius)からクーランジュ(Fustel de Coulanges)やロストフツェフ(Rostovtzeff, Rostowzew)を経て、ジョーンズ(A. H. M. Jones)・ゴファート(W. Goffart)に至る多彩な研究史をここに辿ることは避けるが[(1)]、それらがおおむね、古代末期における「縛られたコロナートゥス」制の成立の前史として共和政末期ないし帝政初期イタリアの小作人に目を向けたのであったのに対して、最近の研究動向の重要な関心は、むしろ別のところに向けられている、と思われる。それは、正に小作制出現の理由そのものであって、奴隷制から小作制への生産関係の移行に、生産力の発展がどのように作用していたか、という問題関心である。こういった最近の研究動向は、本書の当面の問題にふれる面がきわめて大きいので、それらの若干をとり上げながら、考察を進めてゆくのが便宜であると思う。

もとより問題の中心は、生産関係が生産力の桎梏となる段階に至って社会革命の時期が始まり、それをとおして経済的社会構成の交代が行なわれる、とする史的唯物論のいわゆる「定式」[2]が、奴隷制から封建制への移行に妥当するのか、具体的には奴隷制的生産関係の後退、小作制の擡頭の説明として妥当するのか、という問題であり、ハョ＝コッホの論文[3](一九六八年)に見るように、端的にいってこの「定式」の奴隷制衰退期への妥当性を否定する傾向の研究が一方において強く見られるのである。

いうまでもなく、マルクス・エンゲルスにあっては、ローマ帝国においては生産力が高まり生産関係が生産力の桎梏となったから奴隷制が廃棄されたのである、というふうには「定式」は適用されなかった。エンゲルスはむしろ積極的に、古代末期(奴隷制から封建制への移行期)における生産力と生産関係の対応を主張する。「第一に、凋落しつつあったローマ帝国の社会的編成と財産配分は、当時の農耕および工業の生産の段階に完全に照応したものであり、したがって不可避的なものであったこと、そして第二に、この生産段階は、その後の四〇〇年間に本質的に低下もせず、本質的に上昇もせず、したがって同じ必然性をもって、再び同じ財産配分と同じ住民構成を生み出したこと、これである」[4]と。このように言うのは、直接的には古代末期のコロヌスとフランク農民との間について述べたものであるが、ローマ帝国における奴隷制の衰退の問題にも生産力の高まりによる生産関係の桎梏化という説明を用いていないことはほぼまちがいないと思われる。むしろ、奴隷制はもはや引き合わなかった、だからそれは死滅した[5]、と説明され、生産力は、「滅びつつあったローマ帝国の最後の数世紀と蛮族自身による征服」(6)で大量に破壊された、とすら述べているのである。

それにもかかわらず、最近の活発な研究動向の一つは、一方においてローマ帝国における生産力の発展を疑問視し、他方において、奴隷制から小作制への移行を小作制の方がより高い生産性(収益性)を保証するものであったがゆえだ、とする説明を斥ける、という問題関心に導かれているのである。こうした問題関心、ないしは批判的姿勢が、マルクス・エンゲルスはもとより、現代の史的唯物論の立場に立つ研究者の捉え方に対する批判として、どれほど妥当するか、という論争的問題には、ここでは立ち入らない。批判としての妥当性に問題がある(と思われる)にもかかわらず、この問題関心の中から生み出された研究業績には注目すべきものが多いことは、なんぴとも否定できない。いまその代表的なものについてだけふれながら考察をすすめよう。

生産力の発展と停滞を左右するものは、少なくとも一方では生産技術の発明・発見と応用であり、他方では生産の合理的組織と直接生産者の労働の意欲であるが、そのなかで技術の発展がもつ重要性が非常に大きいものであることは言うまでもない。その意味で、一九六九年のキーヒレの著書『ローマ帝国における奴隷労働と技術的進歩』(7)は、最も基本的な研究として歓迎すべき業績であった。序説において著者は、奴隷労働が古代における技術の進歩を妨げたとするマルクス主義文献に見える通説を疑問とする立場を表明したあと、この書で用いる「技術的進歩」ということの意味を、単になんらかの発明ということではなく、それの経済的実現、およびそれによる生産過程の経費の節約の意味である、と断わる。この書の内容は、ねじのような小さな用具からカタパルトのような軍事技術に至るまで多岐にわたり、それらにここでいろいろふれることができないのは残念であるが、論旨と、われわれの問題に直接の関係がある二、三の部門についての要旨だけをふれておきたい。(8)

まず、ドーム・アーチや床下暖房のような建築技術、ねじのような用途の広い道具、ガラス製造技術などについて、これらを個別的に検討したうえ、これらの分野での技術的発展は、紀元一世紀の末、あるものは二世紀初めまでに実現されたものだ、と言う。ところで、この時期は古典古代における奴隷労働の利用の最盛期であるから、この分野では奴隷制の阻止的作用も、停滞の徴候も認められない、ということになる。この時期にこの分野では、当時の科学的知識の水準で可能なかぎりの最高段階に達したのであり、それ以後はすでに獲得されたものの洗練と完成に向かった、とする。奴隷労働が技術の進歩を妨げたのではない、とするこの書の主張は、有名なアルレティウム(アレッツォ)産の特徴的な赤色陶器であるテルラ＝シギルラータ(terra sigillata)についても指摘される。この陶器の製造の中心は型を作るデザイナーであったが、製品に印されている名前から推すとその大部分はギリシア名で、シリアや小アジアから連れてこられた熟練奴隷であった。生産の背骨はこの不自由人工芸職人であった。このほかに、この型を使って製品を作る単純作業をはじめ、かまたきや、梱包・積み出しに当たる奴隷群がいたが、型を作る熟練奴隷こそがテルラ＝シギルラータの芸術的水準を維持するものであった。この点からキーヒレは、奴隷労働によって技術的にも芸術的にも高度の生産が行なわれえたと結論し、この種の高級な仕事が鞭の強制で行なわれたはずはない、と主張する。

同じことが、パン製造にかんしても指摘される。前二世紀ごろ、それまでの手動の製粉器がろばに動かさせる回転製粉器に代えられ、それから間もない時期に馬に動かさせるパン粉こね器が用いられるようになっているが、これらの技術的進歩、人間労働力の倹約と製造コストの低下を意味した発明が行なわれた前二、一世紀は、イタリアの奴隷市場がとくに賑盛だった時期であり、しかも馬を使ったパン粉こね器は古代の終末とともに消滅し、再びそれが(しかも手動で)現われるのは中世末期であった。つまり、回転製粉器とパン粉こね器が現われたのは古代奴隷制の最盛期であり、しかもそれは畜力で動かしたものであったが、それは古代奴隷制社会の終焉とともに消滅し、中世末あるいは近世初頭に再出現した時は人力で動かすものであった。だから、奴隷労働が技術的進歩を妨げたと単純化して考えることは誤りだ、とキーヒレは言うのである。

農業生産にいっそう直接的に関係ある問題についても次のように同様な事情が指摘される。紀元一世紀の七〇年代の大プリーニウスの『博物誌』と、四世紀末または五世紀末のパッラディウスによると、収穫機がガリアで用いられたが、そのことは二、三世紀のガリアの地主の墓石にその絵が刻まれているところから確認されている。しかしそれはガリア以外では使われず、ガリアでもほとんど改良されなかった。キーヒレによると、紀元一世紀のガリアには労働力不足は存しないから、収穫機の利用を農耕奴隷不足から説明することはできず、また二世紀後半以後一般的には労働力不足は進んだのだから、ガリア以外で用いられなかったことを豊富な労働力によって説明することもできない。収穫機のガリアでの使用は、古代の終末とともに、すなわち古典古代的形態の奴隷労働の使用の終末とともに消滅し、中世を通じ、また一九世紀以前までは手労働であった。したがって、奴隷労働が技術の進歩を妨げたわけではない。収穫機がそれの発明されたガリアでしか使われず、ガリアでもほとんど改良されなかったことは、紀元一世紀後半以降のローマ帝国における経済的停滞にその原因がある、とキーヒレは解する。

その他さまざまな部門における技術の進歩について述べたあと、かれは結語で次のように論ずる。要するに、中世盛期および後期における技術の進歩は古代(帝政盛期まで)のそれと根本的には異なるものではなかったのだから、その点だけから考えても、奴隷制に決定的な役割を帰することは警めなければならない。古代末期における農業生産の重大な後退を前にして、この時代はなんらそれに答えなかった。農業労働力の明らかな隘路があり、国家は非耕地を地主に強制的に割り当てその地租の強制徴収を行なったが、ガリアで使われた収穫機を改良して同一労働でより多くの穀物生産を上げようとはしなかった。すでに獲得された労働節約的発明も、当該手工業の既存の組織の構造的変化を必要とするような場合には、きわめて緩慢にしか利用されなかった。こうした傾向は、労働力が豊富に存在したためだと解することは誤りである。二世紀後半から三世紀初めにかけて労働力がはっきりと不足をつけ始めた時にも、とくに言うほどの生産過程の変化はなかったからである。キーヒレは、このような技術の進歩、学問的発展の停滞がすでに大プリーニウス(『博物誌』二・一一七以下)によって明確に自覚されていたことを指摘し、ことにその傾向が大プリーニウスによって、平和によって生み出された新しい精神的態度、満ち足りた心と余りにも表面的な利益追求心との混合、そこから結果した精神的単純化、などに帰せられていることを重視する。大プリーニウスに続く時代にも、進歩の可能性の考えは広く失われたことを、キーヒレは次のように指摘する。アエリウス＝アリスティデスは現在の文明を完成の域にあるとたたえたが、これは変化と進歩の考えの妨げとなった。このような、世界と現存の状態の不変性という考えは、後期ストアを代表とする諦念のイデオロギーに導いた。これは「精神的に疲れた時代」であった、とキーヒレはいう。このような、進歩への努力を無意味と感じたこの時代は、事実の上でも、もはや進歩をなしえなかったのだ、と。このような精神的態度は、社会構造の根本的な変革がないかぎり変わりようがなかった、と解することは誤りである、とキーヒレはいう。なぜなら、四世紀と、中世末から近世初頭とは、社会構造の上で根本的な相違はなかったのに、四世紀のローマ人には、一〇〇〇年後のヨーロッパ諸民族を特徴づけた新しい道を行こうとする進取の精神(Bereitschaft zur Initiative)が欠けていたのだから、と。

以上の簡単な紹介からも明らかになったと思うが、論証の焦点ないし力点が、奴隷労働が技術的進歩の妨げとなったとは言えない、という点におかれているために、奴隷制という生産関係と、技術的進歩のみならず他の多くの諸要因の総和として現われる生産諸力との間の矛盾の問題に、直接的に発言するものではない。むしろ、キーヒレの論証の客観的に意味するところを、この問題に関して言い直すならば、奴隷制の最盛期に技術的進歩と生産の発展があった、ということは、奴隷制は少なくとも一定時期は、その時期における技術の進歩、さらには生産力の発展に適合的でありえたという意味で「進歩的」であった、ということになる。これは重要な認識である。この認識をふまえて、キーヒレに代わって史的唯物論の「定式」を吟味するとすれば、問題の追究は次のように展開されなければならない。奴隷制の最盛期に見られた技術の進歩、さらには生産力の発展がやがて停滞し後退したとすれば、それは、奴隷制という生産関係が生産力の桎梏と化したからであるためか、と。

もしそうであったなら、奴隷制に代わって擡頭してくるいわゆる封建的搾取、その萌芽的・先駆的形態としての小作(コロヌス)制は、生産諸力を桎梏から解き放ち、いっそうの発展を可能ならしめたはずであるが、果たしてそうであったか。コロナート制が奴隷制以上に重要な生産関係となった古代末期には生産力の停滞が見られることは、古くはエンゲルスも、今はキーヒレも認めているのであるから、古代末期においてはコロヌス制はけっして高い生産力を保証したものとは見られていないことは明らかであるが、コロヌス制はその発生期においても、生産力を奴隷制的生産関係の桎梏から解き放ちいっそうの発展に道を開くものとして、現われたものであったのか。

技術的進歩ひいては、生産力発展の停滞が、奴隷制的生産関係の桎梏のゆえであることを証明するためには、一方では、コロヌス制がより高い生産性(収益性)を与えていたことが示されねばならない。さもなければ、技術的進歩ひいては生産力発展の停滞は、正に奴隷制の衰退のゆえだ、という説明も成り立つことになるからである。「紀元一世紀後半以降のローマ帝国における経済的停滞にその原因がある」というキーヒレの説明は、実は右の説明と同系統のものなのである。奴隷制的生産関係の衰退もまた、経済全般の停滞のゆえだ、とする解釈が、後にふれるように、重要な意味をもってくるからである。

四世紀のローマ人に欠けていたものは、進取の精神であった、というもう一つのキーヒレの重要な指摘も、右の問題全体との関連の中に位置づけて解釈し直さなければならない。この指摘そのものは、古代末期における技術および生産力の停滞の一つの説明としてなされているものであるが、小作制が生産力のいっそうの発展を可能ならしめる「進歩的」なものであったなら、それを導入した人びとにこそ正に進取の精神が証明されなければならないが、果たしてそうか、という問題である。進取の精神の有無の問題は、単に古代末期だけの問題ではなく、小作制発生期の問題として、小作制の「進歩」性の問題と結びつくのである。

以上、キーヒレの研究を紹介しながら、それをふまえて考えて来たところで、われわれは次のような問いにぶつかった。すなわち、奴隷制は一定期間は「進歩的」な生産関係であったが、ある時期から「進歩」性を失ったと考えてよいのか。奴隷制に代わるものとしてその傍らに発生した小作制は、奴隷制以上に「進歩的」なものであったのか。その小作制を導入した当時のローマ人たちは進取の精神によってそれを行なったのか。あるいは反対に、奴隷制は「進歩的」なものだったが、その「進歩性」を条件づける経済全般の動向が停滞ないしは後退したことが奴隷制の「進歩性」をも後退させた、と解すべきなのか。およそ以上のような問いである。これらの問いに、より直接的に答えようとする研究が、次に紹介するブロックマイヤーの学位論文である。

2　所領経営の生産性と収益性

ブロックマイヤーの研究書『ローマ帝国の所領経営における労働組織と経済的思考』[9]は、一九六八年にボーフムのルール大学に提出された博士論文(Dissertation)である。本文二九二ページ、注二〇二ページ、全体で四九四ページにおよぶ大作である、というだけでなく、挑戦的な問題提起と、意欲的な主張の点で、最近十数年におけるイタリアの農業構造にかんする最も重要な研究の一つであることはまちがいない[10]。まず、ていねいな学説史の展望において、非マルクス主義的立場の研究に対しても、それが帝政後期のコロナート制の研究に主たる関心を向けていることによって、コロナート(小作制)の成立の経済的理由、奴隷制から小作制への移行の問題について十分な研究をしてこなかった、と不満を述べたあと、マルクス主義の歴史家においては、奴隷制経済はその収益性の漸次的下降のゆえにより進歩的な小作制に交代したというテーゼを前提にして、主として二、三世紀の材料を研究し、これまた本来の小作制成立期に対する研究が不十分である、と指摘する。著者ブロックマイヤーはこの従来の研究における間隙を埋めるために、カトー、ウァルロー、コルメルラ等の農事誌家の分析をするに止まらず、古代末期における縛られたコロナートゥスの成立に至るまでの発展を、一貫して追究しようとするのである。このように本書は、前節末にまとめて述べたようなわれわれの当面の問題を真正面からとり上げているものであるので、以下できるだけ簡単に、その論ずるところを辿っておこう。

まず農事誌家たちについては次のような考察がなされる。カトー(その前二世紀前半の作"De Agricultura")が叙述しているものは、奴隷制にもとづく集約的な、専業化のすすんだ「資本主義的」な経営であって、その目的は、地主に最大限の利潤をもたらすことにあった。最大限利潤をあげる手段は、労働力の最大限利用、生産費の最大限節約、最大限の生産であった。しかしやがて、しだいに土地所有の集中がすすむと、地主はその手に集中した多くの所領のすべてに対して同じように集約的な経営を行なうことはできず、労働の委託や所領の一部の小作(locatio)に移っていった(S. 79 ff., 86 ff., 99 f.)。

次のウァルロー(前三七年の"Res Rusticae")は、大地主が自分で多少とも所領経営の監督ができるようにという目的で、農業の基本的知識を記そうとするものであるが、とくに、所領の責任ある管理的な仕事を課せられている奴隷たちの労働関心と責任感を高めるために、報賞制度を導入することを勧告していることが注目される。というのは、この方法の勧告は、地主が知識の不足や所領の肥大化のために自分で行なえなくなっている経営指導を、奴隷に委せることができるように、というためになされているものだからである。

コルメルラ(六一―六五年ごろの"De Re Rustica")は、地主はできるだけ自分で経営の監督をするように、奴隷が自分の仕事を果たし常に生産労働から離れないようにさせるための最高の統制責任者としての義務を忘れないように、と勧告する。コルメルラは、奴隷制にもとづきよく組織された所領経営こそ、収益性はとくに高い、と考えている。この点カトー、ウァルローも同様で、奴隷制経営を最も収益性の高い制度だと考えている。ただすでにカトーは、地主が自分で経営することができなくなることが、奴隷制経営の収益性にとっては危険であると考える。そういう場合には、労働の委託、一部の小作、に頼るように、と勧める。ウァルローはそれと異なり、地主が直接に監督ができないために奴隷制経営の生産性が落ちる心配がある場合のために、奴隷の労働関心を高めようとする。それらに対して、コルメルラは、とくに遠隔地にある所領、なかでも不適当な耕作をしても害の少ない穀畠を小作に出すことをすすめるのである。このようなかれの勧告は、小作制があまり生産的ではないと考えてのことであった。生産的でもないのに小作制をとろう、というのであるから、それは、止むなくとった措置(Notlösungen)であり、収益性の判断からこの方が有利だと考えてとった措置ではなかったのである。

それゆえ、この三人の農事誌家を比較して明らかなことは、奴隷制経営から小作制への部分的移行は、奴隷労働の生産性が低いから、というのではなく、地主の経営精神(Wirtschaftsgesinnung)の変化がその原因なのである。奴隷労働の高い生産性は、所領主が本気で細心に経営を行なうかぎり維持された。したがって奴隷制経営農場の収益性は、奴隷の労働関心の度合いによりもむしろ所領主の経営精神により多く依存した。

帝政期にはいるとしだいに、所領を分割して小作人に賃貸する方法が優勢となってゆく。奴隷制にもとづき、専業化され、分業的な、かつ市場に依存する経営は、しだいに、比較的に自給自足的な、労働組織のあまり複雑でない、経済的に単純な小経営へと分割された大土地所有に、代えられてゆく。この発展は、土地の集積の結果として地主がその経営の監督をしだいに自分で十分に行なえなくなったために始まったものであるが、地主層内部においてしだいに農業に対する関心が減退する傾向が生まれ、地代寄生生活者的精神(Rentnergesinnung)が増大していったことが、それに拍車をかけた。自分は労働せず、所領から固定した確実な地代を入手しよう、という精神である。この精神が、地主に、かれが自分で経営をしなければならない集約的な奴隷制経営を放棄させ、しだいに小作を増大させたのである。

ところが、固定した確実な地代を入手しようというこうした地主の期待は、小作人の負債(小作料滞納〔reliqua colonorum〕)の増大のため、十分に満たされなかった。そこで、小プリーニウスがその書簡(Ep., Ⅲ 19)の中で言及しているような小作人の無力(負債)は、小作条件の変更を余儀なくさせ、定額貨幣地代から生産物分益地代へと移行し、さらには生産物の看視のために従来は独立に経営していた小作人に対して地主またはその奴隷が前以上に監督をするから、小作人の独立性を脅かすことになった(Ep., Ⅸ 37)。

しかしながら、古代末期的な従属化に小作人を最終的に陥れた決定的要因は、皇帝領に対する皇帝の農民政策であった。すなわち最初の二世紀間の皇帝は、皇帝領からの収入の減少をくいとめるために非耕地(agri deserti)の増大を立法措置で阻止しようとし、同時に自己にのみ結びついた自由な農民層(Staatsbauerntum)を創設しようとし、また非耕地への誘致をはかろうとした。しかしこの努力は成功せず、三世紀の農業危機はとまらなかったので、皇帝は政策を転換し、これまで皇帝領と小作人をその横暴から守ろうとした所領管理人(procuratores)と総小作人(conductores)の手に、皇帝領と小作人を委ねたのである。こうして三世紀には、経済的に独立の、社会的に自由な、小作人の地位は失われた。もともと小作人を自己の権力下におこうとする傾向をもった地主は、帝国の農業的・財政的危機を切りぬけるため、国家によって、小作人を支配することを承認されたのである。こうして小作人(コロヌス)は奴隷的(quasi-servi)なものになり、奴隷は小作人と同じような搾取形態に移され、小作人的(quasi-coloni)となった。こうして小作人は、ある意味において、自然経済の基礎の上での、いまや存在しなくなった奴隷の代替物となった。しかし、小作制は「封建制」の直接的先駆と解さるべきではない。封建制は全く別の根元から発し、その発展において奴隷制から遠ざかるものではなく、むしろ再び奴隷制に向かって発展した。

以上は、ブロックマイヤーの論旨ないしは主張についてだけ簡単に紹介したものであるが、ここから明らかなように、前節末尾においてわれわれがつき当たった諸問題のうち、二つの問題に対して、真正面からきわめて明確な解答を出そうとするものだ、と言える。繰り返すまでもなく、地主直営による奴隷制経営より小作制経営の方が収益性が低いこと、にもかかわらず小作制への移行が始まったのは地主の経営精神の変化が大きく影響していること、以上の二点であるが、ブロックマイヤーが各所においてその名を挙げて批判しているところからも明らかなように、この主張は従来のシュタエルマンらの史的唯物論の立場と真向から対立するものである。シュタエルマンはその主著の一つで、(11)紀元三世紀を新旧の支配的生産様式の交代期とみ、この時期に進行しているものを、新たな社会構成への移行という進歩的な過程、広義の社会革命と見る。したがって、新しい生産様式は、彼女によれば、古い生産様式より高次の生産諸力に対応したものなのである。では、そのような新しい生産様式の革命的実現を必然ならしめた生産諸力の発展は何によって確認されるかといえば、彼女によればそれは主として直接生産者の労働関心に還元される。「コロヌスは奴隷以上に彼の労働の成果に関心を懐いたから、生産諸力は発展することができた。コロヌスの労働を基礎とするラティフンディアは、奴隷制ウィルラと比べて進歩的経済形態であった」(12)と彼女は言う。

ブロックマイヤーとシュタエルマンとは、農民的家族小経営よりも、組織された奴隷制経営の方が生産性と収益性が高いより「進歩的」な形態である、ということを認める点では、一致している。(13)しかし、小作農民の小経営の搾取の上に立った大所領については、ブロックマイヤーはそれを奴隷制経営より生産性と収益性が低いと見、シュタエルマンは高いと見る点で対立するわけである。ブロックマイヤーは自説の根拠を、農事誌家たちの農業理論やコロヌスの債務の増大に求めた上で、より低い収益性をもった小作制への移行を地主の経営精神の変化によって説明する。シュタエルマンは自説の根拠を、自由人労働であるコロヌスの労働の方が奴隷労働より労働の成果に対する関心が強いから、ということに求める。

所領経営の生産性と収益性を決定するものは、直接生産者の労働関心だけでもないであろうし、所領主の経営精神のあり方だけでもないであろう。前節においてキーヒレの研究に学びながら考えた技術の進歩による生産費の節約もきわめて大きな要因を占めるはずであるが、前節末尾で考えたように、この要因は奴隷制最盛期の方がコロヌス制の前面に出てきた時期よりも収益性に有利に働いたように思われるから、この点はシュタエルマン説に不利となるが、この要因は、キーヒレのことばで言えば「進取の精神」、ブロックマイヤーでいえば積極的な所領主の「経営精神」(14)の要因に含まれるものと考えることもできる。労働の合理的組織も同様「経営精神」に含めて考えることが可能であろう。このほか、所領経営の生産性と収益性に影響を与える別種の要因として、製品の販路すなわち市場の問題(前節末尾にふれた「経済全般の動向」はこの問題として現われる)があるはずである。

直接生産者の労働関心、所領主の経営精神、経済全般の動向(市場関係)、この三つの要因は、いずれも所領経営の生産性と収益性に強い影響を与える要因であるが、この三者はいわば次元の異なる要因であって、このうちの一つを取り上げて他を無視することはできない。三者の幸福なる関連にこそ、所領経営の生産性と収益性がかかっていると見るべきであろう。このことを念頭において、小作制の発生期についてもう少していねいに検討をしてみよう。

3　発生期の小作制

イタリア農業において小作人(コロヌス)の発生はいつごろに溯るものであろうか。今日までの研究で明らかにされているところによると、史料的には遅くも共和政末期、キケロ、カエサル、サルルスティウスの若干章句に「コロヌス」が見出され、それらについての実態の究明が試みられている。最近の研究の中から代表的なものとして、リゴベルト＝ギュンター「紀元前一世紀のイタリアにおけるコロヌス制の発生」[15](一九六五年)と、長谷川博隆氏の二つの論文[16]がある。これら、ことに長谷川氏の綿密な考証によって推定されているところに従うと，史料における「コロヌス」のこんにち知られるかぎり最も早い言及から，およそ次のようなことが確実であるように思われる。

前一世紀の前半において，コロヌスはすでに地主の相続の対象となっており[17](Cic., pro Caec. [69/68 B. C.])，それはコロヌスが「主人の人格に付属する存在なればこそであった」。また，コロヌスは，主人が自己の奴隷に対して行なう裁きにさいして必ず意見をきかなければいけなかった顧問団(consilium amicorum)の構成員となることはできず，土地所有のゆえに「良き」と言われる「良き人士」(vir bonus)とも見なされなかった(Cic., pro Cluent. [66 B. C.])。これらから見て，コロヌスはすでに主人に対してかなり隷属性の強い存在とみなされていたことが明らかである。そして，時に武力をもって争われた地主間の土地争いにさいして，コロヌスも武装集団の一員として加わっていた可能性もある，と推定され，また，地主の「家の子」(familia)の中に，家父長権の下に立つ家族や奴隷などとともに，自由人であるコロヌスが事実において含まれていたと考えることも不可能ではない，とされている。[18] この“Pro Caecina”と“Pro Cluentio”の二弁論に現われる「コロヌス」の二例は，単数で現われ，総小作人(conductor)である可能性が大であるが，[19] それにもかかわらず，隷属性を否定できないのである。

このほか，キケロに現われる小作人として，かれの故郷の町アルピーヌム(Arpinum)がガリア＝キサルピナ(Gallia Cisalpina)に所有している土地(ager vectigalis)が複数の小作人に賃貸しされている例があるが[20](Cic., fam. 13, 11, 1)、これは私人の所領経営の例には含められない。しかし、キケロ自身のことばとして、「主人に積極的に利用さるべき存在としてのコロヌス」[21]「われわれのコロヌスと交渉する時のように、プブリカーニ(publicani)と交渉すべし」(Cic., de off., 3, 88〔44 B. C.〕)とあることから、すでにこの時期にコロヌスは一般的現象となっていた、と推定されているのである。[22]

また、前六二年一月、エトルリアのピストリアエ(Pistoriae)での決戦の前にカティリナは、解放奴隷や小作人たちに囲まれていた、と記すサルルスティウス(Sall., Catil., 59, 3〔42 B. C. ころの作〕)から、当時すでに自己の地位に不満をもっていた小作人がいてこの社会的運動に加わったのだ、と推定されている。[23] さらに、前四九年ドミティウス=アヘノバルブス(Domitius Ahenobarbus)が対カエサル戦のためにエトルリアのイギリウム(Igilium)およびコーサ(Cosa)の地で、自分の力で集めた七隻の快速船に、奴隷・解放奴隷・小作人を乗り組ませてマッシリアに向かわせた、と記すカエサル『内乱誌』(Caesar, de bello civ., 1, 34, 2)の記事についても、地主の政治的党派に加わるほどに経済的従属に陥っていた小作人の存在を示すもの、と解され、[24] また、小作人の軍務への召集を一般現象とみることはできないが、そのような特殊例が可能になるほどに地主への従属性が強くなっていることを示す、とも解されている。[25]

その後の小作制の発展はどのように行なわれたであろうか。この問題を考えるために、ギュンターの別の論文を検討しなければならないが、それについて一見、不可解と思えることがある。それは、右の一九六五年の論文においては、前一世紀のイタリアにおける小作制の発生は奴隷制の衰退の結果である、と結論していたのに、[26] 紀元一世紀のイタリアにおける小作制についてはギュンターははるかに後退した判断を示しているからである。それは一九六九年の「コルメルラの『農事誌』における小作人と奴隷」[27]である。

この論文の冒頭でギュンターは、奴隷と小作人の関係の問題が今日なお活発な議論の対象となっている状況について言及し、とくにかつてのロストフツェフの推定、すなわち、紀元一世紀においては農業労働力の顕著な不足が小作制の発展の主要原因であったとはいまだ語りえない、とする推定[28]が最近のマルクス主義の歴史家の研究によって確認されている、ということを重視し、後者の例として、シュタエルマンの『ローマ帝国西部における奴隷所有者制の危機』[29]をとり上げ、彼女が奴隷の労働生産性の下降を原因とする労働力不足は二世紀より以前に溯らせていないことを指摘する。

シュタエルマンのこの判断は、言うまでもなく、奴隷制が高い生産性と収益性を可能ならしめている間は、すなわち生産力と生産関係との矛盾が現われないかぎりは、奴隷制より高い生産性と収益性とを可能ならしめる小作制が、奴隷制に代わって重要性を獲得するはずはない、奴隷制の最盛期に小作制が擡頭するとは考えられない、とする彼女の基本的な立場から見て当然の主張なのである。ギュンターが一九六九年に至って、一九六五年の論文とは矛盾する(と思える)論旨を展開するのは、その意味では「不可解」ではない。この立場に立ってギュンターは、コルメルラにおける各種労働力に対して用いられた用語の正確な意味を論定することによって、一世紀の小作制の重要性について推定を下そうというのである。かれの論ずるところはおよそ次の如くである。

コルメルラの叙べる所領には、日傭い(mercenarii[I praef., 9, praef., 12])と並んでとくに奴隷が存在し、小作人はより少ない。他に、所領の周辺部には小農民がウィルラ所有者に従属関係に立って働いている。I praef., 17で「農村のプレブス」(plebs rustica)と呼ばれているのは、すべての自由人労働力であると思われるが、同じ個所に看視される立場にある「コロヌスの作業」(opera colonorum)と言われている「コロヌス」は小作人ではありえない。なぜなら、"opera colonorum"の看視が所領主の関心をひくようになるのは、生産物地代が始まって以後のことであるのに、イタリアで生産物地代が始まるのは二世紀への境い目であり、コルメルラの時代にはまだそれは存在していなかったからである。(30) コルメルラは、所領主の住居より遠隔地にある農地でこそ小作人を使えと推奨しているのである(I, 7, 6)から、それ以外の個所に「コロヌス」と出てくる時には慎重に判断すべきで、右の"opera colonorum"のコロヌスは、むしろ所領の全農業労働力を意味していると解すべきであろう。

いっぽう、I 3, 2で、不健康な土地では収穫物だけでなく「コロヌスの生活」(vita colonorum)も不安定だ、と言っている時の「コロヌス」はおそらく小作人であろう。なぜなら、コルメルラは遠隔地と並んで不健康な土地では、奴隷より小作人を使うべきだと考えている(I 7, 4)からである。

しかしこのほかでは、小作人と解されがちな個所で注意を要するところが多い。I 6, 19 ff. においてコルメルラは、農場の館(villa rustica)にある「ルスティキ」(百姓、rustici)のための浴室(balineum)が休日に限って「家の子」(奴隷、ファミリア、familia)の用にも供される、と述べているが、この「ルスティキ」は小作人ではない。なぜなら、この当時小作人は所領の外に自己の農地をもち、そこで自分の体を洗うことができたからである。(31) したがって、この「ルスティキ」は、所領内のウィルラの近くに住む農業労働者(日傭い)を指すものであろう。つづいて、I 6, 21 に、ウィルラの近くに将来のコロヌスの増加に応えられるほどのパン焼きかまど(furnus)と粉挽き場(pistrinum)を設置すべしと述べている個所のコロヌスは、直前の「ルスティキ」と同じものを指すはずで、それは農業労働者(日傭い)であろう。

これらに対して、I 7, 1-7 に現われるコロヌスは疑いなく小作人である。そこでは以下のように言われる。地主はコロヌスを友好的に扱うべきである。地主は、小作料の規則正しい支払いよりも、かれらの労働の質の方により多くの注意を払うべきである。なぜなら、土地が勤勉に耕されているなら、それは益こそもたらせ、害になることはなく、したがって、コロヌスは滞納小作料の減免を要求することはないから(以上、I 7, 1)。地主はまた、頑固に契約書のこまかい文面に固執すべきではない。些末な付加的な要求をすることを、地主は我慢すべきである。それは地主にはたいして苦痛ではないが、「ルスティキ」には出費というよりもむしろ煩わしさをもたらす(以上、I 7, 2)。ここに記されている「ルスティキ」はこの個所の主題である小作人であるが、「コロヌス」の同語反覆を避けたものであろう。

つづけてコルメルラは言う。農地で生まれ育ったコロヌスは最良であり、自分の奴隷(familia)を通して耕地を経営させる「都市のコロヌス」(urbanus colonus)はよくない(I, 7, 3)。そのようなコロヌスから地主が手に入れるものは小作料ではなく訴訟である(I, 7, 4)。不健康な気候とか肥沃度の低さのために荒地となっている土地でのみ小作人を使うべきである(I, 7, 4)。あるいはまた、耕地が地主の住居から非常に隔たっているため、地主の奴隷に対する間断のない、あるいは突然の監督が不可能であるような場合にのみ小作人を使うべきである(I,7, 6–7)。もちろん、地主の直営的活動が、よい収穫をあげるための最良の前提である(I 7, 5)。奴隷制経済は、地主が中小経営においてたえず目を離さずに監督できる場合にはとくに、小作制よりも有利である。ことに葡萄園等、果樹栽培においてはむしろ奴隷(縛られた奴隷でもよい)を使うべきで、これに反して穀畠では小作人の方が有利である(I 7, 6)。

続く諸巻では、「アグリコラ」(農民、agricola)、「コロヌス」「ルスティクス」がしばしば交換可能な用語として現われる。かれは葡萄園では奴隷が働くことを強調している(I 7, 6; I 9, 4)から、葡萄園でコロヌスが現われる時は、一般的に「アグリコラ」または奴隷である可能性が強い。小作人が実際に葡萄園で働いているばあい、かれらは怠け者で失格視されている(Ⅲ 7, 3)。

このほか、コルメルラでは、奴隷・牡牛・牝牛がいずれも作業者(operarii)と呼ばれており、奴隷も一目では奴隷と分からない呼称でよばれ、「アグリコラ」とさえ呼ばれている(XI 1, 6)。XI 1, 13–14は監督奴隷(vilicus)がかくあるべし、かくすべし、ということが論ぜられる個所であるが、その中で、「コロヌス」が夜明けとともに労働を開始し、怠けないようにさせることが最も重要だ、と言われる。この監督奴隷の下に立つ「コロヌス」は小作人ではありえない。なぜならこの当時、小作人はまだ自由で富裕な農民であり、小作人の債務化とその結果としての地主への経済的・人格的束縛は、コルメルラで見るかぎり端緒にすぎず、それは小プリーニウスの時代になって重大化するものだからである。[32] 小作人が「家の子」(familia)に編入されるのも、二―三世紀の境い目になってからである。[33] それゆえここの「コロヌス」は奴隷を指している。いっぽう、「百姓」(rustici)が奴隷を指していることもある。XI 1, 18 f. がそれで、ここでは監督奴隷が、奴隷群(familia)を耕作から連れ帰った時に奴隷たちに対してしなければならない配慮が語られているが、その中に突然「百姓」(rustici)が現われてくるのである。これは文脈上、明瞭に奴隷を意味している。

以上のような分析をふまえて、ギュンターは次のように結論する。コルメルラにおいて農業労働力をあらわす用語は、けっして一般に思われているほどに明確ではない。コロヌス(colonus)は、アグリコラ(agricola)、ルスティクス(rusticus)と同義語でありうるし、時には奴隷(servus)と同義語ですらある。ルスティクスは、日傭い(mercenarii)、コロヌス、アグリコラを指しうるし、二、三の個所では、奴隷をも意味することもありうる。コロヌスは散発的な用例でのみ小作農民を指すのであって、むしろ一般には、自由な農業労働力全般(もとより小作農民も含む)を指す。このような曖昧な用語法は、小作人の社会層がまだ形成されていないことを物語っている。奴隷制は、ユリウス＝クラウディウス朝時代のイタリア農業において、まだけっして消滅しつつあるのではない。なるほど、小作農民としてのコロヌスは、スパルタクス反乱の終結いらい存在していた。しかし、小作制はその未来をまだ先に持っていた。以上のようなギュンターの論文は、一世紀半ばごろのイタリア農業における小作制の重要性を否定し、奴隷制の重要性がまだ存続していることを主張するものとなっているが、右の紹介の過程で指摘した論証上の疑問のほかに、この論文の論証全体の大前提を問題とする必要があるかもしれない。というのは、この論文は、コルメルラにおける農業労働者の呼称のことばに惑わされてはいけないことを教える点で有益であるが、果たして、用語法が確立し固定化しなければ社会層として確立したとはみなされないのか、という疑問には答えてはいないからである。もし、用語法が確立しなければ社会層として確立したとはみなされない、というのならば、ギュンターの論証からは、農民も奴隷も、社会層としては確認されない、ということになりかねないであろう。前一世紀においてすでに地主に対して経済的従属に陥っていたと推定された小作人が、紀元一世紀になって、まだ社会層としては確認されないと言い切るためには、さらに別の史料的確認がなされなければなるまい。そのような別の史料による検討を行ない、ギュンターとは異なった結論を導き出したものとして、ブロックマイヤーの一九七一年の論文をあげることができる。

それは「共和政期およびアウグストゥス時代のローマ法学者におけるコロヌスの地位(コロナート)[34]」と題されている。この論文の冒頭でまず、今のギュンターの論文にもかかわらず、コルメルラ(I, 7)から、小作制がすでに広く普及していたことは明らかである、と断定し、問題はこの時期の小作人の法的地位如何であって、通説でいうように、果たしてこの時期の小作人はまだ独立で多くは有力な農民であったかどうかを、共和政末期およびアウグストゥス時代の法学者の僅かな断片から確かめよう、と問題を設定する。さらに、この問題追究にさいして根底となるべきこの時期の法学者のテクストが直接的な形では伝わらず、二つないしは三つの屈折(引用あるいはパラフレーズ)を経ていること、さらには、引用あるいはパラフレーズによって今日に伝えられているテクストの残存そのものが偶然的なものであること(平均的なバランスのとれた残存ではないこと)、などの方法的な困難を指摘し、研究結果はけっして厳密で正確な全体像を提示しえないことを注意した上でブロックマイヤーはおよそ次のように論ずる。

ウルピアーヌスの言及によると、Scaevola と並ぶ共和政期のもっとも重要な法学者セルウィウス(Servius, Sulpicius Rufus)は、家屋または土地が売却されたばあい、以前の所有者との間で結ばれた賃貸借契約は無条件に失効するのではなく、一般には購入者はその契約をひきつぐのであり、売買契約にその種の明文が含まれていれば、新所有者がそれに違反したばあい、売買契約にもとづいて訴訟できる、という意見であった(D. XIX 1, 13, 30)。つまり、コロヌスおよび家屋賃借人(inquilinus)は、地主または家主が変わった場合でも、新所有者の恣意に委ねられるのではなかった。反対に、新所有者(購入者)の賃借人に対する諸権利も次のように守られた。すなわち、同じくウルピアーヌス引用するところのトゥベロ(Q. Aelius Tubero. キケロの同時代人)によると、購入者は、コロヌスによってなんらかの損害がもたらされたばあい、売却者(旧所有者)がコロヌスと結んだ賃貸契約にもとづいて(ex locato)、コロヌスにたいして損害賠償の請求訴訟をするように、売却者に強制できる、とした(D. XIX 1, 13, 30)。しかし、このような損害賠償訴訟が可能であるのは、コロヌスの責任で損害が生じた場合だけで、セルウィウスは、嵐、洪水、敵の侵入など不可抗力による損害の場合には、賃貸人がコロヌスに保障すべし、と考えた(D. XIX 2, 15, 2)。セルウィウスの弟子アルフェーヌス(P. Alfenus Varus)は、より一般的に、コロヌスはウィルラを不可抗力の場合以外はもとの完全な形で(incorruptam)返却すべきことを述べ、また、コロヌスは自分の奴隷が働いた加害に対して責任をとるべし、とした(D. XIX 2, 30, 4)。セルウィウスはさらに、地主の義務について述べ、地主は賃借人(conductor)が用益可能なように土地を提供すべきであり、また、不可抗力で播種が失われた場合には、地代を無理に徴収して賃借人の損害を倍加しないようにすべきだ、と述べた(D. XIX 2, 15, 2)。

以上の考察から明らかになるように、本来の経済的リスクは地主が負うのであり、小作人は自分に責任のある不良耕作の場合にのみ損害を引き受ける、とされている。セルウィウスによって代表されるこの原則は、しかし小プリーニウスの時代にはもはや拘束力ある法とはみなされていなかった。かれは、継続的な不作のために小作料の減免を余儀なくされたが、かれはその減免を明らかに自己の好意に発するものと見ており(Ep., X 8, 5)、セルウィウス原則のようにそれを法的義務とは見ていなかったからである。コルメルラも(I 7, 1)、小プリーニウスと同様であった。

このセルウィウス原則は、二―三世紀のパピニアーヌスによって、減免された小作料は豊作年がくれば返還請求されうる、というように制限された(D. XIX 2, 15, 4)。二世紀半ばのガイウスは、不可抗力の場合の減免は、定額貨幣地代のコロヌスにのみ認められる、とした(D. XIX 2, 25, 6)。なお、賃借人は、よほどやむをえない事情のないかぎり所有者によって修繕労働にかり出さるべきではないとするセルウィウス見解(D. XIX 2, 35 pr.)は、直接には共同住宅(インスラエ〔insulae〕)の賃貸借にかんするものだが、土地賃貸借でも同様であったであろう。

次に、主人から一片の土地を特有財産(ペクリウム〔peculium〕)として与えられ小作人と同様にそれを耕作し、貢納を主人に納める奴隷を指す、いわゆる「小作人的奴隷」(servus quasi colonus)については、前一世紀末のアルフェーヌス(Alfenus)にそのような奴隷にかんする言及があり(D. XV 3, 16)、かれらが農業用具の一部(牛)をも主人から提供されていたこともわかる。また小作人的奴隷が土地を生産物地代で借り、それを貨幣で代納したことも、アルフェーヌスによって言及される[35](D. XL 7, 14)。この小作人的奴隷の法的地位、とくにそれが所領付属財産(instrumentum fundi)に含まれるか否かについては、法学者の議論は分かれた。所領付属財産に含まれるものは、アルフェーヌスによれば、無主物のみであり(D. XXXIII 7, 12, 2)、一世紀初頭のラベオ(Labeo)によれば、一般の奴隷はすべて含まれるが小作人的奴隷は含まれず、したがって所領付属財産の一部として遺贈されない、というのであったが(D. XXXIII 7, 12, 3. 以上二つはウルピアーヌスの引用による)、三世紀のパウルス(Paulus)によると、土地はコロヌスなしには売却しえないということであったから、一般のコロヌスも所領付属財産に含まれると考えられるに至ったわけである(Paul. Sent., III 6, 48)。ただし、同時期のウルピアーヌスは右のラベオ見解を引用しているから、一般のコロヌスも含まれないと考えられたわけである。

以上のような、小作人的奴隷にかんする多くの議論の存在自体が、小作人的奴隷の多数存在を示すものである。そしてそれは、集約的・分業的奴隷制大経営が漸次に解体し、所領の細分化にもとづく小経営に移行しつつあることを示す。しかし、奴隷の集団労働でなく、その個別労働にもとづく小土地経営の導入が、経済的に収益性をもつものであったか否かは、後段でふれられるコロヌスの債務化の早期発生から考えると疑わしい、とブロックマイヤーは主張する。

次に、地主とコロヌスの関係については、ラベオ(M. Antistius Labeo, 50〜20 B. C.–A. D. 22 以

前、パウルスと一世紀半ばのヤウォレーヌス〔Javolenus〕の引用を介して伝えられる）の断片から次の点が明らかになる。

（1）　用益権者は地主が農地に来ることを禁じうるが、コロヌスと奴隷（familia）が耕作のために来ることを禁じえない（D. Ⅶ 8, 10, 4）。

（2）　コロヌスの相続人は、自らコロヌスでなくとも、父（被相続人）と地主との間の賃貸借関係に入る（D. XIX 2, 60, 1）。これは、相続人に対する義務づけであるか、拒否可能な選択であったのか明らかではないが、ここには、一般には五年（lustrum）間隔であった賃貸借を世襲化しようとする傾向、あるいは相手方の死によって自然消滅させまいとする傾向が見られる。すでにセルウィウスは新地主がコロヌスと旧地主との間の契約をひきつぐことを語り、のちのコルメルラ（I 7, 3）もその農地生まれの小作人を最良とした。

（3）　コロヌスは、かれから収穫物を盗んだ人を自ら訴える権利をもたず、地主が返還請求訴訟（condictio）によって盗品を取り戻すのをまたねばならない。ただし、賃貸借契約にもとづいて、コロヌスは地主にこの訴訟を起こすことを強制できる（D. XIX 2, 60, 5）。のちにケルスス（ハドリアーヌス帝時代）は、コロヌスに訴訟を起こす権利を認める解釈を開いたが（D. XLVII 2, 14, 2）、コロヌスにこの訴訟の権利がないかぎり、かれらの独立の法的地位は制限をうけている。

（4）　コロヌスが第三者によって農地から追い出された時には、地主が「暴力による占有侵奪に関する特示命令」(interdictum unde vi)にもとづいて訴訟を起こす(D. XLIII 16, 20)。つまり占有回復のための訴訟権は地主にのみあった。

(5) コロヌスが、地主の知らないとき仕事中に隣地の水道を壊したばあい、地主が復旧の義務を負う(D. XXXIX 3, 5)。つまり、地主は小作人の法的保護だけでなく、その落度にも責任をもっていたのである。地主は、小作地に関連するあらゆる事柄にかんして、ポジティヴにもネガティヴにも、小作人の法的代理人であった。地主は、コロヌスの人格の代理人ではなかったが、土地の代理人であり、そのことがコロヌスをまきこむことになったのである。そのことは、小作人の人格的自由と独立のある程度の制限を意味し、小作人の農業経営に対してだけでなく、その生活態度に対しても、地主は少なくともゆるい監督を行なうようになったのである。

(6) 小作料の支払いまでは、小作人が小作地に持ち込んだ物(奴隷や道具)は担保とされる。さもなければ保証人を立てなければならない(D. XX 6, 14)。つまり、賃貸借契約に約定されている義務の正確な遂行のために、地主が担保あるいは保証人を求めたわけであるが、このことは、小作料の滞納と小作人の債務化の危険があったことを物語っている。滞納小作料(reliqua colonorum)も遺贈されると述べるヤウォレーヌスの所言(D. XXXIV 3, 17)がラベォに溯るものなら、滞納小作料はすでに帝政期の初めに現実的問題となっていたことになる。地主は、小作契約にもとづいて自己の利益を守ることができた。コロヌスは、小作料の減免についてある程度の要求権をもっていたが、それでも、かれらはしばしば滞納に陥ったのであろう。コルメルラも小作人の負債と滞納について語り(I 7, 2)、小プリーニウスもそれが理由で分益小作に移行した(Ep., IX 37; III 19, 6; X 8, 5)。スカエウォラ(Scaevola, 二世紀末)に至ると、コロヌスの負債は抵当・相続・売却の対象になるとされ(D. XXXIII 7, 20)、三世紀のパウルスは滞納小作料に対する利息を語っている(D. XIX 2, 54 pr.)ように、滞納小作料は所領付属財産に含まれるようになった。つまり、小作制は、その発展の当初において、とくに収益性の高くはない経営形態であったことが、ここから明らかである。

以上のような法学者のテクストの検討と解釈をふまえて、ブロックマイヤーは次のような全体的な展望を行なう。すなわち、共和政末とアウグストゥスの時代においてすでに、小作人の活動と地位についての法律的議論を必要とするほどに、小作人は多数に存在していた。小作人的奴隷がたびたび言及されていることも、小作制の普及を物語っている。法学者の見解は、この時代の小作人は法的には完全に自由な人間であり、双務的な賃貸借契約(locatio-conductio)によって賃貸借関係にはいったのであって、地主またはその相続人といえども勝手にその賃貸借関係を破棄することができなかった、ということを示している。賃貸借関係は、理論的にはともかく実際的には変更されない形で相続されえたほどに、小作人は大幅に保護されていた。このような相続のされ方に、小作人にも地主にも、小作関係の世襲化を目指す傾向があったことが現われている。このような世襲化が、やがて、コロヌスの土地への法的な束縛に先立つ事実上の束縛に導くのである。

地主は、小作人が耕地から収益を得ることができるような仕方で小作人に耕地を提供しなければならなかった。このように、地主の所有権と所有者としての義務を強調することは、事情によっては小作人に有利に作用することもあったが、しかし法的には、小作人に非常に不利をもたらすものであった。というのは、少なくともラベオ以来、地主は小作地に関連する問題においては小作人の法的代理人であったのであり、このことは、小作人の地主への法的従属を結果したにとどまらなかったからである。こうした法的状態が、ラベオ以前いつごろまで溯るかは不明である。

ラベオの見解の中にはこれらのほかさらに、小作料滞納のゆえの恒久的債務化という、自由な小作制の発展にとってはやがてとくに悪い影響を与える現象も現われている。小作人は、収益性の高くない経営のゆえに、しだいに強く地主への経済的・社会的従属に落ち込んだ。そしてこのことが、帝政後期の「従属的コロナート」制の発展に大きく作用した。この傾向が、ラベオの時代に始まったものか、それ以前に溯るものか、確定しえない。しかし、帝政初期にこの傾向が存在し、後代の発展の始まりとなったことは確かである。

それゆえ、これらの法学者の見解および同時期の他の史料から、ローマのコロナートゥスの起源は、ロストフツェフの考えたように、(36) ヘレニズム時代の小アジアとエジプトに求めらるべきでなく――もちろんそれらの影響も疑いないが――、むしろイタリア自体に存在する、と言うべきだ、とブロックマイヤーは結論する。

以上のようなブロックマイヤーの研究は、共和政末と帝政初期のイタリアにすでに小作人が多数存在していたこと、しかしこの発生期においてすでにかれらは地主への経済的・社会的従属に陥りつつあったことを、かなり説得的に論証した。もとより、ブロックマイヤー自身が認めるように、法学者のテクストの残存状態・残存径路の点で、かれの研究はけっして確実な全体像を与えるものではないが、コルメルラの用語だけからする疑問の多いギュンターの研究よりも、全体像に近い認識を与えているように思われる。いうまでもなくここには、奴隷制と小作制を生産性と収益性の点で比較検討する研究が行なわれているのではない。しかしながら、まだ確実に奴隷制の最盛期である時期に、けっして収益性が高いとは見えない小作制が出現している、ということは、この研究によって明示されている、と言えるであろう。

しかしながら、ブロックマイヤーのこうした認識がただちに一般に認められたわけではない。他方において、奴隷の労働生産性のまだ高かった一世紀の間は小作制は重要なものとしては擡頭せず、奴隷の労働生産性と奴隷制経営の収益性が低下したときに、より高い収益性を与える小作制経営が現われた、とするシュタエルマンやギュンターらの立場はその後も無視できない研究を生み出している。ここでは、ヘルトの一九七一年の論文、「二世紀末と三世紀初におけるローマの小作制」[37]と、一九七三年の「二世紀末と三世紀前半におけるローマ帝国の小作制の進歩的発展の終焉」[38]とについて、短くふれておきたい。この両論文はほとんど同趣旨で、前者は後者の梗概とも見ることができる。それは、三世紀初めの小作制の拡大を経済全般の危機的傾向から説明するとともに、国家と経済の危機によって小作制が如何に変じたかを説明しよう、という趣旨である。ヘルトによれば、二世紀前半の小作人は自由人で、奴隷より収益性の高い労働力であったが、二世紀末から三世紀の間に地主にしだいに隷属化し、古典古代的生産様式の一般的危機の直接的影響をうけて、その進歩的局面(すなわち、いっそうの生産力の発展を可能ならしめる生産関係であること)を終えた。このため、小作人は封建的生産者に発展することができなかった。四世紀における小作人の農地への縛りつけは、この発展の法的承認である。つまり、初めは進歩的であった小作制が進歩的でなくなった、その変化はなぜ生じたか、というのがヘルトの問題の設定であって、発生期の小作制は生産性と収益性の高い進歩的な生産様式であった、ということを前提にしている。

では、この変化を導き出したとされる古典古代的生産様式の一般的危機とはなにか。それは政治的・経済的領域で現われる、とされる。ヘルトは次のように論ずる。政治的領域では、蛮族に対する国境防衛戦と帝位をめぐる内戦であり、経済の領域では、集中的大所領における奴隷労働制度の非収益性、軍隊・古典古代的貧民のための非生産的支出の増大、国境戦の守勢化に伴う奴隷獲得数の減少、国家財政緊迫の結果としての貨幣改悪(Cypr., Ad Donatum, 12)、それが商業に及ぼした打撃があげられる。これら政治的・経済的危機を打開するため税搾取の増大がはかられ、税収運搬確保のため中・南部イタリア(中伊、CIL, 11, 633; 3, 1464; 11, 1146, 南伊、CIL, 14, 161; 9, 784; 9, 334)、北アフリカ(CIL, 8, 12590 ff., 8, 11174 et 11175; 8, 5351; 8, 8812)に大皇帝領が設置され、ペルティナクス帝によって、税収増のため不耕地に私的土地所有者等を誘導する政策がとられたが(Herodian, 2, 4, 6)、これらの措置は三世紀いらい私的大所領増大を促進した。集中的大所領の増大と並行して、これらの大所領では奴隷労働の収益性が低下したので奴隷労働使用は減少し、収益性のより高い自由労働を使うことが多くなった。このため農耕奴隷価格は漸次に下落した。こうした発展傾向を反映して、捕虜はもはや奴隷化されず、小作人的地位で不耕地に入植させられ、辺境軍兵士も屯田兵化された(SHA, Alex. Sev., 58, 4 f.)。三世紀初いらい皇帝たちは税収増加のため耕地拡大の政策をとったが、その仕事は奴隷には不適で、自由隷属労働使用の場は広がり、小作制は一般現象となった。皇帝たちの第一の関心事は、穀物州(とくにアフリカ)の安定と確保、輸送力の確保で、そのためにさまざまな強制的搾取政策がとられたが、その結果は、重税から逃れようとした農民や小作人から成る「盗賊」(latrones)の横行となった。

以上のヘルトの説明で注意されるところは、かれが危機の冒頭に、奴隷制の非収益性、とくに集中的大所領におけるそれを指摘してはいるものの、小作制の拡大と変化の説明を、生産力と生産関係の矛盾によって行なうことなく、三世紀初頭のローマ帝国をとりまく内外の政治状況と、それを切り抜けようとする皇帝の努力と財政政策がこの変化を導き出した、と考えていることである。そして、その変化の結果、コロヌスが如何に地主に対する社会的・経済的・法的従属に陥ったかを、

『ディゲスタ』に収録された二世紀末から三世紀前半にかけての法学者の見解から推定する部分が、ヘルトの研究の中心部であって、さきのブロックマイヤーの研究とともに、小作制の発展を明らかにする上で貴重な研究たるを失わないであろう。(39)

それはともかく、共和政末からアウグストゥス時代にかけての、いまだ奴隷制経営の優勢であった時期のイタリア農業における、小作制の発生をめぐる二つの相対立する見解をどのように処理すべきであろうか。これを考えるためには、単にイタリア農業を一体のものとして考察するにとどまらず、地域、所領の規模、作物の種別等に即した肌目のこまかい考察が必要なのである。

4 奴隷制から小作制へ

イタリアの農業を多少とも仔細に検討しようとすると、作物の種類の多様性はもとより、それらが、地形的・気候的・地質的・経済的等さまざまな条件の組み合わせに左右されて、まことに変化に富んだ姿を現わしてくる。すでにカトー、ウァルローら、ローマの農事誌家は、山地・平地・丘陵の三地形区分、湿地・乾地、風向の区別等の自然的条件をはじめ、都市市場との遠近、水陸の運輸の便の良悪、など所領の経済的立地条件について詳しく立ち入った説明を行なっている。(40) イタリアの「農業」そのものも、(41) 今日の通念より広いが、農牧畜にかぎって言えば、播種作物と植木作物との混栽、夏の高地放牧と平地での越冬を組み合わせた大規模な牧畜、この二つが柱となる。前者は中部イタリアに、後者は南部イタリアにとくに盛んである。このほか贅沢で高価な食品としてのさまざまな禽鳥類・魚介類の養殖を含むパスティオ＝ヴィルラティカ(pastio villatica)がきわめて重要な種別を形作り、菜園は広く普及し生産性も高い。

農業に影響の大きい要因としての気候・風土の点では、ポー川流域地方以北の北イタリアはむしろ中央ヨーロッパ的であり、中・南伊が冬を雨季とする地中海性気候であって、降雨量は北西より南東に下るにつれてはっきりと減少する。全体として地形の高低の変化に富み、南東部アプーリアのタヴォリエーレ平野を除いては低地は少なく、こんにち五分の四は山地と分類されている。家畜類も北部と他地方とは異なり、一九五〇年の統計によると、畜牛の三分の二は北部に、羊の三分の二と山羊の四分の三は南部にある。降雨は、冬季に地中海北西部より東に移動する温帯性低気圧によってもたらされるため、西海岸の方が東海岸よりもはるかに降雨量が多い。中央のアペニン山脈は多くの支脈を派生させ、海に至るまでなだらかな起伏を繰り返しているので、その間に耕地が生まれる。山の緩斜面をかなり高いところまで地質学上の第三紀層が広がっているところが多いので、高地まで耕作可能であり、同じ地方で亜熱帯植物と温帯植物の栽培が可能となっている。このほか、火山灰地は葡萄に適し、カンパニア・エトルリア・ラティウムの大部分の肥沃さは火山灰に起源をもっている。その他、土壌には石灰岩・砂岩・粘土が含まれ、石灰岩は土壌の酸性化を防いでいる。

これらの気候風土・地形・地質・経済の諸条件の働き方によって、各地方の農業作物が選択された。狭い平地は穀物に、丘陵斜面は葡萄・果樹に、海岸の平地は牧草地とされて畜牛に、山地は木材と夏の放牧に使われた。峡谷部の肥沃な土地では小麦・亜麻・野菜が、やせた土地は豆類が栽培された。海岸と山地の間に第三紀層が分布しているところでは、穀物とオリーヴおよび果樹とを効果的に組み合わすことができた。そこでは、果樹の列の間に穀物を作付けするため列の間隔を広く取り、そのため二年ごとの果樹の面積当たり収穫量は下がらざるをえなかったが、年々の穀物の収穫によって十二分に補われた。しかしこの方法は大規模な穀物耕作の発達を妨げた。後に発達するアプーリアその他の南部の穀物生産ラティフンディアは、古い方法への復帰である。共和政末から帝政初期にかけての時期は、それぞれ適合した土地での集約的農業の発展の頂点となり、大規模な牧畜経営は南部のいくつかの地域で優勢となるが、しかしこれらのプランテーション、牧場経営が支配的であるのは地域的に限られ、他は古い諸形態が並存した。属州からの穀物がイタリアの穀物生産から市場を奪ったとするのは誤りで、共和政末においてシチリアの穀物は首都と軍隊を賄うに足るだけであり、サルディニア・エジプト・アフリカの穀物は軍隊の需要増と穀物受給者への分配にあてられたのであって、イタリア産の穀物はそれ以外の住民すべてによって消費されたのである。(42)

以上のようなイタリア農業全体の中で、地域ごとにどのような規模の所領がどのような形態の経営によって運営されていたか、という問題を追究しなければならないのであるが、これはけっして容易な課題ではない。前節はじめに引用した一九六五年のギュンターの論文(43)は、単に共和政末の小作人の発生を史料的に跡づけるというだけではなく、実は、地域ごとの所領構造の差によって小作制の発生と、発生した小作制の型とを説明しようとするものであった。ギュンターによれば、キケロに現われるコロヌスは、アルフェーヌスによって語られる(D. XIX 2, 30, 4)自己の奴隷を使うコロヌスと同様に、大小作人であると思われるが、これは中・南伊の分散的大土地所有で発生した型であり、他方、サルルスティウス(Cat., 59, 3)・カエサル(de bello civ., 1, 34, 2)に現われる小小作人は、エトルリアの集中的大土地所有で発生した型だ、というのである。

イタリアにおける土地所有の集中には二つの異なった型があったことは、こんにち知られている。すなわち一個所に集中した大所領と、同一地方あるいは諸地方に分散した中小所領を集積した大土地所有とであって、[44]前者、すなわち集中的大所領は経済的・実際的に不利であるという認識がコルメルラ(I 3, 12)や大プリーニウス(Hist. Hat., XVIII 35)によって表明されてはいたが、一個所に続いた土地を買い集めることは「美しい」という小プリーニウスの率直なことばにあるように(Ep., III 19, 2)、集中的大所領への傾向はつねに存在した。しかし、隣地を買えるということは一般的には稀な幸運であり、土地以外で大儲けした金で集中的大所領を買うというタリウス＝ルーフス(Tarius Rufus, Pl., H. N., XVIII 37)のような例も、そうざらにあったわけではあるまい。より一般的には、相続・結婚・購入などで、諸地域に分散した中・小所領が一人の手に集中してゆくという経過をとったはずである。

そのような具体的な好例は小プリーニウスであり、かれは、現金を除けば、少なくとも六軒の邸宅、故郷コームムに父母から相続した所領のほか数所領、ウンブリアとエトルリアの境にあるティフェルヌム＝ティベリーヌムにはおそらく大プリーニウスから相続した大きなウィルラ、オスティアの近くのラウレンティーヌムに一ウィルラを所有し、ティフェルヌム＝ティベリーヌム所領の隣地を購入することを考慮しているのである。(45)

これらの一人の手に集中された大所領は、当然に、自家消費用の生産だけを行なったのではなく、不在地主である所有者の政治的・社交的活動を支えるための経済的基盤を提供するものであったのだから、商業的作物の生産を行なったのであり、葡萄・オリーヴ等の果樹栽培プランテーション、牧畜経営・パスティオ＝ウィルラティカ経営等を組み合わせた所領経済が発達した。それは多く奴隷労働に、とくに鎖に縛られた奴隷労働に依存した。大所領と奴隷(ことに鎖に縛られた)労働の結びつきは、大プリーニウスがかれの時代に特徴的と見なし、しかも希望なき者のなす労働を農業に使用することは経済的に不利だという考えで、これに警告を与えたものであった(H. N., XVIII 21; 35–36)。

以上のように、土地所有の集中に二つの型があることはこんにち知られているが、ギュンターはこれを地域的な傾向として次のように捉えようとする。(46) すなわち、ポー流域以北では中土地所有が優勢で、農業における奴隷労働はあまり普及せず、エトルリアでは少なくとも前二世紀いらい、奴隷労働を使用した大土地所有が存在し、[47] 中部イタリアでは大土地所有は分散的であり、中・南部ではスルラ、ポンペイウスの退役兵の割当地があり、内乱による土地没収の影響もあって、土地集中は遅れていた。アリメンタ碑文からの推定によって、北部のウェレイアおよびプラケンティア(CIL, XI 1147)、南部のベネウェントゥム周辺(CIL, IX 1455)では、共和政末において中小土地所有が存在したことが知られるが、後者は退役兵への土地割当の結果であった。

分散的大土地所有の経営は、従来、地主の直営、解放奴隷による経営、ウィリクス(監督奴隷)による経営などによるものであった。個々の農地(フンドゥス)の面積は大小さまざまで、五ヘクタール程度から、大土地に属するものまであったが、一つのウィルラによって経営されうるという限度をもつものであった。キケロ自身の土地所有もこの型に属し、かれのウィルラは中部イタリア(ラティウム)およびカンパニアに散在し(Arpinum, Formiae, Tusculum, Antium, Astura, Cumae, Puteoli, Pompeii)、フンドゥスの平均面積は三〇ヘクタール以下、とギュンターは推定する。キケロがその演説で「コロヌス」に言及した二つの演説のうち、一方(pro Caec.)はタルクィニ、もう一方(pro Cluent.)はファレリイ、にそれぞれ存在した土地に関するものであるが、これらはエトルリアではあってもその南部で、中小土地所有の優越する地方である。[48] このような型の個々のウィルラは、一般にウィリクスを通して行なわれたが、この型のウィルラを集積した型の大地主は、スパルタクス反乱後、おそくも史料(キケロ)にコロヌスの言及が現われる前六〇年代の政情不安な時代に、一部のウィルラを、ウィリクス経営のままでおくよりも、多少これまでよりも収益が減少しても確実で継続的で安定した収入を得る方をよしとする価値判断に立って、一つのウィルラを丸ごと一人の小作人に賃貸した。こういう小作人の方が所領の生産を高めることにウィリクスより多くの関心をもつという利点もあった。

これに対して、集中的大土地所有では事情が異なった、とギュンターは次のように考える。集中的大土地所有で小作制がとられ始めた本質的な原因は、奴隷制がそこでは利を生まなくなったからであり、奴隷、とくに同一民族出身の奴隷の大量使用は政治的に危険であることが認識されたことも加わった。つまり、大農場における奴隷の労働生産性の低下が小小作制の発生を結果したのである。なぜなら、大土地所有の一定限度以上の拡大の結果、監督奴隷のためのコスト等、非生産的出費が奴隷から搾取する余剰生産物の増加より急速に増大したからである。ということは、奴隷制の労働生産性にとって、現存の生産関係が限界となったということで、大農場での労働生産性は停滞した。奴隷制はそれに固有の生産関係の下ではそれ以上に発展できなかった。経済的刺激の基礎上に立った中小経営の方が、奴隷労働による大経営より利を上げるようになった。奴隷の労働生産性の低下は、このようにはじめ集中的大農場経営に現われたが、中小経営では奴隷労働はなお重要で、中小経営ではそれが大土地所有に駆逐(吸収)されてはじめて奴隷はコロヌスに代えられた。

以上のように論じて、ギュンターは、小作制発生の理由を単純化すべきではないことに注意を促す。すなわち、当時労働力不足はまだ現われず、小小作が大農場で発生したエトルリアでも多数の奴隷が存在していた。またあらゆる農業経営で奴隷制が利をあげなくなったのではなく、すべての地方に小作制が現われたのでもない。小小作が発生したのは集中的大土地所有においてであって、分散的大土地所有を構成する個々のウィルラでは大小作が発生し、そこでは大小作人の下で従来どおり奴隷労働が存続していた。

　ギュンターはこの論文の結論部で、前一世紀のイタリアにおける小作制の発生は、奴隷制の衰退の結果である、と述べるが、本論において繰り返し指摘しているように、それは集中的大農場経営でのことであった。集中的大農場経営において、奴隷の労働生産性の低下のゆえに奴隷労働の代わりにコロヌス労働が現われ始めたというのである。これに対して分散的大所領を構成する個々のウィルラの大小作人への賃貸は、奴隷制を存続させたままの経営の委託であって、それは奴隷の労働生産性の低下のゆえではなく、いわば所領主の価値判断の変化によるものであった、とされる。この所領主の価値判断の変化とは、第二節でふれたブロックマイヤーの言う「経営精神」の変化と同じものだと見るべきであろう。

　このように考えられるとすれば、イタリアの農業における奴隷制から小作制への漸次的移行はより高い生産性と収益性を約束する形態への移行であったのか、それともより低いそれへの移行であったのかという、先に(第2節)シュタエルマンとブロックマイヤーの見解の対立としてふれた問題は、集中的大土地所有における奴隷制経営から小作人小経営への移行についてこそ、問わるべき問題であることがわかる。ギュンターはそれを、奴隷制の衰退の結果であると言い、奴隷の労働生産性にとって現存の生産関係が限界となっていたと解さるべき諸点を指摘するが、しかし、小作人小経営の方がより高い収益性のものであったということについては、言及も証明もない。小作人の方がウィリクスより所領の生産を高めることにより大きな関心をもった、と述べられているのは、すでにふれたとおり、分散的大所領を構成する中小ウィルラについてのことであって、集中的大土地所有について言われたのではない。集中的大土地所有の地主が小作制を導入したのは、より高い収益性と生産性に道を開く生産関係への移行であったのではなく、奴隷制経営によってはしだいに先細りになってゆく収益面の不安定(奴隷制の衰退)を安定させようとする動機に発するものであった、というのが、ギュンターの論証したことの実質的意味であったということになろう。奴隷制経営の収益が先細りになり、利を生まなくなるのは、ギュンターによれば、集中的大土地所有の一定限度以上の拡大の結果であるが、これは新しい認識ではない(49)。むしろ、奴隷制の収益の後退に直面して、いわば自衛措置として小作制の導入がはかられたということ、したがってそれは「進歩的」意識に発したものではなかったこと、そのことがギュンターによって実質的に認められていることの方が注目に値いすると言うべきであろう。このような意識は、所領主の「進取の精神」の後退(キーヒレ)、「経営精神」の変化(ブロックマイヤー)、そしてギュンター自身が分散的大所領の地主について見出した価値判断の変化と、同質のものと見ることができる。

この点にかんして、ブロックマイヤーが別の一九七五年の論文で、中規模ウィルラ（villa rustica）の経営をするローマの地主がその経営においていかなる理想を追い求めたかという問題、いわばそこに現われたローマ農業のイデオロギーについて、より広汎な角度から観察を行なったこと[50]は、われわれの注意をひく。農事誌家たちを材料にして考察するこの論文によれば、かれらが villa rustica において求めた理想の第一は政治的・道徳的なものであった。lex Claudia（218 B. C.）が元老院議員に農業のみを身分にふさわしい経済活動として残した後の時期にあって、カトーは、農業からこそ勇敢で有能な兵士が生まれること、農業による収益こそ最も廉直で最も確実なものであることを述べる（praef. 4）。共和政末にウァルローは、当時の富裕なローマ人が所領経営にあまり熱を入れなくなったばかりか農業についてもほとんど知識をもっていない、という現状と戦おうとしたのであるが、これは農業の道徳的価値についての伝統的な考えを前提にしてのことであった。コルメルラに至ると、彼の同時代人が農業活動を自由人にふさわしくないと見ることが多く、そしてそのような農業の軽視がローマ人の道徳的衰退の結果であるという認識に立ち、そうした道徳的な顧慮から人びとを農業に復帰させるために、あの著作が行なわれたのであった。このように、これら三人は、土地を所有し、それを経営する者こそが真のローマ人だ、と考えているのである、とブロックマイヤーは見る。

Villa rustica の経営において求められた理想の第二は、ブロックマイヤーによれば経済的なものであった。すなわち、社会的・政治的に重要な人物はそれにふさわしい生活を送らねばならないし、またその社会的な義務を果たすためにはみずから十分な利潤を獲得しなければならない。この考えを前提にして、カトーは、かれらに許された唯一の収益部門である農業で最大限の利潤をあげ、villa rustica に投下された資本を増加させる方法について著作をしたのである。土地と労働力とを可能な限り集約的に利用すること。個々の所領(praedia)の専業化。とくに葡萄・オリーヴ栽培への集中。出費と投資の最大限の節約。できるだけ売却のための生産を行なうこと。以上の四点が彼の指針であった。これらのためにかれは、地主ができるだけしばしば所領を訪れて自分で監督をすることがとくに重要であることを指摘するのであるが、ウァルローにおいては、この地主自身による直接の監督がほとんど望むべくもない現状を前提して、地主の労が最小ですむ部門として、畜産を奨励している(コルメルラが精密な利潤率の計算を志していることは有名であるが)。コルメルラは所領の専業化、とくに葡萄栽培への集中と、それに加えて穀物耕作と畜産を補うことをすすめている。

第三の理想としてブロックマイヤーが指摘するものは、所領における生活は魅力的で十分な喜びを与えるものでなければならない、ということであった。この側面が強く現われてくるのはウァルローで、かれは利潤追求と田園生活の喜びとは両立すべきものとし(I 4, 1; I 2, 12)、都市における快適で贅沢な生活を所領においても送れるようにとする、さまざまなすすめ(たとえば所領人員を、主人の快適な生活のために奉仕する部分と、農業労働者とに分けるべきこと)が加えられる。

これらの理想に加えて、ブロックマイヤーは、かれらが農村所領での生活を都市での社会的・政治的生活遂行のための力の源泉と考えたこと、したがって所領経営がローマ市における政治的・社会的義務をなおざりにするほどの時間をかれらから奪うべきではない、と考えていたことを、第四の理想として指摘する。そして、第三・第四の理想は、しだいに強く前面に現われてくる理想であって、小プリーニウスの手紙(たとえばII 17; V 6)からそれはいっそう強く読み取られることを、ブロックマイヤーは指摘するのである。かれはこれらの考察を史料の関係から中規模の villa rustica についての議論として限定している(S. 213)が、「経済的・イデオロギー的要素が不可分の弁証法的統一を形作っている」(S. 217)こうしたローマの富裕な地主の考え方が、集中的大所領の所有者には妥当しなかったと考えることはできない。じっさい、この二つのカテゴリーの所領の所有者は、同じローマの支配層貴族であって、同じ社会心理的動機に左右されたことは不思議ではない。

小作制の発生と、発生した小作制の型を、所領構造の差によって説明しようとする試みは、一九六九年のシュタエルマンの論文「ローマ農業における奴隷と皇帝の政策」[51]によっても取り上げられた。この論文は、共和政末から帝政初期にかけてのイタリアの農業構造の変化を、所領経営の型と関連づけて明らかにするとともに、その変化がイデオロギーや皇帝の政策にいかに反映されてゆくかを究明しようとするのであるが、いまここでふれるのはその前半部である。まず彼女は、帝政期における農業の前提として、共和政末のイタリア農業を考察するが、前二・一世紀のイタリアには、プランテーション経営によるラティフンディアが主要形態だったとする通説を批判し、共和政末には農民経営と並んで次の三つの経営形態が並存した、と言う。

第一の型は、古い元老院貴族の大土地所有で、小分割されコロヌスおよびクリエンテスに小作されるもの。地主は大量の奴隷(familia)所有者であるが、所領耕作者は奴隷でなく、これらの自由だがある程度地主に従属的な住民である。ほかに、日傭い、収穫・脱穀労働者(politores)等がいる。

第二の型は、牧人奴隷をもってする大牧場経営で、所有者は大プリーニウス(H. N., XXXII 47, 2)の伝える大牧場主イシドールス[52](Isidorus)のような解放奴隷を含み、多種多様である。

第三の型は中規模ウィッラで、部分的には家内需要を充足させるが、部分的には専業化し市場向け生産を行なうものであり、したがって市場と密接に結びつき、商品貨幣関係の発達から大きな影響をうける。日傭いも使われるが、奴隷労働が優位を占め、カトーとウァッローの比較から明らかなように、奴隷労働が自由労働を抑えて増大し、生産過程と管理組織の合理化が進んだ。専業化・能率向上・協業のゆえに、ウィッラは最も進歩的な生産単位となる。分散的大所領においても個々のウィッラは独立の経営単位であった。ウァッロー時代になると、監督奴隷の増加、その訓練の向上が見られ、かれらに特権とくに特有財産(peculium)が与えられた。自ら大きな建築を企てた、キケロの兄弟の所有するウィリクス(Cic., Ad Quint., IV 4)、道具(instrumentum)と奴隷もろともウィルラ全体を賃借したウィリクス(D. XXXIII 7, 12, 3; XL 7, 14)などがその例である。しかし、一般の農耕奴隷はその地位改善の見込みなく、ペクリウム(若干の家畜)を与えられたのは牧人奴隷のみであって、解放されることも稀であった。農耕奴隷は奴隷の最下層であり、本来の被搾取階級であった。(53)

以上の三つのうち、第一と第三の所有者、すなわち、貴族的大土地所有者と奴隷制ウィルラの中流所有者との間には、シュタエルマンによれば、経済的関心の相違が生まれ、第一の型は第三の型の発展に対して障害となった。この第三の型の所有者たちが、カエサル、オクタウィアーヌスの支持者であり、後者らの勝利はかれらの勝利となったが、アウグストゥスの農地改革以後の皇帝たちの政策は第一の型の大きな部分を除去することとなり、それらは新しい上昇者の手に移ることになった。このことは結果として、一世紀前半における生産方法の統一化に道を開いた。第一の型においては、世襲的コロヌスとクリエンテス、貴族的パトローヌス相互の結びつきは断ち切られ、大地主はクリエンテスをその所領から追い出した(Horat., Odae, II 18)。(54)それは新しい搾取形態に移るためであった。日傭いの重要性は後退し、コロヌスと奴隷とは、ほとんどすべての所領で不可欠となった。コロヌスは、ホラーティウスの比較的小さな所領(Horat., Ep., I 14, 3)、コルメルラの中規模所領、セネカの大所領のいずれにも見出されるが、かれらはかつての世襲的なクリエンテスではなく、契約にもとづく自由な小作人であった。

これに対して、主要な地位を占めたものは奴隷であり、いまや奴隷所有者生産の頂点となる、として、シュタエルマンは、この時期の農業奴隷制を次のように分析する。

この時期、技術の発展がきわめて僅かであったにもかかわらず、奴隷制ウィルラにおいては、理論的・実際的経験の累積と、労働組織の完成によって、生産は進歩した。ことに、約五〇種類の農耕奴隷が存在したほどの分業の進展は、労働の質を向上させ、合目的的な労働群への分類をすすめさせ、熟練労働と補助労働との関係を合理化し、雇傭を節約し、協業を実現し、農学の新しい要請に適応することを可能ならしめた。にもかかわらず、奴隷労働そのものが生産の上昇を抑える要因となった。それは、彼女によれば、次のような理由からである。

第一に、たとえば葡萄摘み奴隷は知識と俊敏な能力を必要としたが、その能力はかれらを反抗的にし、主人もかれらを疑惑の目をもって眺め、多くは鎖につないで仕置部屋(ergastulum)に入れていた(Colum., II 9; III 3, 10, 16, 20)。第二に、奴隷労働による合理的経営は、多数の良心的・高能力の管理機構を必要としたので、監督奴隷の忠誠と献身と高知識は最大の関心事であった(Colum., I 8; XI 1)が、監督奴隷および一般の農耕奴隷の忠誠と労働への関心を高めるあらゆる試みは、結局は成功しなかった。この試みは、競争と報償の原理の導入等の道徳的手段に訴えることであったが、縛られた奴隷を使った経営は結局失敗する、という大プリーニウスの認識を生んだのであった(Pl., H. N., XVIII 4, 5; 7, 4–6; 8, 1–15)。

このような、奴隷労働が、労働生産性の向上に対して働く抑止的要因は、ラティフンディア(集中的大所領)でいっそう前面に現われる。大量の奴隷の合理的組織はそもそも達成しえなかった。例えばラティフンディアでは、収穫機や干し草作り機を使ったが、そのために穂や干し草の一部は失われ、また、葡萄園では若干の労働はやむなく不適当な季節に実行された(Pl., H. N., XVII 35, 32; XVIII 67, 10; 72, 1)。つまり、組織上の困難、および多くの奴隷を看視しなければならない必要が、所領主に、収穫を減ずるような不利な方法を強いたのであった。そして、農作業間の遊休期間を短縮するために、あらゆる副業を組織し、そこに手工業者のほか、一部の農耕奴隷を働かせようと努めた。こうしてしだいにラティフンディアは封鎖的な生産細胞と化し、市場との結びつきをゆるめていった。このほか、奴隷看視の管理要員の増大も冗費を膨脹させ(ギュンターの「非生産的出費」)、大量奴隷の集中の危険性も抑止的に働いた。これらの理由から、奴隷制ラティフンディア(集中的大所領)の盛期はきわめて短かった。

こうした難点を切り抜ける道は、シュタエルマンによると二つあった。一つは、大土地所有と小生産とをなんらかの形で結びつける方法であるが、中土地所有者はこの道を行くことができず、奴隷の労働への関心を経済的・道徳的に喚起するという、もう一つのより困難な道を行かざるをえなかった。とくに所領管理人(vilicus, actor)には比較的多くの独立性が与えられ、ウィルラの小作人になり、所領主に定額を収めた残りはペクリウムとして保持することを許された。かれらは富裕になり、自己の奴隷を持つ者も現われ、自己のペクリウムで解放される例も多かった。しかし所領主がとくに努めたのは道徳的刺激を与えることで、所領の奴隷たちは組合(collegium)を結成して団体生活を営み共同の祭祀に参加して、精神的満足を得ることが許された。所領管理人(vilicus, actor)のほか、さまざまな階層の農耕奴隷が神々に奉献した碑文や、近親のために作った墓石があり、或る者たちがかなり裕福となっていたことを示している。

このような経済的・道徳的な刺激による奴隷の労働関心の喚起とは別に、二世紀半ば以後、イタリアに新しい慣行が現われる、とシュタエルマンは指摘する。それは、所領を所領付属財産(instrumentum)とともに、売却禁止を条件に、一群の解放奴隷(libertus)に委ねる方法で、解放奴隷の集団は一つの農村共同体と見なされたわけであった。多くの碑文・法学者テクストの証言によると、解放奴隷の共同体(いま知られている最大のものは七〇人を含む)はおそらく共同責任で所領主に貢納義務を負った。解放奴隷はパトローヌスに奉仕義務(operae)を負うものであったから、これら農耕解放奴隷は収穫時に所領主直営地で労働(operae)したであろう。

以上のような考察の上で、シュタエルマンは、農村所領における労働力構成について次のようにまとめて言う。まず中小の奴隷制ウィルラでは、奴隷の状態はあまり変わらなかったが、ここでも管理人奴隷(vilicus, actor)が浮上していた。他方、ラティフンディア(集中的大所領)では、奴隷はしだいにコロヌスや解放奴隷に、あるいは多少とも独立の経営者になった。そのため住民構成はきわめて多様となった。所領主の経営で労働する奴隷、vilicus と actor。かれらは或る者は奴隷を看視し、或る者はウィルラを小作し、自らの奴隷をもつ。小地を持った解放奴隷、さまざまな前身のコロヌス、在住者(inquilinus)、容仮占有者(precaristes)、等々である。こういったさまざまな形態の新しい搾取方法をもったラティフンディアは、二―三世紀の間に、しだいに近隣地方にその影響力を拡大し、近隣の村落(pagus, vicus)をしだいに従属化する権勢家(potentiores)となった。

以上のように、シュタエルマンによれば、奴隷労働の難点を切り抜ける方法が中規模ウィルラとラティフンディアとで異なるのであるが、その差はしだいに大きくなった。ウィルラ所有者は古い方法に固執したが、かれらの、奴隷に労働関心を植えつけようとする措置は農耕奴隷に分化を生じさせた。ラティフンディアでは、自由な農民や村落(vicus, pagus)が権勢家(potentiores)に従属することによってパトロナートゥス＝クリエンテス関係が再び擡頭した。これは、若干の地域では進歩的な形態となったが、奴隷制ウィルラの高度に発達した地域では、停滞と衰退しかなかった。

要するに、奴隷制ウィルラでは奴隷労働の難点を克服する新しい搾取方法に移行することに成功しなかったが、ラティフンディアでは小作制をはじめとする従属的小経営との結合による、奴隷労働の難点の克服に成功したというのがシュタエルマンの論旨であるが、ラティフンディアと奴隷制ウィルラとを単にカテゴリー的に区別するだけでなく、両者が対立する利害をもつ、という彼女の把握は、彼女の問題の出発点が三世紀における新旧生産様式の交代を歴史的に、「奴隷制ウィルラ所有者集団」対「都市領域外大土地所有者集団」という二つの社会集団の政治的争いとして捉えようとすることにあったことに由来する、彼女独特の歪みであると見るのほかはない。(55) 奴隷制ウィラあるいは分散的大所領が、部分的にでも、集中的大土地所有とは異なった小作制に移行するとしたギュンターのような推定が彼女の構想の中に入ってこないのもそのためである。一方、ラティフンディアにおける小作制その他の小経営との結合への移行の理由は、奴隷労働の本質に内在する難点がラティフンディアでは著しく現われ生産性と収益性の減少を余儀なくさせたためである、と考えられており、これは基本的にはギュンターと同じであり、奴隷制が利を生まなくなったからというにある。そしてそのような結果をもたらした奴隷労働の難点は、彼女の場合、さきにもふれたように（第2節）、何よりも奴隷の労働関心に還元される。奴隷の労働関心は最低であり、それを補い高めるための方法が奴隷制経営の収益性を我慢ならないほどに低めたときに、小作制等の小経営との結合に移行すると考えられるのであるが、そのさい、小作制等の小経営の方が収益性と生産性が高いはずだということは彼女にあってもいわば暗黙の前提とされている。ギュンターもシュタエルマンも、小作制への移行を、所領の型との関連において追求するというきわめて有効な方法を導入しながら、奴隷制経営の収益性と生産性の鍵を奴隷の労働関心に集約して捉えるアプリオリな把握から抜け出ていないために、結果的にはダイナミックな歴史的理解に到達していない、と言うべきであろう。

ではどのように考えれば、地中海世界の歴史のこの段階における、支配共同体母地であるイタリアの農業構造におけるこの基本的変化の徴候を、歴史的・理論的に捉えることができるであろうか。シュタエルマンはさきに第三の型の特徴として、市場との密接な結びつき、商品貨幣関係の発達からの影響をあげたが、この型はもとより、大所領一般のその後の経済的変化を辿るに当たって、商品貨幣関係の要因をいれないで考察をすすめた。しかしさきにも一言ふれたように、イタリアの大所領は単に大土地所有者としての威信を高めるためだけでなく、もとより自家消費のための生産を行なうためだけでもなく、正に商業的農業のためにあったのであるから[56]、その構造的変化を考察するにさいして商品貨幣関係の要因を含めて考えなければならないのは、いわば当然ではなかろうか。

5　奴隷制所領経営と商品貨幣関係

イタリアの所領経営の商品貨幣関係との結びつきについては、前節でもふれたように、一九六九年のシュタエルマンの論文でもふれられてはいるが、そこでは奴隷制経営の衰退の原因と結びつけて論ぜられたわけではなかった。奴隷制経営の発展と衰退の要因として商品貨幣関係を取り上げる視点は、ロシア語原文が一九六四年に、ドイツ語訳が一九六九年に現われた彼女の『ローマ共和政における奴隷制経済の最盛期』[57]において、より強く前面に出ているように思われる。例えば、奴隷の供給源を扱う第一章では次のように論ぜられる。

戦争・奴隷商業・自然的再生産・自由人の奴隷化、などの中で、被征服地住民の大量奴隷化が奴隷の大量供給をしたと思われ勝ちであるが、フォルクマンの研究[58]によれば、被征服地住民の奴隷化は、総数一〇〇万人、年平均六〇〇〇人が上限であり、しかも捕虜奴隷は他の奴隷より解放される率が多く、また国有奴隷としての用途や請け戻しなどを考慮すると、この供給源は一時的・副次的にしか奴隷制の発展を促進しなかった。奴隷数増加の主要供給源はむしろ自然的再生産であった。「被征服民族から奪った富と奴隷のイタリアへの集中が、奴隷所有者的生産方法の普及と深化を刺激したものであり、奴隷所有者的生産方法を生み出し培養したものは戦争ではない。奴隷制の発展は、何よりもまず、生産諸力の発展と商品貨幣関係の発展によって条件づけられたものである[59]」と。つまり、奴隷制的所領経営を生み出したものは戦争そのものではなく、生産力と商品貨幣関係の発展があったからこそ富も奴隷もイタリアに集中したのであり、また奴隷の自然的再生産への刺激となったのだ、というのがシュタエルマンの解釈である。

シュタエルマンはこのほか、さまざまな個所で、生産における奴隷制の発展を条件づけたものとして、商品貨幣関係、市場関係の要因を指摘するのである。にもかかわらず彼女は本書においても、奴隷制的所領経営の衰退を、商品貨幣関係・市場関係から、すなわち、農業生産物の販路の減少、購買力の減退、属州生産物の競争等から説明する諸学説に賛成しないのである[60]。では、奴隷制的所領経営の衰退と商品関係とはどのように関連すると彼女は考えるのであろうか。このことをもう少し立ち入って論じているように思われるものは、一九七一年にトロフィモーヴァと共著で現わされた『初期ローマ帝国における奴隷関係(イタリア)』[61]である。ここでは、ギュンター[62]およびハイネン[63]の紹介を手がかりに、重要な論旨だけを探り出してみよう。それはおよそ次のように論ずる。

一世紀には奴隷制にもとづく生産様式はイタリアではなお発展することができた。奴隷を使用する経営に衰退の最初の徴候が現われるのは一世紀の末ごろである。この衰退は二世紀の半ば頃にはいっそう明瞭になる。このとき奴隷制の危機が始まったのである。イタリアでは奴隷制はすでにきわめて高度の発展段階に達していた。したがって、奴隷制にもとづく経済の衰退は、イタリアではたいていの属州より早く現われたのである。しかし、この奴隷制の衰退は、大規模な戦争が減少した結果の奴隷の流入の減退[64]や、高度に発達した属州の経済的競争の結果(ロストフツェフ)ではないし、また、この二世紀の危機の原因は奴隷が生産に対して持つ関心が不十分であることをその本質的根拠とするものでもない。なぜなら、二世紀の奴隷は広く普及したペクリウムによってずっと以前から生産に関心をよせていたのであり、その点でカトー時代の奴隷とは非常に異なっていたからである。危機の原因はむしろ複雑な関連にあり、なかでも商品貨幣関係の発展がとくに重要である。すなわち、帝政初期の商品貨幣関係は、生産諸力の水準と一般的な自然経済の水準にはもはや合致しないほどの段階に達していた。商品貨幣関係はいわばその基礎が支え切れないほどにまで進み、奴隷制にもとづく生産様式の中では、時代錯誤的なまでに進んだ形式にすでに発展していたのである。だからこそ明瞭に、二世紀後半と三世紀に、経済的な崩壊が現われたわけである。

商品貨幣関係の拡大と発展は奴隷制の発展の好条件として働き、そして逆にまた、奴隷制の発展そのものによって促進されたものであった。しかし同時に奴隷制は、この経済的発展にとって見えざる限界をなしていた。そしてこの限界がこえられたとき、奴隷制にもとづく経済全体には過重の負担がかかり、ますます深まる危機の時代にはいり込むのである。この危機の外面的徴候は、中小土地所有者の没落、都市の衰退、都市の家内奴隷の解放にとどまらず農耕奴隷の解放の増加、大土地所有の成長、小作制関係の拡大、自然経済の進行、都市に対する農民共同体の重要性の増大、である。社会的には、奴隷所有者的関係と結びついていた階級と社会層の崩壊の始まり、奴隷の上昇、自由人大衆の没落、農村権勢家の影響力の強化、かれらと都市貴族層との対決、である。

以上が、トロフィモーヴァとの共著にかかるシュタエルマンの近著の基本的な論旨であると思われる。二世紀末以後の危機の諸現象については、彼女の最初の大著『危機』いらいの基本的な捉え方が踏襲されているものと思われるが、奴隷制経営の衰退の原因を奴隷の労働関心の低さに求めることが否定され、奴隷の労働関心を高めるために所領主がとったさまざまな経済的・道徳的刺激が結局は成功したと考えられていることは、注目に値いする。奴隷制経営衰退の原因を商品貨幣関係との関連に求めるという別の説明に道をゆずったのである。彼女らによれば、商品貨幣関係と奴隷制的生産様式(とくにウィルラ)とは、相互に促進し合い、条件となりあって発展するが、発展の上限を押さえるものは奴隷制で、奴隷制が生産の基礎をなしているかぎり、一定限度(奴隷制が支え切れる上限)以上の商品貨幣関係の発展は、奴隷制的所領経営を衰退させ、経済全体の危機を招く、と考えられているのである。一九六四年(ロシア語原文)の『最盛期』において、シュタエルマンが商品貨幣関係の要因の重要性を指摘しながら、奴隷制の衰退の原因に、市場(販路)の要因を考えることに、強く反対したのは、このような考えがあったからであろう。

しかしながら、商品貨幣関係を、はたして市場の要因を排除して考えることが可能かどうか、という一般的な疑問のほかに、奴隷制的所領経営の衰退が始まる時期とされる一世紀末ごろにおいて、商品貨幣関係の発達は、生産の基礎をなす奴隷制が許容しうる上限をこえるほどの極度の程度にまで達していたのであろうか、ということこそ問われなければならないであろう。奴隷制経営の衰退をもたらしたものは、彼女らの考えるように、商品貨幣関係の極度の発達であったのか、そしてそれを奴隷制が支え切れなかったためであるのか、それとも逆に、彼女が批判する他の学説のように、商品貨幣関係の後退(販路の減少、購買力の減退等)が奴隷制経営を成り立たせなくしたのか、ということが問われなければならないのである。

正にこの問いに答えようとする意図をもつものが、一九七三年のプラッハナーの論文「ローマ帝国衰退にとっての、古典古代の奴隷制経済と小作人経済の意味について(マルクス主義者の研究に対する論評)」(65)である。プラッハナーはここで、自己の説を論述する手がかりとして、オイッケンに(66)

従って経済組織の型を、流通経済(Verkehrswirtschaft)と、中央管理経済(Zentralverwaltungswirtschaft)とに分ける。前者には、資本主義と、市場向け生産を行なうかぎりの古典古代奴隷制経済が、後者には、社会主義と、帝政期のラティフンディア——すなわち市場の需要にごくわずかしか考慮を払わない型——が含められる。ローマ共和政末期の二世紀間と帝政初期の二世紀間は、市場向けの経営が、高級商品を生産し各種のすぐれた資質の生産者を必要とした部門で、発達したのに対して、三世紀には都市が衰退し、都市の市場的機能が衰微し、その結果として市場向け生産が減退し、流通経済が萎縮した。ローマ帝政期の発展の間に、このように流通経済から中央管理経済への移行をもたらしたものは何であったか、とプラッハナーは問題を立てるのである。

かれは、この移行をもたらしたものを奴隷労働の生産性の下降に見ることは困難である、とし、ブロックマイヤーが強調した所領主の経営精神の変化、価値観の変化に注意を払うべきことを認めた上で、さらにそれ以上にかれは、このような心理的要因だけでなく、本来の経済的要因に注目すべきことを強調する。かれによると、市場経済の収益に決定的な影響のあるものは、輸送手段の発展度とその費用であって、陸路より低廉な水路に近い所領の販売機会は、水路より遠い所領のそれより大であるから、所領が水路から遠ざかり、内陸にゆくほど流通経済から遠ざからざるをえない傾向をもつことはすべての時代に妥当する。これが、かれが指摘する第一の要因である。

第二にプラッハナーがいっそう重視することは、市場の収容力(Aufnahmefähigkeit der Märkte)

である。かれによれば、市場の収容力を決定するものは、分業の進展度と、非生産的住民層の割合であるが、帝政期の発展は購買消費社会へとは反対の方向に、すなわち非生産的住民層の割合を減少させる方向に進んだ。皇帝の農地政策・農民政策は不耕地に生産者を誘致する努力をしたし、市場から離れた農地をもった私的土地所有者も、それを小作制で経営し少なくとも規則的に流入する地代を得ようと努めた。その結果としておそらく都市と都市領域の人口は相対的に減少したであろうし、また、都市上層には子供が少なく、伝染病や蛮族侵入、内戦も同じく人口減少の効果を生み、かつては大消費者であったデクリオーネスが貧困化したことも消費能力の減退に働いた。これらの要因がすべて合して市場収容力の低下を結果し、それが、流通経済的に方向づけられた所領の繁栄に直接的影響を与えた。

低廉な交通手段(水路)からの遠隔化、ならびに、とくに市場収容力の低下、によって影響をうけるものは、流通経済的に方向づけられた所領であったが、それは正に奴隷が使われていた生産部門に集中していた所領であった。奴隷は農業では、おそくも前二世紀いらい主として、資本集約的な部門、すなわち葡萄・オリーヴ・野菜栽培、やがては奢侈食品としてのパスティオ＝ウィルラティカ(pastio villatica)を生産する経営で使われた。これに対して、穀畠ではむしろクリエンテス、債務者(obaerati)、コロヌス、日傭いが使われたのである。したがって、プラッハナーの強調するところでは、奴隷制経営の危機と小作制の普及とは、大体において二つの異なった生産部門で進行したのであり、それゆえ、奴隷労働が小作人労働へと代わった、というのではなく、おもに奴隷労働にもとづく生産部門の繁栄は一世紀の間に終わり、その部門の商品への需要が存在する程度にだけ続けられた、というべきである。他面において、小作制はまず、市場生産の繁栄する前提の欠如するところで広がった。したがって、もと奴隷制経営が行なわれたところでも、市場関係の変化と収縮のため奴隷制経営が維持されえず真先にその影響をうけた中小の奴隷制経営の所有者が小農民や小作人になったところでは、小作制が広がった。この変化の影響を最も早く受けたのがイタリアであり、イタリア農業の穀物生産への後退は、農業構造を変化させた。主として奴隷労働によって行なわれた高価商品の生産は、主として自家消費のための農業、交換用商品生産は少ししか行なわない低い段階の農業に変じたのである。

以上のようなプラッハナーの研究が、奴隷制的所領経営と商品貨幣関係との関連の問題に対して与えている答えは、次のように言いかえることができるであろう。商品貨幣関係を発達させる諸条件、なかでも強力な市場収容力が輸送可能性の限界内にあるとき、商業的作物への需要が高まるが、この時期のイタリア農業の諸条件のもとにあっては、商業的作物は大衆需要に応ずる葡萄(酒)・オリーヴ(油)・野菜と、高級需要に応ずるパスティオ＝ウィルラティカであり、いずれも奴隷労働の組織化の上に組み立てられる経営であった。エトルリアの一部・ラティウム・カンパニアを最大の中心として展開された中小規模の奴隷制ウィルラは、このような諸条件の下に発達したものであった。これに対して小麦その他の穀物生産に適した地方で大土地所有が形成された場合には、地方的な村落・小都市への供給を除いては、はじめから大きな市場からの需要の作用は少なく、穀物耕作そのものの技術的諸条件にも規定されて、所領主は、小作人その他の従属的農民の小経営に小土地を分割賃貸し、高くない定額の小作料を収受した。後者においては従属的な小経営の累積であるから、農場経営における労働過程の組織化の問題はあまり生ぜず、ラティフンディア(集中的大所領)の拡大も前者におけるほどマイナスを生まなかった。これに対して、前者においては、所領の収益性と生産性の向上と所領経営そのものの維持のためには、奴隷労働とその労働過程の組織化ならびに監督は不可欠であったから、単一ウィルラの無際限な規模拡大は経営を破滅させる危険があった。そのうえ、これらの商業的作物の生産へと組織されたウィルラを成立させた条件である発達した商品貨幣関係、なかでも市場収容力が低下すると、ウィルラ所有者がよほど積極的な「進取の気象」に富んだ「経営精神」の持ち主でないかぎり、市場の需要にふさわしい程度に所領経営を縮小するか、あるいは、可能ならば栽培種別の変更をも含めて、経営の変化(小作人あるいは小作人的奴隷への委託)を行なわざるをえない。このような縮小・変更・変化を行なうことに失敗した所領主は、そのウィルラをより強力なラティフンディア領主に売却せざるをえなくなったはずである。これに対して、小作人その他の従属的農民の小経営と結びついたラティフンディアは、商品貨幣関係の変化からうける影響はそもそもきわめて少なかった。

以上のプラッハナーの捉え方と、さきのシュタエルマン－トロフィモーヴァの捉え方とは、中小規模奴隷制ヴィルラの商品貨幣関係との密接な結びつきを認識する点においては一致しながら、商品貨幣関係、なかでも市場収容力の低下を、奴隷制ヴィルラの衰退(収益性・生産性の低下)の原因と見るか結果と見るかの一点において、まったく対立しているわけである。この対立は、かつてのマックス＝ウェーバーとロストフツェフの対立を想起せしめる。

ロストフツェフは、帝政初期イタリアの奴隷制ヴィルラの漸次的衰退、巨大土地所有への吸収、小作制への移行の原因を、奴隷制ヴィルラの生産品ことに葡萄(酒)・オリーヴ(油)の販路がこのころからしだいに縮小しつつあった事情に求めるのである。(67) かれの説くところに従うと、帝政初期イタリアの葡萄の販路の狭隘化は、「属州の経済的解放」、すなわちスペイン・ガリア・アフリカのような従来の主要市場であった地方に葡萄栽培が導入されたことによってもたらされた。ギリシア的東方はもともと優秀な葡萄栽培の母地であり、イタリアの葡萄栽培は第二ポエニ戦争以後にそれらをイタリアに導入したものであったから、それら東方ではじめから、イタリア産種は、ギリシア諸島嶼・小アジア・シリア・パレスティナ・エジプト産のそれと競争することは困難であった。オリーヴについても同様の事情が生じ、スペインは上質オリーヴ油の産地となり、アフリカは劣質のそれの産地となった。東方においてはイタリア産オリーヴ油は小アジアやシリア海岸のそれによって駆逐された。このような、従来は商品市場であった属州が生産地となることをロストフツェフは

「属州の経済的解放」と呼ぶが、この「属州の経済的解放」は、第一に、イタリアの中規模奴隷制ウィルラ(葡萄酒・オリーヴ油生産の)の経済的存立の基礎をゆるがし、それらの大土地所有者への売却、すなわち巨大土地所有の形成を促進したが、他方では第二に、このような東西における葡萄・オリーヴ生産の拡大は、葡萄・オリーヴの生産過剰とともに全帝国の穀物不足をもたらした。ポンペイが七九年のヴェズーヴィオ噴火による埋没以後ついに再建されなかったのも、ポンペイの経済的存立の基礎である葡萄酒の販路の縮小がしだいに深刻に感ぜられていたからである、とロストフツェフは推定する。穀物不足は、『新約聖書』の「ヨハネ黙示録」が小アジアの食糧不足と関係があると解されることや、ドミティアーヌス帝初年のプルーサ(Prusa)における貧民の暴動、さらには同帝の有名な葡萄栽培の制限令(Sueton., Dom., 7, 2)などによって、推定される。こうした事情の結果、しだいに形成されつつあった巨大土地所有は、経営上危険な葡萄・オリーヴ生産を奴隷制経営から小作制に切りかえ、所領主たちはますます地代生活者(レントナー)的性格を濃厚にし、穀物生産に移行していった。

以上がロストフツェフの説明である。これにたいしてマックス＝ウェーバーは次のように捉える。帝政初期における皇帝の国境政策が守勢に転じた結果として奴隷の供給が涸渇し、供給源の涸渇は、奴隷制ウィルラの奴隷兵舎(カゼルネ)を解体させ、カゼルネ奴隷は、家族もち、ペクリウム(特有財産)保有奴隷に転化し、コロヌスと並ぶ農村の隷属労働に変じてゆく結果を生んだが、それは市場向け販売生産の停止にほかならなかった。[68] つまりウェーバーは、ロストフツェフのように、販路の縮小がカゼルネを解体させたとは考えず、一方では、奴隷労働の経済的特質、[69] 他方では奴隷供給源の涸渇、この二つがカゼルネを解体させ、奴隷の「資本主義的」利用から金利(レンテン)源としての利用へと移行させ、販売生産を停止させる、と捉えるわけである。

こんにち、奴隷制ウィルラへの奴隷供給がたえざる外部からの大量補給に依存したというウェーバーの強調点は、さきにふれたフォルクマンの研究(本章の注58)によって、神話と化した。ウェーバー自身この契機の強調を、のちになって若干弱めたほどである。[70] したがってこの契機に決定的重要性を与えるような捉え方は極論として警戒しなければならない。いっぽう、「資本」としての奴隷労働の経済的特質(マイナス的)についてのウェーバーの分析は今日までまったく有効であると考えられるが、そのようなマイナス的特質にもかかわらず、一定時期の間は奴隷制ウィルラの販売生産(「資本主義的」経営)が可能であったのであるから、奴隷制所領経営の衰退(収益性・生産性の低下)の決定的原因としてこの契機を捉えることは正鵠を射ているとは言えないであろう。

このように考えれば、奴隷制所領経営の衰退、小作制と大土地所有の形成にかんするロストフツェフの捉え方は、今日なお可能な唯一の説明として残っているといわざるをえない。シュタエルマン—トロフィモーヴァの理論と、ロストフツェフ—プラッハナーの線での捉え方との当否は、紀元一世紀において、商品貨幣関係が奴隷制が支えうる上限を破るほどに発展していたか否か、という事実関係によって、決定されるであろう。そして、その点においては、ロストフツェフがローマ帝国全体に目を配った総合的叙述の中で、イタリアの商品作物の販路の縮小を指摘し、そういう意味で、今日いう意味での「商品貨幣関係」の衰退を、実証していることを忘るべきではない。ひたすら商業的作物の生産へと傾斜した奴隷制所領経営は、商品貨幣関係の過度の発達のゆえにではなく、その成立の大前提であった商品貨幣関係の衰退によって、その存立の経済的基盤を奪われた、と見るべきであろう。(71)

これまでこの章において、所領経営の生産性と収益性に強い影響を与える要因として、直接生産者の労働関心、所領主の経営精神、経済全般の動向(市場関係、商品貨幣関係)の三つについて考察し、それぞれをとくに強調する学説について簡単に検討を加えてきた。直接生産者の労働関心がきわめて重要な要因であることは、なんぴとも否定できないが、コロヌスより低いとされる奴隷労働すら、合理的労働組織の中で適切で意欲的な所領主の積極的(営利のための、あるいは「古代資本主義的」)経営が行なわれるかぎり、高い収益を生んだことは、否定されえなかった。いっぽう、小作人労働に依存した小経営が、奴隷制所領より収益性が高かったという証明はなされえず、むしろ発生期から小作人の債務と所領主への従属が示された。

他方において、所領主の「経営精神」ないしは「進取の精神」、ウェーバー風に言えば「古代資本主義」的所領運営のしかたが、金利生活者(レントナー)的生活態度に変化したことは、この要因を重視しない人をも含めて、多くの人によって認められているが、問題は、このような変化のゆえに所領主は奴隷制経営を放棄し、より安楽な小作制に移行した、と解するだけでよいか、ということである。このような変化は事実であろう。しかし、この変化は、古典古代一般に典型的な土地所有市民の価値観への回帰にすぎなかったのではないか。地中海世界に特有のあの商品貨幣関係を促進する諸作用の影響をうけて、さらには、地中海世界に対する支配者であるローマ市民共同体の支配的上層としての活動を支える経済的基盤を確保する必要にせまられて、一時期、奮発して積極的な経営精神をもった所領主の役割を演じたが、商品貨幣関係の要因が低下し、政治的・社交的生活の経済的基盤確保という観点でみればこれで十分だという意識も働いて、しだいにふたたび古典古代的土地所有市民の意識に戻ったというのではないであろうか。(72) 経済全般の動向、商品貨幣関係の発達と衰退は、この意味で、かれらの意識を左右するきわめて大きな力を働いた、と見るべきであろう。じっさいかれらがさらに奮発しても、地中海世界の経済構造におけるイタリアの地盤沈下と、ローマ支配の拡大に伴う地中海世界圏の内陸への浸透、その結果としての、特殊地中海的な商品貨幣関係の衰退とは、如何ともしがたかったであろう。もとよりかれらには、そのようにもうひと奮発してみる気はなかったが、そのことが究極の原因であったのではない。経済全般の構造変化こそが真の原因であったと見るべきであろう。

地中海世界独特の商品貨幣関係を促進する諸要因の作用を全面的にうけ、地中海世界の支配者としてのローマ市民共同体の実益と特権(たとえば支配の果実の掌握、免税特権、流通担当者〔商人〕の擡頭、かれらにおける資本蓄積、商業的作物の導入、等々)を完全に活用して、成立したところのイタリアの奴隷制大所領は、商品貨幣関係の後退と支配者たるローマ市民共同体の極度の分解という、しだいに現われてくる新しい条件によって、解体してゆかざるをえなかった。これらの新しい条件は、ローマの支配のいっそうの進展の結果、地中海世界的特性の働かない諸地方がローマ支配下にますます包摂されていった発展(内陸化)の随伴現象であり、また、正に地中海世界的諸条件の生んだ子供である市民共同体の極端な発展(拡大と分解)がついに復元力を失うまでに至り、一つの「世界」形成力としての歴史的役割を果たしおえたこととの結果であった。こうして、支配共同体の母地イタリアにおける、地中海世界独特の奴隷制社会は、その発展の頂点をすぎるのである。

(1) これらの研究史の最近の整理として、坂口明「二世紀および三世紀初頭のコロヌスの法的・社会的地位——イタリアを中心に——」『史学雑誌』八六—四、一九七七年、一—一〇ページを見られたい。
(2) マルクス『経済学批判』武田ほか訳、岩波文庫、一九五六年、一三ページ。
(3) Hajo Koch, Die Deutung des Untergangs des römischen Reiches im historischen Materialismus (Original: 1968), in: K. Christ (Hrsg.), Der Untergang des römischen Reiches, Darmstadt, 1970.
(4) エンゲルス『家族・私有財産・国家の起源』戸原四郎訳、岩波文庫、二〇五ページ。
(5) 前掲書、一九九ページ。

（6） マルクス・エンゲルス『ドイツ・イデオロギー』古在由重訳、岩波文庫、一九五六年、二九ページ。

（7） Franz Kiechle, Sklavenarbeit und technischer Fortschritt im römischen Reich, Wiesbaden, 1969, Ⅷ, 188 S.

（8） やや立ち入った紹介は弓削達「「奴隷所有者的構成」の衰退をめぐる理論的諸問題——最近の研究動向についての一管見から——」『西洋史研究』新輯4号、一九七五年、八九—九三ページを見られたい。

（9） Norbert Brockmeyer, Arbeitsorganisation und ökonomisches Denken in der Gutswirtschaft des römischen Reiches, Diss. Bochum, 1968. 本書は一橋大学教授渡辺金一氏の好意によって閲読することができた。

（10） このほかわれわれはHeinz Dohr, Die italischen Gutshöfe nach den Schriften Catos und Varros, Diss. Köln, 1965, 165 S. をもっている。書名が示すように、この研究はカトーとウァルローに限定されていることのほかに、労働組織に対する関心が前面に出ておらず、いわんや経営形態の相違による生産性・収益性の相違の問題を考察しようとするものではない。その意味で、今のわれわれの関連で取り上げるべき主張はとくに見当たらないが、しかし、所領の大きさと位置、作物の種別による詳細な研究、牧畜・畜産にかんする研究等を含み、後の関連で簡単にふれることになろう。

（11） E. M. Schtajerman, Die Krise der Sklavenhalterordnung im Westen des römischen Reiches. Aus dem Russischen übersetzt und herausgegeben von Wolfgang Seyfarth, Berlin, 1964, Ⅺ, 478 S. 本書全体については、前掲の弓削達「「奴隷所有者的構成」の衰退をめぐる理論的諸問題」六六—六九ページを参照されたい。

（12） Schtajerman, ebenda, S. 91.

（13） N. Brockmeyer, a. a. O., S. 31, 312 は、K. D. White, "The Productivity of Labour in Roman Agriculture", Antiquity, 39 (1965), 102 ff. が、奴隷労働にもとづく集約的経営をきわめて生産的であったと見、奴隷制経済の非生産性を一世紀のイタリア農業の衰退の原因とは見ることはできない、となしたことを重視している。

(14) ブロックマイヤーの「経営精神」の変化とは、実質的には、マックス＝ウェーバーが、利潤獲得のための奴隷の資本主義的利用から、レンテンおよび解放金取得への変化、と見たものと、同一であることに気づくであろう(マックス＝ウェーバー『古代社会経済史——古代農業事情——』渡辺・弓削訳、東洋経済新報社、一九五九年、たとえば、三八—四〇ページ)。

(15) Rigobert Günther, Die Entstehung des Kolonats im 1. Jahrhundert v. u. Z. in Italien, Klio, 43–45. Bd. (1965), 1971, S. 249–260.

(16) 長谷川博隆「カエサルの内乱誌一の三四のコローヌスについて——「ローマ共和政末期のクリエンテーラ・前編・第四章・第四節」——」『名古屋大学文学部研究論集』LXV（一九七五・三）、同「Ciceroの法廷弁論にあらわれるcolonus.「colonusとclientela」より」『名古屋大学文学部研究論集』LXVIII（一九七六・三）。ギュンター・長谷川氏より早く、この時期に多数の小作小農民を従えた所領の存在を（カティリナ、ドミティウス＝アヘノバルブスを例にして——本文以下参照）指摘したものは、P. A. Brunt, "The Army and the Land in the Roman Revolution", Journal of Roman Studies, 52 (1962), p. 71である。この論文は今では、Die Beziehungen zwischen dem Heer und dem Land im Zeitalter der römischen Revolutionと改題され、H. Schneider (Hrsg.), Zur Sozial- und Wirtschaftsgeschichte der späten römischen Republik, Darmstadt, 1976, S. 124–174に所収。そのS. 131–132参照。ブラントはこの推定を、"Two Great Roman Landowners", Latomus, 34 (1975), S. 629において、Isidorusの遺言(Plinius, H. N., XXXIII, 134 f.)の分析を通して、さらに補強した。

(17) この解釈については、坂口明、前掲論文、三九ページは賛意を保留している。

(18) 以上の推定については、長谷川博隆「Ciceroの法廷弁論にあらわれる……」を見よ。

(19) 長谷川博隆、前掲論文、一九ページ。R. Günther, a. a. O., S. 252.

(20) 長谷川博隆、前掲論文、五ページ。R. Günther, a. a. O., S. 253 f.

(21) 長谷川博隆、前掲論文、三三ページ。

(22) R. Günther, a. a. O., S. 254.

(23) ebenda. ただし、長谷川博隆「カエサルの内乱誌一の三四……」七ページは、問題ありとして解釈を保留。

(24) R. Günther, a. a. O., S. 254–255.

(25) 長谷川博隆「カエサルの内乱誌……」はこの推定を行なうさいに、報酬としての土地贈与があったのではないか、と想定し、この土地贈与を介してコロヌスは主人とパトローヌス―クリエンテス関係に入ったであろうという「大胆な仮説」を提起している。

(26) R. Günther, a. a. O., S. 250, 259.

(27) Rigobert Günther, "Kolonen und Sklaven in der Schrift de re rustica Columella's", in: R. Stiehl, H. Erich Stier (Hrsg.), Beiträge zur alten Geschichte und deren Nachleben. Festschrift für Franz Altheim zum 6. 10. 1968, Bd. I, Berlin, 1969, S. 505–511.

(28) M. Rostovtzeff, Gesellschaft und Wirtschaft im römischen Kaiserreich, übersetzt von L. Wickert, Leipzig, 1929, Bd. I, S. 78 ff., 83 ff.

(29) 本章注(11)。

(30) ギュンターはここで、生産物地代を一―二世紀の境い目に始まる、ということを確認された事実とし、それを前提にして"opera colonorum"の「コロヌス」は小作人に非ず、と推定するわけだが、この前提について、坂口明、前掲論文、二二―二四ページは、一歩つっこんだ仮説を提示した。すなわちそれは、一般的には表向き貨幣地代の形をとりつつ、生産物地代への換算の形で生産物地代が現われて来たという仮説である。したがってたとえば小プリーニウス(Ep., IX, 37)による分益生産物地代の導入より早い時期に、たとえばコルメッラの時期に、生産物地代が現われた可能性のあることが推定される。しかしもちろん、だからといってただちにこの"opera colonorum"のコロヌスが小作人だ、といえるわけではない。

(31)　この点も、判断の規準として使える前提的事実かどうか、疑うことができる。

(32)　この点は、2節で考察したところによると疑問であり、また次に紹介するブロックマイヤーの一九七一年の論文もこれとは異なる推定をしている。しかしだからといって、ここの「コロヌス」が小作人だ、と言えるということではない。

(33)　長谷川博隆「Cicero の法廷弁論に……」三一ページ以下は、実質的にはすでに共和政末において小作人は"familia"に含めて考えられていたことを推定している。

(34)　N. Brockmeyer, Der Kolonat bei römischen Juristen der republikanischen und Augusteischen Zeit, Historia, 20. Bd. (1971), S. 732–742.

(35)　このようにアルフェーヌスの文言を、「小作人的奴隷」が生産物地代で土地を借りそれを貨幣で代納した、と読むことに対して、坂口明氏は、この文脈からは、「地代が貨幣でも生産物でもありえたということしかいえないのではないか」と批判する。坂口明「servus quasi colonus について——奴隷制農場経営衰退の一側面——」弓削達・伊藤貞夫編『古典古代の社会と国家』東京大学出版会、一九七七年、二五〇ページ、注(10)。なお、右の坂口論文は、共和政期の法学者のテクスト、なかでも Scaevola のそれ (Dig., XXXIII 7, 18, 4; 7, 20) にもとづいて、ウィリクスや、分割地を耕作している奴隷が、主人の計算で (fide dominica) 耕作しているものと、外部のコロヌスと同様に定額地代を支払って耕作しているものとの、二つのカテゴリーに分けられたということを推定している。そして、法学者の見解によれば、前者は所領付属財産 (instrumentum fundi) に含まれて遺贈の対象になるが、後者は所領付属財産に含まれないのであった。この坂口氏の指摘によって、主人から分割地を与えられて耕作している「小作人的奴隷」の中に、主人との経営的な関係において少なくとも二段階があったことが推定されることはきわめて興味ぶかいと言わねばならない。坂口氏の研究は、従来考えられて来た一般の「小作人的奴隷」に(ウェーバーの『ローマ農業史』の指摘を手がかりに)、奴隷により近い"fide dominica"による小作人奴隷を再発見したのである。"fide dominica" による小作人奴隷は、小作人奴隷の最初の発生形態であったかもしれない。

(36) M. Rostowzew, Studien zur Geschichte des römischen Kolonats, Leipzig, 1910, S. 1–312.

(37) Wieland Held, "Der römische Kolonat am Ende der 2. und zu Beginn des 3. Jahrhunderts", Das Altertum, 17. Bd. (1971), S. 174–178.

(38) Derselbe, Das Ende der progressiven Entwicklung des Kolonates am Ende des 2. und in der ersten Hälfte des 3. Jahrhunderts im römischen Imperium, Klio, 53. Bd. (1973), S. 239–279.

(39) ヘルトのこの研究の詳しい紹介は、弓削達「「奴隷所有者的構成」の衰退をめぐる理論的諸問題」一〇〇―一〇八ページを見られたい。しかしヘルトの『ディゲスタ』の読み方については、その何箇所かについて、坂口明「二世紀および三世紀初頭のコロヌスの法的・社会的地位――イタリアを中心に――」によってその誤りが指摘されている(たとえば、二〇ページ注53、二七・四〇・四一ページ等)。このような誤りを犯させた原因を、坂口氏は、ヘルトが「大土地所有の利害がそのまま法文の中に反映されていると考えていることによっているのではないか」と見ている。その側面とともに、もう一つの側面をわれわれは見落とすことはできない。すなわち、本文にも述べたように、ヘルトは、コロヌスは本来、奴隷より生産性と収益性の高い労働力であった、ということを理論的前提としており、にもかかわらず多くの面で従属化したのはなぜか、という問題の立て方をしているのである。そのため、法文上に現われるコロヌスの従属化を、大土地所有者の意志と利害の現われと解することになる。そして、大土地所有者をそのような道に追い込んだ原因を、ヘルトは窮極的には、三世紀初頭のローマ帝国内外の政治状況と、それに対応する皇帝の政策、なかでもその財政政策に見る、と解されるのである。それにしても、ブロックマイヤーによって明らかにされた共和政末・帝政初期の法学者の見解に現われるコロヌスの法的地位から、ヘルト・坂口明氏によって明らかにされた二、三世紀の法学者の見解に現われるコロヌスの法的地位に至ると、明らかに地位下落が読みとれるのであって、それは何よりも経済的従属化に由来するものであろうことは、坂口論文がしばしば指摘するとおりである。

(40) Heinz Dohr, Die italischen Gutshöfe nach den Schriften Catos und Varros, Köln, 1965, S. 18–28.

(41) 以下については、K. D. White, Roman Farming, London & Southampton, 1970, pp. 47–76.

(42) ibid., p. 66.

(43) R. Günther, "Die Entstehung des Kolonats im 1. Jahrhundert v. u. Z. in Italien", Klio, 43–45. Bd. (1965), 1971, S. 249–260.

(44) Richard Duncan-Jones, The Economy of the Roman Empire. Quantitative Studies, Cambridge, 1974, pp. 323–325.

(45) 小プリーニウスの財産については、ibid., pp. 17–32. その他の例については、ibid., p. 324.

(46) R. Günther, a. a. O., S. 257.

(47) エトルリアの所領形態について画一的に考えることはできないことを、長谷川博隆「カエサルの内乱誌一の三四のコローヌスについて——「ローマ共和政末期のクリエンテーラ・前編・第四章・第四節」——」二〇ページ以下が詳しく論じている。それによって、コーサ(Cosa)・ウォルキ(Volci, Vulci)を含めた海岸地方には大農場経営が、共和政中期・末期の南エトルリアでは中小土地所有の広汎な存在が、推定される。エトルリアの海岸平地は沖積土に富み、きわめて良質の小麦を生産する。北部および中部のアペニン山系の斜面は葡萄の生産で有名である(K. D. White, op. cit., p. 69)。

(48) 前注参照。これらのコロヌスが賃借した小作地はいずれも中規模の土地であった。これらの土地は、葡萄・小麦いずれの生産地でもありえた。キケロのウィルラの散在した地方のうちラティウムでは、北部のアルバ丘陵は首都向け農業を行なう富裕な近郊ウィルラ(villa suburbana)があり、南ラティウムに向かって栄えた町々が続く。中南部は葡萄栽培が盛んである。カンパニアは肥沃な火山灰地のため、平地は良質の小麦を、丘陵地帯では、イタリア最上の葡萄酒とオリーヴ油を産出する。中心市カプア周辺には小農民による集約的耕作が健在であるが、他の葡萄園は富裕な不在大地主に属する。ヴェズーヴィオ周辺は、各葡萄園ウィルラは中規模である(K. D. White, op. cit., pp. 71–73)。ポンペイ近郊の一つのウィルラはほぼ四〇ユゲラ以下の小規模である(T. Frank, An Economic Survey of Ancient Rome, Johns Hopkins Press, V, 1940, pp. 172–173)。

(49) M. Rostovtzeff, Social and Economic History of the Roman Empire, Oxford, 1957, pp. 98–101, 194–206. 村川堅太郎『羅馬大土地所有制』日本評論社、一九四九年、七〇・一〇〇ページ。

(50) N. Brockmeyer, Die villa rustica als Wirtschaftsform und die Ideologisierung der Landwirtschaft, Ancient Society, 6(1975), S. 213–228. 以下にとり上げる問題は、その S. 213–217.

(51) E. M. Štaerman, "Die Sklaven in der Landwirtschaft und die Politik der Kaiser", Jahrbuch für Wirtschaftsgeschichte, 1969, II, S. 289–308. 一九六四年にロシア語原本が、一九六九年にドイツ語訳で刊行された『ローマ共和政における奴隷制経済の最盛期』(E. M. Štaerman, Die Blütezeit der Sklavenwirtschaft in der römischen Republik. Autorisierte Übersetzung von Maria Bräuer-Pospelova, Wiesbaden, 1969)の「序説」(Einleitung)も同じ問題を扱う。

(52) イシドールスについては、R. Duncan-Jones, op. cit., p. 325.

(53) 農耕奴隷については、E. M. Štaerman, a. a. O., Kap. II, に詳しく論ぜられている。

(54) この章句については、長谷川博隆「ホラーティウス、カルミナ 二の十八の二十五にみえるクリエンテースについて」『関西学院史学』第九・一〇合併号、一九六七年三月、八七―一二〇ページ。

(55) この問題については、弓削達「「奴隷所有者的構成」の衰退をめぐる理論的諸問題」『西洋史研究』新輯4号、一九七五年、六九ページ。

(56) ここでは、いわゆる「古代資本主義論争」をむし返しそれに対して批判的見解を加える必要はないであろう。ただ、本書の著者は、サルヴィオリ(井上智勇・大牟田章訳『古代資本主義――ローマ経済史に関する研究――』創文社、一九六五年)にはもとより、グンメルス(Gummerus, Der römische Gutsbetrieb als wirtschaftlicher Organismus nach den Werken des Cato, Varro und Columella, 1906)に与するものではないこと、ウェーバー（渡辺金一・弓削達訳『古代社会経済史――古代農業事情――』東洋経済新報社、一九五九年、一三一―五五ページ）に近い考えをとってきたことを断わっておけば、本文の短い記述は許されるであろう。イタリアの大所領は、「資本主義的」営利ではないにしても、所領主にとっては大切な現金収入源と考えられていたことは、疑う余地がない。villa rustica において求められた政治的・道徳的・社会的（脱都市的心情）イデオロギーを強調するブロックマイヤー（Ancient Society, 6[1975]、注71所掲の論文）といえども、ウィルラが商業的農業によって最大限利潤をあげることを理想としたことを、もう一つの側面として重視している。

（57）E. M. Štaerman, Die Blütezeit der Sklavenwirtschaft in der römischen Republik. Autorisierte Übersetzung von Maria Bräuer-Pospelova, Wiesbaden, 1969, VII, 303 SS.

（58）Hans Volkmann, Die Massenversklavungen der Einwohner eroberter Städte in hellenistisch-römischer Zeit, Mainz, 1961.

（59）E. M. Štaerman, a. a. O., S. 70.

（60）ibid., S. 21. ここでL. Rakov, V. S. Sergeev などが批判されるが、この捉え方はいうまでもなく、基本的にはロストフツェフに溯るものである。

（61）E. M. Štaerman, M. K. Trofimova, Rabovladel'cheskie otnošhenija v rannej rimskoj imperii (Italia), Moskau, 1971, 323 S.

（62）R. Günther, "Die Einordnung der 'Spätantike' in neueren Publikationen", Klio, 56 (1974), S. 239–244.

（63）Heinz Heinen, "Neuere sowjetische Monographien zur Geschichte des Altertums", Historia, 24 (1975), S. 378–384.

（64）これはマックス＝ウェーバーの「古代文化没落の社会的諸原因」（一八九六年、注68をみよ）の強調点であった。

(65) G. Prachner, "Zur Bedeutung der antiken Sklaven- und Kolonenwirtschaft für den Niedergang des römischen Reiches (Bemerkungen zur marxistischen Forschung)", Historia, 22 (1973), S. 732–756.

(66) W. Eucken, Grundlagen der Nationalökonomie, Berlin, 1968, S. 208 f.

(67) M. Rostovtzeff, Gesellschaft und Wirtschaft im römischen Kaiserreich, I (1931), S. 83 ff., 160 ff., 164 ff.

(68) M. Weber, Die sozialen Gründe des Untergangs der antiken Kultur (1896), in: Gesammelte Aufsätze zur Sozial- und Wirtschaftsgeschichte, Tübingen, 1924. 邦訳は『ウェーバー』(世界大思想全集、河出書房、一九五四年)に堀米庸三訳が収録されている。

(69) 奴隷の経済的特質についての理論的追究は、マックス＝ウェーバー『古代社会経済史——古代農業事情——』(渡辺金一・弓削達訳)、東洋経済新報社、一九五九年、の「序説」が読まるべきである。なおウェーバーのこの問題についての捉え方を如何に読むかについて、簡単には、弓削達「ドミナートゥスの成立」岩波講座『世界歴史』3、一九七〇年、二一一—二三ページ。

(70) マックス＝ウェーバー『古代社会経済史』(前掲)、四九三ページ。

(71) ゲルマニア諸州で、ローマの villa rustica を模して作られた多くのウィルラの遺構が発掘・研究されていることは先にもふれたが(第二章4節)、それらのウィルラがローマのそれと異なる最も大きな点は、それらが市場めあての専業化をしていない、ということであることをブロックマイヤーが指摘している(Die villa rustica als Wirtschaftsform und die Ideologisierung der Landwirtschaft, Ancient Society, 6[1975], S. 225–227)。われわれはここに、地中海地方の地理的・経済的条件から遠ざかっている地方におけるウィルラの存立条件を読み取ることができるであろう。そして、少なくともその一つ、Aventicum 近くの Erlach にあるウィルラが、所有者 Dirox から Gratus に小作され、後者は奴隷をも用いてここを経営していたことが推定されたことも、この関連で想起さるべきであろう。この小作が、所領の一括大小作であるか、分割地小作であるか断定できないとしても、商業的作物による最大限利潤の追求のための組織的な奴隷制経営を所領主が手放していることは確かである。地中海的諸条件からやや遠ざかった地方におけるこのような現象は、イタリアにおける変化の原因を考えるにさいして、参考にすることができるのではあるまいか。

(72)　このようなローマ所領主の意識のゆれを最も典型的に示している小プリーニウスについては、弓削達『素顔のローマ人』河出書房新社、一九七五年、三一四―三三二ページを見られたい。しかし、小プリーニウスのばあいは、それでも奮発した方だったと見るべきであろう。生産物分益小作の導入を試みた(Plin., Ep., Ⅸ 37)ほか、かれの大所領の大部分は、"rustici"と記されているがその実質は"fide dominica"によって耕す「小作人奴隷」に委ねられていたであろうとは、前掲の坂口明「servus quasi colonusについて――奴隷制農場経営衰退の一側面――」二五二―二五八ページによる推定である。おそらくは集中的大土地所有に含めて考えられる規模の彼のティフェルヌム＝ティベリーヌムの葡萄農場すら、大部分は「小作人的奴隷」に委ねられていた、とも推定される。いやいやながらでも、彼は農場経営の手綱を放してはいないのである。しかも、彼の時代の農場経営をとりまく困難は、たとえば葡萄の価格下落(Ep., Ⅷ 2)の例に見るように、商品貨幣関係の変化を中心とする経済全般の動向から来るものであって、所領主の気持の持ち方を原因とするものではなかったと言うべきであろう。かれが分益小作の導入を考えざるをえなかったさいの困難は、小作人が「生産物を勝手にとり込みそれを消費してしまうこと」("rapiunt etiam consumuntque quod natum est")であったこと(Ep., Ⅸ 37)は、販売の困難(市場から遠隔で運搬が困難だという以上に、商品貨幣関係全般の変動に由来するものであろう)を物語ると解されうる。彼が新たに購入することを考慮している隣接農場を、現主人が手放そうと考えている(Ep., Ⅲ 19)のも、おそらくはそうした経済全般の変動から来る損害を奮発して乗り切れなかったためではあるまいか。

第五章　地中海世界の崩壊

1　奴隷反乱の問題

われわれは、地中海世界を「可能的奴隷制社会」と規定し、ローマ帝国の支配を、奴隷所有者(＝ローマ市民共同体)が、奴隷制社会への傾斜運動のさまざまな段階にある諸共同体に対して行なう支配、と捉えた。地中海世界とローマ帝国にかんするこのような構造的な把握が正しいなら、それは階級闘争の性格にも現われてくるはずである。

このような帝国支配の構造においては、階級関係は、単に生産手段の所有者と非所有者との関係という狭義の生産関係が実現しているところでのみ現われていると見るべきでなく、より広く、搾取者と被搾取者の関係、支配者と被抑圧者の関係として捉えられなければならない。(1)このように言うことは、「古代ローマでは階級闘争が特権的な少数者の間でだけ、つまり、富める自由人と貧しい自由人の間でだけ行なわれ、他方、人口中のぼう大な生産大衆たる奴隷はこれらの闘争者たちの単に受動的な踏台でしかなかった(2)」と言うことではない。「富める自由人と貧しい自由人」、すなわちローマ市民共同体の上層と下層の間には、階級関係を認めることはできないからである(3)。

ローマ帝国支配の構造にあっては、搾取者と被搾取者、支配者と被抑圧者の関係は、拡大しそれ自体分解しつつあるローマ市民共同体と、外人(peregrini)とされたさまざまな発展段階にある諸他共同体との関係、ならびに、ローマ市民共同体と奴隷との関係であった。この構造は、支配の構造であると同時に、帝国の収奪構造でもあった。帝国の地中海世界に対する収奪は、この二本のパイプを通して実現されていた。したがって、この二本のパイプの両端の関係こそが、階級関係であった、と捉えられなければならない。それはけっして、奴隷と奴隷所有者との関係だけではない。いわんや、ローマ市民共同体の上層と下層の間の関係ではもとよりない。

このことはすでに、階級闘争史の専門研究者によって正しく認められるに至っている。土井正興氏は言う。ローマ帝国の段階になると、「一面では、イタリアなどにおける大土地所有、奴隷制的な経営の展開がみられるし、他面では植民地＝属州の支配が明確な形ではじまってくる。こうしたなかで、ローマの奴隷制が、属州支配や征服戦争とかなり緊密な形で結びついてくる。そうすると、主要な矛盾は、属州民とローマの支配者の間の矛盾になるわけである。たしかにイタリアやシチリアなどでの奴隷制の発展はあるが、その奴隷は、被征服民などによって構成されているわけであるから、こうした奴隷を含めた属州民とローマの支配階級との間の矛盾が主要な側面になるのではないかと思われる(4)」と。

ここで土井氏が、「属州民とローマの支配者の間の矛盾」を「主要な矛盾」と捉えていることは、まさに今日の研究段階にふさわしい正しい認識であるが、しかし、だからといって土井氏が、奴隷対奴隷所有者の矛盾を軽視してよいと言っているのではもとよりない。むしろ、奴隷対奴隷所有者の矛盾を、右の「主要な矛盾」といかに関連づけて捉えるか、ということこそ考えるべき問題だ、と土井氏はこの文章の前後で述べているのである。一方においてローマ市民共同体を一大支配階級とし、他方において、諸他共同体、ならびに奴隷を、被搾取階級と把える本書の試みは、正にこの問題に答える唯一の有効な試みという意味をも持っているのである。

ではまず、奴隷の階級闘争、なかでも奴隷反乱は、このような二本のパイプによって構成される一大階級社会の中で、どのように位置づけられるであろうか。紀元前二世紀から一世紀にかけて、地中海地方各地で奴隷反乱が続発したことは周知の事実である。それらはいずれも、生産手段を完全に奪われた者の反抗であるかぎり、それぞれに階級闘争の性格をもつものであることは否定できない。しかしながら、地方ごとの諸条件により奴隷制社会への傾斜度を異にする地域での奴隷蜂起を、階級闘争の性格をもつというだけの理由で、同日に、一括して論ずることは正しくない。イタリアやシチリアのような、農業をまで奴隷制が把握した地方と、そうでない地方とが、われわれの言う「一大階級社会」の中で、異なった位置づけをもつのは当然なのである。フォークトはこれらの奴隷反乱を研究し、それら相互の間に、一定の、かなり早い情報の交換や交渉・関係を認めながらも、各運動は孤立し、被抑圧者のさまざまな階層（反乱に参加した自由人貧民と奴隷）間、各地域の蜂起者間において真の接触は欠如し、蜂起時においてすらも奴隷階級の連帯性が認められない、と結論した。(5)このことは、地方ごとの諸条件によって奴隷制社会への傾斜度を異にする地域での奴隷蜂起として、むしろ当然なのである。

フォークトのこのような結論は、これらの奴隷反乱を、古代における国際プロレタリア運動と見るビュッヒャーや、古代における「赤色インターナショナル」的な関連をそこに見ようとするローゼンベルク等の、一連の近代化的把握に対する批判として提起されたものであったが、フォークトのこうした批判と認識は、シュタエルマンによって受け容れられた。(6)これらの奴隷反乱がすべて、「一大階級社会」の中で同じ構造的位置をもち、「国際プロレタリア運動」のような同質の階級的運動を推進したと見ることができないことは明らかである。

われわれの言う「一大階級社会」の中で、その構造に直接かかわる階級闘争としての奴隷反乱は、イタリアとシチリアのそれであることは言うまでもない。ローマ市民共同体の母地であるイタリアと、シチリアにおいてのみ、農業の奴隷制的構造が実証されるからである。それとともに、シチリアの二次にわたる反乱とスパルタクス反乱のいずれにおいても、反乱軍の主体が農耕奴隷であったと推定されることも、(7)この関連で想起さるべきである。では、それらの奴隷反乱に、どのような性格が見られるであろうか。われわれが検討しなければならないことは、反乱が何を目標としていたか、というプログラムの問題である。

イタリアのスパルタクス反乱のプログラムについては、研究者の間に意見の重要な分岐が見られる。いずれも、反乱参加者の層の分析と結びついた仮説であるが、ミシューリンは、参加者の社会層の相違がプログラムにかんする意見の不一致を結果し、奴隷は制度としての奴隷制の破壊、奴隷所有者の所有と生産方法に対する闘争を打ち出したのに対して、反乱に参加した自由貧民層の目標は、奪われた土地の奪回にとどまった、とし、前者をスパルタクスが指導し、後者をクリクススが代表した、と考える。これに対してコヴァレフは、プログラムの設定により決定的な影響を与えたものは参加者の出身社会層ではなく、かれらのガリア・ゲルマン的民族所属であったと考え、アルプスを越えてかれらの故郷へ帰還する目標がそこから打ち出されたが、スパルタクスの麾下の軍隊に対する把握力の喪失がこの計画の放棄を余儀なくさせた、と考えた。

プログラムにかんする反乱軍内部における意見の対立をプルタルコスその他の伝承の歪曲と断じ、反乱の目標は奴隷制の中心ローマそのものの破壊であった、と推定するのは、ディヤコフとブリッソンである。とくにブリッソンは、スパルタクスとクリクススの意見の対立を否定するとともに、クリクススをアプーリアに派遣したのは反乱勢力を拡大し、イタリア人の再度の反ローマ蜂起をまって、一挙にローマに進撃する計画だった、と考える。シュタエルマンはこれらの三説を、証明も反証もできない仮説として同等の存在資格ありとなしつつ、どちらかといえばコヴァレフの説に傾

くことを付記している。(8)

スパルタクス反乱をいっそう詳細に研究した土井正興氏は、反乱のプログラム、すなわち奴隷解放のコースとして、祖国帰還と、ローマの打倒と奴隷王国の建設との、二つのコースの対立があったことを推定し、スパルタクス軍内部の原始共同体的構造の推定をもふまえて、スパルタクスが第二のコースを克服しつつ第一のコースへと反乱を指導したことを論じた。そしてこの第一のコースこそ、「奴隷大衆の過去の総経験の集約点であると同時に……全く新しい未知数のコース」であり、ここにこそスパルタクスの栄光がある、と評価する。(9) 土井氏はまた、反乱に加わった奴隷の主力は、ケルト(ガリア)・ゲルマン・トラキア等の出身者であって、いずれも階級社会の経験がなく、故郷における共同体の自由の記憶を失っていない人びとであったことをも推定した。反乱参加奴隷の大部分が、かつて自由な共同体成員であったのに奴隷化されたものたちであったかどうかはもとより明言できない。しかし、前七〇年代のイタリアの奴隷の多くが、ローマの海外征服戦争で獲得されたもの、ないしは奴隷市場から入手されたものであったと推定することは大局においては誤りではなかろう。祖国復帰のコースが打ち出され、それが追求されたとすれば、そのこと自体がこのことを傍証するものと言えるであろう。

以上のような判断に従うなら、スパルタクス反乱は、(10) 奴隷の、奴隷所有者(奴隷所有者であるローマ市民共同体)に対する階級闘争であると同時に、奴隷の、自己から奪われた共同体を回復しようとする戦争であった。そもそも奴隷身分は、かれが生活しているその共同体の成員権の欠如をその本質的起源とするものであり、そしてまたその意味での共同体成員権欠如は、奴隷が元来属していた自己の共同体を破壊されたか、あるいは自己の共同体から分離され遠くに連れ出された(捕虜・売却等)ことに由来するものであった(第三章3節)。スパルタクス反乱は、イタリアにおいて共同体を回復すること、すなわちローマ市民共同体を破壊して自己の共同体をそれに代置させることのまったく不可能な力関係のもとで、[11] より根元的な共同体回復の道として祖国復帰コースを打ち出したのであった。[12] このように考えることができるなら、スパルタクス反乱は、ローマ市民共同体を一大支配階級とし、諸他共同体、ならびに諸共同体成員権を奪われた奴隷を、被搾取階級とする、一大階級社会としての地中海世界における、階級闘争としての特殊性を、この上なく明瞭に示している、と言えるであろう。

シチリアの二次にわたる奴隷反乱(第一次、前一三九—一三二年——土井氏の年代決定による——、第二次、前一〇四—九九年)についても、われわれは土井氏の研究を手がかりにしてその性格を推定しなければならない。[13] シチリアの土地所有関係がイタリアのそれ以上に明確に把握できないこともあって、その推定はいっそう困難であるが、およそ以下のようなことがそこから浮かび上がってくるように思われる。

第一は、反乱の攻撃目標の問題である。第一次のそれは、シチリア人の大土地所有者であり、第二次のそれは、シチリア人大土地所有者のほかにローマ騎士およびイタリア人大土地所有者も攻撃目標となった。矛盾は明らかに、農業における生産関係における矛盾として顕在化しており、狭義においても反乱は階級闘争であった。しかし、第二次にあってはローマ騎士・イタリア人大土地所有者が攻撃目標とされているとすれば、それは正にローマ市民共同体に対する攻撃であった。いち早くローマの正規軍の出動を必要としたことも、そのことを示している。しかし、第一次におけるシチリア人大土地所有者への攻撃、より正確に言えば先住民系・ギリシア系を含む外人(peregrini)都市(少数の同盟市を含む)への攻撃は、支配共同体であるローマ市民共同体から見れば、従属共同体への攻撃であった。したがってこの場合、当時の基本的階級関係における矛盾に対して、「一つのクッションが入る[14]」と見られる。第一次の場合、ローマ軍の出動が遅れたことはそのことと無関係ではない。もとより、攻撃目標の中に、同盟市メッサナ・タウロメニウムが含まれていたことに見られるように、それは単純に従属共同体への攻撃だけでもなかった。しかし、それらの同盟市が攻撃されなかったとしても、ローマは、従属共同体への攻撃を、支配共同体への攻撃に準ずるものと見ざるをえなかったであろう。それゆえにこそ、出動が遅れたとはいえ、結局はローマ軍による鎮圧の挙に出ざるをえなかったのである。

第二は、反乱の目標ないしはプログラムの問題である。これについては、第一次、第二次、いずれにおいても、奴隷王国の建設に帰着したことが知られている。第一次においてはエウヌスが、第二次においてはサルウィウスが、奴隷王にあげられた。そして、旧来の奴隷所有者を奴隷に落とし、自由人農民には農耕を続けさせ、膨大な数の奴隷の食糧確保につとめたことが推定されている。したがってそれは、かれらが知っている限りでの階級社会の建設であった。しかしながら、かれらの王の推挙の仕方について、選挙という「民主的・大衆的」手続きがふまえられたと推定されているように、この王政は、共同体的関係の記憶を失っていない原始的王政に近いものであった、と見てよいであろう。第一次反乱の数二〇万、第二次五万四〇〇〇という伝承の数をもとにして考えれば、この膨大な数の者の秩序維持と戦争指導のためには、このような原始的王政は、考えうる最低限の統治形態であったであろう。スパルタクス軍が、もしイタリアにおいて共同体を回復する道を選んだのなら、シチリア反乱におけるような奴隷王国建設のコースをとったであろうことは、十分に根拠のある推定であろう。逆に言えば、シチリア反乱が、奴隷王国を建設したからといって、それが共同体回復のための闘争ではなかったとは言えないのである。しかもシチリアは、イタリアとは異なって、島という特殊性のゆえに、故郷への復帰コースは、初めから打ち出しにくい条件にあった。

第三は、奴隷の出身民族の問題である。史料的には、シリア・キリキア等小アジア出身者が把握可能であるが、土井氏はさらに、シチリア先住民の奴隷化した者の層を強力に推定した(15)。これらの奴隷化したシチリア先住民は、シチリア人都市共同体の分解の結果あらわれた貧困自由民の奴隷化であり、第一次の時に反乱に参加した貧困自由民が、鎮圧後奴隷化された者も含まれている。第二次の時の王サルウィウスもこの層に含まれるという可能性も推定されている。いっぽう、シリア・キリキア等出身の奴隷も、比較的最近奴隷化されたものであったと考えられる。それは、第二次反乱の原因としてディオドーロスによって伝えられる(Diod., 36, 3, 1-4)事件の経緯から推定されうる。

すなわち、テウトーニその他ゲルマン人の侵入を撃退するために、ローマが同盟諸国に出兵を依頼したのに対して、同盟国のひとつ、ビテュニア王国は、出兵不可能と答え、その理由として、ビテュニアの自由人は盗賊とローマのプブリカーニによって連れ去られ、奴隷としてローマの属州で働かされており、国内には自由人はいないから、と通告した。これを聞いてローマ元老院は、ローマ同盟者たる自由人の奴隷化を禁じ、そのような者があれば自由身分に回復すべきことを命じた。シチリアでもこの命令にもとづいて奴隷の調査が始められ、数日間に八〇〇人の奴隷が自由へと回復された。ところが、奴隷所有者たるローマの騎士の圧力と買収によってこの調査が中止されるに至った。これが反乱の直接のきっかけとなった、という。この所伝をもとにすれば、シチリアには、小アジア出身の最近奴隷化された者がすこぶる多かった、ということになる。

シチリア先住民の奴隷化された者にせよ、シリア・キリキア出身者の奴隷化された者にせよ、ここでも奴隷化は比較的新しく、したがってかれらの自由の記憶、共同体成員としての生活の記憶は強烈であったであろう。にもかかわらず、かれらに苛酷な虐待と搾取が加えられたことが、反乱へのバネとなったのである。しかしながら、シチリアが都市共同体の発展(分解)の非常にすすんだ地方であることはもとより、小アジア地方等これら奴隷の出身地方も、地中海地方の商品貨幣関係を促進する諸要因の作用を強く受ける地方またはそれに隣接する地方であり、共同体の発展(分解)は、スパルタクス軍の奴隷たちの出身地といわれるガリア・トラキア・ゲルマニアにおけるより、はるかに進んでいた、と見るべきであろう。シチリアの反乱が建設した奴隷王国が、階級支配の性格がいっそう強いことが指摘されているのは、このことと無関係ではあるまい。

以上において、われわれの言う意味における「一大階級社会」における階級闘争として奴隷反乱を位置づけ、そのような階級闘争としての意味をもつと考えられるスパルタクス反乱と、シチリアの奴隷反乱とについて、ニュアンスないしは程度を異にしつつも、そこに共同体回復闘争としての性格を読みとることができた。(16) このような性格は、ローマ市民共同体を支配階級とし、諸他共同体と、共同体を奪われた奴隷とを被搾取階級と捉える、この時代の階級構造の把握によって、最もよく説明することができる。共同体回復闘争は、地中海世界における階級闘争に特有の基本的な性格なのである。

帝政期にはいると、公然たる奴隷戦争はなくなり、奴隷が参加した政治的事件や騒擾はあっても、奴隷の階級闘争と規定することができる奴隷の運動はほとんどなくなる。(17) ウェスパシアーヌス以後、奴隷の運動にかんする報知は史料から完全に消える。(18) これに代わって、異なった形態の奴隷の階級闘争が現われる、として、シュタエルマンが強調するものは、とくに、逃亡と、イデオロギー闘争である。

ところで、逃亡奴隷の大部分が農耕奴隷であったこと[19]は、奴隷の逃亡を階級闘争と捉えることの重要な要因となるであろう。しかし逃亡した奴隷は、いまや、旧来の共同体の回復へと運動するのではなく、より親切な主人の許へ逃れて、そこで奴隷として、時代が下るにつれてしだいに、コロヌスまたは自由人賃労働者として、定着することを求めるようになる。奴隷の逃亡は、「農村住民の水平化」(Nivellierung des Landvolkes)を準備するものとなるのである。[20]奴隷は、自らの手で共同体回復をなしとげるのではなく、主人によって、奴隷コレギアその他の形で共同体を許し与えられることになる。[21]このような措置は、主人側のイデオロギー闘争の一環であるが、シュタエルマンは、支配階級のイデオロギー政策が大きな役割を果たすのは、被搾取階級が生産手段の所有をしている場合(古代オリエント・封建制)であって、被搾取階級が生産手段を奪われている場合(奴隷制・資本主義)は、イデオロギーを媒介とせず直接的実力による搾取が行なわれるから、イデオロギーの果たす役割は小さいことを指摘した。[22]ということは、帝政期のように奴隷に対するさまざまなレベルでのイデオロギー闘争が加えられるに至っていることは、奴隷の逃亡による闘争と相まって、奴隷の階級としての特殊な性格(共同体と生産手段の欠如)が変化してきていることを示すものであろう。もとより、奴隷もまた、既存の全価値体系を拒否する新しいイデオロギーに助けられて、支配層による精神的抑圧からの解放のたたかいをした。(23) しかしこのイデオロギー闘争もまた、いまや下層自由人や他の隷属者と共同のたたかいであった。これも、奴隷が基本的な階級の一つとして捉えられた「一大階級社会」の構造に、すでに変化が起こっていることを示す事実である。

2　原住民反乱の問題

ローマ市民共同体を一大支配階級とする「一大階級社会」である地中海世界において、もう一方の被搾取階級は、諸他共同体であった。土井氏のことばで言えば、「属州民とローマの支配者の間の矛盾」こそまさに「主要な矛盾」であった。この矛盾が激化するとき、すなわち、直接的には、ローマ市民共同体の諸他従属共同体に対する支配のパイプを通しての吸い上げが甚だしいとき、従属共同体(属州民)は抵抗運動に立ち上がる。原住民の反乱の形をとるこの抵抗運動は、したがって、「一大階級社会」における階級闘争である。そのような階級闘争としての原住民反乱に、われわれはどのような性格を見出すことができるであろうか。

ローマ帝国支配の全歴史の中で数多の原住民反乱があるなかで、このような意味での階級闘争として位置づけることができるものは、ローマ支配下に入れられることに対する防禦・抵抗戦争ではなく、すでにローマの支配下に、少なくとも外見上組み入れられ、ある程度の「平和化」が進んだ諸種族の、ローマ支配からの脱出・独立闘争である。したがってそれはおおむね、共和政末期から帝政初期にかけてたたかわれた闘争に限定される。

まさにこの時期の原住民反乱から五つの反乱を選び、それらの反乱の共通の性格、ならびにそれらの異同について分析したものに、ダイソンの研究[24]がある。かれによって選び出された反乱は、前五二年からのウェルキンゲトリクス(Vercingetorix)の反乱、前一一年からのパンノニア・ダルマティア反乱、紀元九年からのアルミニウス(Arminius)の反乱、六〇年からのボウディッカ(Boudicca)の反乱、そして、六九年からのバターウィ(Batavi)の反乱である。ダイソンはこれらの反乱を、個々の属州ないしは民族の歴史の文脈の中で捉える方法――それはしばしば「民族主義」として説明して分析を終わる――によってではなく、比較史的な方法によって分析しようとする。そのさいかれが分析の武器に使うのは、近代植民地主義にさらされた原始諸民族の変容にかんする人類学の研究である。なかでも、原住民文化の、征服者のもたらすより発達した異質文化の受容(acculturation)、それに反発する原住民文化の独立・自己同一化・自己回復運動(nativism, revitalization)は、最も重要なキー概念として使われる。

これらの方法の適用によって、ダイソンにより、五つの反乱に共通の特徴として指摘されるのは、次の諸点である。

第一は、反乱の時期の問題であり、反乱は平和化・ローマ化の第一段階で勃発したもので、それは、原住民の社会構造がいまだ完全には変化をうけていない段階であったことである、それらは、ローマの、征服をめざす進出に対する抵抗ではなかった。一般に原住民種族はローマの征服を深刻には受けとめず、むしろ種族同士の内部抗争にかまけ、ある場合(たとえばブリタニアのイーケーニ族)にはローマを他種族の膨脹にたいする抑止力として利用さえした。しかし、征服後何年か経過すると、征服時にローマ側が妥協として行なった約束は忘れられ、ローマはその圧倒的な力を背景に、より完全な行政的把握をしようとし、それはしばしば原住民の生活・慣習を破壊した。出先役人の腐敗・無能力もこれに加わった。他方、原住民内部でも、征服時のローマの圧倒的な力や種族間の敵対関係を経験していない若い世代が成長してくる。ウェルキンゲトリクスの周囲にもそれらの若い世代の貴族層が認められる。

反乱勃発に至るしばらくの期間に、これら原住民種族内部で進行した変化について、ダイソンは重要な指摘を行なっている。たとえば、ウェルキンゲトリクスのアルウェルニ族[25](Arverni)は、ローマの征服よりはるかに以前から、ローマ商人の活発な商業活動の中心的舞台となり、その結果として首長層は、おそらくは商業への課税ないしはリベートによって致富し、強力な中央権力を築いていった。そのような富裕な首長として最初に名前が知られている者は、ルエリウス(Luerius)であり、その息子ビトゥイトゥス(Bituitus)が前一二一年ローマと戦ったとき、かれはすでに巨大な富を手中にしていた。かれの「アルウェルニ帝国」は、この富を使っての同盟組織の形成によるものであった。この富が、このように地中海との商業の副産物であるなら、このような中央政治権力の強大化は、"acculturation"の間接的結果であると見ることができるであろう。

前一二一年の敗戦「アルウェルニ帝国」の崩壊後、その結果としてアルウェルニはいっそうローマとの接触面を広げられる。第一に、商業的な関係は継続し、拡大される。第二に、種族内部の政治的安定が動揺する。ウェルキンゲトリクスの父ケルティルルス(Celtillus)は「全ガリアに対する第一人者の地位」(principatum Galliae totius)を手に入れたので、王位を求めているとして共同体(civitas)によって殺された(カエサル『ガリア戦記』七・四・一)。おそらくは商業活動の影響の中から、新たな富裕な貴族層が擡頭し、旧来の指導層を凌ぐまでになっていたのである。第三に、ローマ側は、種族内部に親ローマ派の養成に努め、それに成功した。ウェルキンゲトリクス自身、初めは親ローマ派の一人であった。

ウェルキンゲトリクスの反乱に従った、他の種族、アエドゥイ(Aedui)、カルヌーテス(Carnutes)、セーノーネス(Senones)においても、多かれ少なかれ類似の"acculturation"が見られる。(26)

パンノニア・ダルマティア地方についても、(27) 反乱勃発前の変化はこれと類似していた。ローマとの接触は第一次イリリア戦争(前二二九—二二八)に溯るが、前二世紀の間に、ローマは何度か軍を進めたにもかかわらず、カエサルの時代に至るまではなお、原住民種族がローマの部隊を撃破する状態であった。ようやくオクタウィアーヌスは三度の遠征(前三五—三三)で海岸地帯を制圧し、内陸部のサウス(サーヴァ)川沿岸のシスキア(シサク)に基地を作り、ついでティベリウスらは内陸部の武力征服を企てた(前一三—九)。原住民は武装解除され、掠奪され、多くの者が奴隷化された。しかしそれと並行して、すでに商人は内陸部にまで活発に進出しており、すべてのパンノニア人はローマ人の規律(disciplina)も言葉も知っており、多くの者はローマ人の文字も考え方もよく知っていた(Velleius Paterculus, 2, 110, 5)、と伝えられるほどに、"acculturation"は進んでいた。

ケルスキ(Cherusci)族のアルミニウスの反乱に先立つ時期におけるライン彼岸のローマ化の進度については議論の分かれるところ、としながらも、ダイソン(28)は、ここでも、市場の開設、ローマ的生活様式の浸透がすでに見られ、前一二—九年のローマ人による西ゲルマニア征服による商人のこの地方へのより活発な進出など、"acculturation"の現象が見られ、それはウァルス(Varus)によっていっそう早められた、とする。この地方についてもとくに強調されるのは、商業活動の結果、農業技術にも変化が生まれ、支配階級の富と権力が増大した、ということである。

ボウディッカの反乱に先立つブリタニアの情勢も同様であった、とダイソンは指摘する(29)。ブリタニア南東部では、前五五・五四年の、失敗に終わったカエサルの遠征から、紀元四三年のクラウディウス帝による征服までの間に、商人の活動によってすでにローマ文化との接触が始まっていた。四三年の征服は、一方では軍事行動を進めつつ、他方では原住民種族の不統一を利用してのもので、この間に首長層のあるものたちはローマのクリエンテス化された。かれらはローマ的生活様式の受容によって大いに益をうけ、"acculturation"の過程を積極的に推進したと思われる。チチェスター出土のコギドゥブヌス(Cogidubnus)王の碑文、同王の領土内フィッシュボーンで発見された壮大な宮殿はそのことを物語っている。ボウディッカの死んだ夫、プラスタグス(Prasutagus)についてはそれほど明らかではないが、「長年の豪奢な生活によって有名な人」(longa opulentia clarus)(タキトゥス『年代記』一四・三一・一)という句から、ローマの支配を巧みに利用していたことが察せられる。いっぽう、ローマの直接統治下に入れられた地域で原住民指導層のローマ化は活発で、カムロドゥヌム(Camulodunum)に建てられた皇帝礼拝神殿、そこにおける原住民神官の任命は、ローマ化の中心的役割を演じた。と同時に、こうした急激な"acculturation"の過程は社会的緊張を生んでおり、また、入植した退役兵は原住民を奴隷的に扱い、現役兵も粗暴に振舞うなど(タキトゥス『年代記』一四・三一・四―七)、原住民には耐えられない状態に立ちいたっていた。

五つの反乱に共通の特徴として、ダイソンによって指摘される第二は、反乱の直接のきっかけである。それは、ローマの行政的あるいは財政的要求が強化された時であった。それはブリタニア・パンノニア・ダルマティア・ゲルマニア(アルミニウス)においては課税の導入であり、バターウィ族の反乱の時には、ローマの内戦(四帝時代)の必要からする徴兵の強化であった。(30)

共通点の第三としてあげられるのは、反乱指導者の問題である。(31) これらの反乱には、いずれの場合でも、一人の指導者が他の従属的指導者を凌いで傑出した地位を占め、反乱を統一し、象徴する。かれによって、それまで原住民社会では前例を見なかったような統一がなしとげられる。この特徴こそ"nativism"運動の特徴である、とされる。かれらはほとんどすべて、原住民社会の有力者であり、原住民社会の構造そのものは、脅かされてはいるがまだ壊されてはいない。しかもかれら指導者は、ローマ人とかなり深い接触をもち、ローマ文化を知り、ある場合にはローマへの奉仕を新たな財政収入源としていた。

ウェルキンゲトリクスの場合、[32] かれがローマ軍勤務の経験があった、という証言はないが、かれの軍事指導能力から見て、その可能性は大きい。かれの属するアルウェルニ族が前二世紀においてガリア諸族の指導的地位にあった記憶は残っていたはずであるし、かれ自身の父は王位をねらうと疑われたほどの有力者で、ウェルキンゲトリクスは父からその資産と大勢のクリエンテスをうけついだことは明らかである。こうした実力に加えて、かれには疑いもなくカリスマ的資質があった。パンノニア・ダルマティア反乱の指導者[33]として知られているダエシティアーテス(Daesitiates)族のバト(Bato)は、ローマ軍に勤務したことのある人物で、降服後かれは生命を許されて、ラウェンナで安楽に余生を送った、と伝えられる。こうした経過から見て、かれはローマ軍と対等に戦うとともに外交的取引もしうる、かなりローマ化された人物だったと思われる。もう一人の指導者、ブレウキ(Breuci)族のバトもほぼ同様で、いつの間にかローマと妥協し、従属王の地位を許された。

アルミニウス[34]は、ウェルレイウス＝パテルクルス(2, 118, 2)とともに騎兵勤務(militia equestris)の経験があり、ローマの軍事技術を十分に体得したラテン語を話すゲルマン人として、ローマ側に深く信用されていた。しかもかれの祖国ケルスキ族は長いローマに対する抵抗の歴史をもち、ケルスキ族における足場をかれは失うことはなかった。ローマの三軍団を全滅させたかれの戦闘指揮は、かれの指導力が一ケルスキ族をはるかに超えて働いていたことを示しており、それはかれの説得力ある演説、カリスマ的資質、それにローマ軍勤務の間に増大した資力によるところが大であった。

ボウディッカ(35)の指導的役割は、彼女が当時残り少ない原住民王族の一員であったためで、そのため、それまで有力ではなかったイーケーニ族は反乱の中心的地位を占めたのであった。それに加えて彼女には、ローマ人によって凌辱された妻であり母であったという、反乱にとって象徴的な事実があった。さらに彼女は、Andraste 神との特別の結合を強調して戦勝の予言・祈りを行なうという宗教的カリスマをもっていた。そのカリスマは彼女の特別の恐ろしい外貌によって意識的に表現されていた。背が恐ろしく高く、眼光は獰猛で、声は男のように荒々しい。房々した頭髪は臀部にまで届き、大きな黄金のネックレースをまとい、多色の下着の上に厚いマントをブローチで結ぶ。そして長い槍を常に握っている、という彼女の常の外貌が伝えられている(Dio., LXII 2, 4)。

バターウィの反乱の指導者はユーリウス＝キーウィーリス(Julius Civilis)(36)である。その名から明らかにローマ市民権保持者であり、二十五年間ローマ軍に勤務(補助軍司令官)した。私人だったときのウェスパシアーヌス帝と親しかった、と言う。ネロ帝の末年の複雑な事件にからんで、かれは反乱計画の疑いで、他のバターウィの貴族とともに逮捕されてローマに送られたが、彼一人処刑されずガルバ帝によって宥されて帰された。しかしウィテルリウス帝時代にも身の危険を感じていた。このようにかれは、これまでの誰よりもローマ化され、当時のローマの複雑な政情とからんでいた。いっぽう彼は、バターウィ社会では高い身分の生まれで、機会あるごとに原住民的習慣との関係を強調した。たとえば、反乱開始の場所は、神域における聖餐の席が選ばれたし、ウェテラ(Vetera)におけるローマ軍撃滅までは、頭髪を赤く染め、それを切ることはなかった。これは明らかに原住民的な誓約のしるしであった。また、ウェテラの戦勝を予言したというブルクテリ(Bructeri)族の少女予言者ウェレダ(Veleda)と結んだことを含めて、彼には"nativism"のあらゆる特徴が見出され、ドルイド教の予言もまた再び擡頭し、この反乱に結びついたことも見落とせない。

五つの反乱に共通する第四の特徴としてダイソンは、反乱の統一を可能ならしめ、さらには反乱を持続せしめた要因の問題を次のように指摘する。すなわち反乱の統一は、もとより直接的には右に見たような指導者のそなえた諸資質によるところが大きいが、同時に、当該(諸)種族の記憶の中に残っている原住民王国の存在、およびローマ側によって促進された原住民指導者の集会の果たした役割も見落とすことはできない。ウェルキンゲトリクスの反乱にさいしての、「アルウェルニ帝国」の記憶についてはすでにふれたが、パンノニア・ダルマティア反乱にさいして前三世紀末のテウタ(Teuta)女王の王国の記憶が残っていたかは不明であるにしても、この時およびアルミニウスの反乱時にマルコマンニ王国を創設し勢力を固めつつあったマロボドゥウス(Maroboduus)王についての知識は十分にあったはずであった。[37] ボウディッカは自ら王妃であった。

反乱の統一には、また以前からあった原住民指導者層の集会が役立ったが、たとえばカエサルはそれをローマの立場で利用し、再三召集した。そしてそれは逆に原住民の間の統一意識と、共通の被抑圧状態の意識をめざめさせた。[38] また反乱の指導者の多くはローマ軍勤務の経験があったが、その経験は、種族ばらばらの従来の戦闘方法ではとうていローマ軍にかなわないこと、統一の必要性を彼らに教えるとともに、ローマの補助軍(auxilia)における種族民の軍会がかれらの集団の力を教えることともなった。[39]

ウェルキンゲトリクスとボウディッカの反乱の場合、これらの指導者が死んだあとにまで反乱は続いた。このような反乱の継続を、ダイソンは、原住民大衆の心にある社会心理的・宗教的不安によって説明する。それは、ローマの支配を追放しなければ、自分たちの社会は認めうるぎりぎりの線以上に変えられてしまう、という恐れであった。ウェルキンゲトリクスの反乱にさいして、アルウェルニ族のクリトグナトゥス(Critognatus)の行なった演説中に出てくることば、「ローマ人は、名声によって高貴で戦争に強い者たちの土地と種族(civitas)の中に定住し、永遠の隷属を課する」(『ガリア戦記』七・七七・一五)ことのみを求める、というのは、そのような恐れと不安の表現であった。[40] 反乱がしばしば宗教的行動と結びつくのは、そのような恐れと不安のゆえであった。トイトブルクの森では、アルミニウス軍は、ローマの百人隊長(centurio)や高級将校(tribunus militum)を、神への犠牲として殺した。復讐に出陣してきたゲルマニクスの部隊に対して、ゲルマン人たちは進軍を開始する前に、ヘルクレスの聖林で閲兵を行なった。[41] ボウディッカの反乱の時にも、原住民たちは、上流のローマ人や彼らと結婚した原住民の女たちを、殺し、凌辱を加え、ローマのウィクトリア女神に当たる、アンダテ(Andate)神の神域で彼らを供犠し、宗教的聖餐を行なった。このような残酷と、宗教的儀式との結合は、原住民大衆の社会心理的不安の表現であると同時に、それはまさに"nativism"の古典的要因であった、とダイソンは説明する。[42]

以上のような背景やきっかけで反乱が勃発したとき、いずれの場合にも、ローマ軍は不意を打たれた。ローマ人にとってそれは思いもよらないことであったから、油断をしていたわけであった。[43] ということは、原住民社会・文化の"acculturation"がそのような抵抗や挫折を見ることは、それまでの経験からいってローマ人には考えられないことであったからであるし、原住民社会深く潜行していた"nativism"の運動をかれらはまったく予測していなかった、ということである。ローマ人が接触していた指導的原住民はいずれも、最もローマ化された人びとであり、ローマの支配を受けいれ、それによって多少なりとも益を受けた人たちであったのだから、この種の人びとが反乱の先頭に立とうとは思いもよらなかった、ということは、無理もないことであった。

人類学的な概念を利用して五つの反乱を分析した以上のようなダイソンの研究は、階級闘争としての原住民反乱の性格を明らかにしようとするわれわれの当面の課題に、大きな示唆を与えてくれる。まず、いずれの場合にも、ローマ支配の及ぶ以前から、地中海世界との接触によって“acculturation”が生じたことが認められたが、それの最も強い作用を働いたものは、商人の商業活動であった。この“acculturation”の現象の経済的側面は、共同体の分解である。この分解の結果、最も“acculturation”の進んだ層として、富裕な有力者、すなわち首長層が現われたのであった。

したがって、これらの種族共同体もまた、地中海世界の諸条件によって強められた商品貨幣関係の作用の余波をうけて、分解作用を起こしていたのであった。この作用は、ローマ支配の開始とともに、いっそう強まったはずである。そしてその段階で、“nativism”の運動が勃発したということ、つまり“acculturation”にストップをかける反乱が起こったということは、経済的に見れば、この分解作用に危機を感じた共同体の自己回復闘争が発生した、ということにほかならない。前節で考えたように、階級闘争としての奴隷反乱は、奴隷の共同体回復闘争であったが、それと同じように、原住民反乱もまた、原住民種族共同体の自己回復闘争であった。

では、なにゆえに共和政末から帝政初期にかけてのまさにこの時期に、種族共同体の自己回復闘争が続発したのであろうか。われわれはこれを、商品貨幣関係が共同体に及ぼす分解作用が弱化したためだ、と解釈する。これは一つの解釈であって、とうてい証明できるものではない。むしろ逆に、“nativism”の運動の発生から、商品貨幣関係の弱化を逆推すべき筋道の問題かもしれない。しかしながら、これらの反乱がいずれも、地中海沿岸地方より多かれ少なかれ内陸部で発生していることは、この解釈を妥当なものとするに有利な事実である。(44) ローマ支配の一層の確立のためには共同体の分解を強く推進させることをもって最も得策としたはずのローマが、いずれの場合にもいわば手を抜いて油断していたこと、それは実際は内陸に進むほどに手が廻らなくなっていたからであるが、このことが種族共同体の分解に以前の時代におけるほどの強い力が加わらなくなったもう一つの原因であったであろう。種族共同体のある程度の分解、そこからの有力指導層の上昇、しかしながら、それら指導層のかなりの部分をも含めて、共同体の自己同一化に関心をもちうる程度の比較的に緩慢な分解の速度、そうした段階における新たな共同体の危機(課税・徴兵等々)、これがこれらの反乱の共同体論的意味である。

それとともに、このような分解力の弱化・緩慢化が、各種族共同体の分解のどのような段階で現われ、また新たな危機が共同体の分解のいずれの進行段階で加えられたか、ということも、各反乱の経過や収拾のされ方に影響を与えざるをえなかったことにも留意する必要がある。ボウディッカの反乱とウェルキンゲトリクスの反乱が徹底抗戦の様相を帯びたのは、前者の場合は地中海世界の周辺であるという地理的要因、後者の場合は比較的早い時期であったという段階的要因によって、それぞれ分解度が浅く、共同体の自己保存運動が強烈であったことによるであろう。それらと対極をなすのはバターウィの場合で、結局は外交的収拾で事態が収まったのは、共同体の分解とローマ化がはるかに進んでいたからであろう。それらの中間に位置するものはパンノニア・ダルマティアの反乱とアルミニウスの反乱で、前者の指導者が降服後ローマによって宥されたこと、後者のアルミニウスが種族の危機の去ったあと種族員の手にかかって殺されたのは、共同体の分解度が両極端の中間にあったことを物語るものではなかろうか。

3　帝政期における共同体の問題

地中海経済圏におけるイタリアの中心的地位の陥没は、イタリアにおける商品貨幣関係の発達を停滞させ、やがてこれを後退させる。このような商品貨幣関係の後退が、イタリア農業における奴隷制の衰退を結果したものであろうことは、さきに推定したところである(第四章)。いっぽう、地中海世界との接触によって商品貨幣関係の影響をうけ、すこしずつ分解を始めていた周辺部の種族共同体は、ローマ支配の波が及ぶにいたって、分解の速度を早めはしたが、その分解の速度と態様はかつての地中海世界形成時の市民共同体のそれとは異なり、周辺部に達した時の商品貨幣関係の分解力の弱化のゆえに、種族共同体の分解は緩慢なものたらざるをえなかった。そのために種族共同体の自己回復闘争としての原住民反乱を惹起することとなった。反乱そのものが鎮圧されると、商品貨幣関係の共同体分解力は緩慢ながらふたたび力を現わし、地方によっては、種族共同体が、かつての地中海世界形成時の市民共同体のような発達のコースを辿るものもあった。

ローマ帝国内部においても、商品貨幣関係の働く共同体分解作用は、帝政期にはいってもなお続いて認められた。共同体所有地に、かなり有力な私的土地所有者層が形成されていった。こうした分解を直接に働いたものは多くはローマ市民で、あるばあいには手工業者・商人として、より多くのばあい、退役兵(veterani)として共同体に浸透して土地所有者となった。あるいはまた、現地出身の貴族層(principes, seniores 等)が、その富によってローマ市民権を獲得し、しばしば都市参事会員(decuriones)になり、さらには騎士・元老院議員に上昇し、それとともに共同体の土地に私的土地所有権を獲得することによって、共同体の分解を働いた。(45) こうした共同体の分解は、帝政初期の二〇〇年間における帝国政府の政策によって促進された。なんぴとも隣人に、その隣人の欲する以外の方法での耕作を強制しえない、とか、隣人の同意がなければ自己の土地を売却できない、とか、特定の領域に土地を購入する権利をもたない者でも、担保としてなら入手できる、とかいう法学者の見解は(Dig., II 14, 61; X 1, 4, 9; XX 1, 24; XXXIX 3, 2, 2; 24)、共同体の土地に関するものであったろう。(46)

共同体は国有地・都市所有地・皇帝領・私領にも存在したが、それらの共同体でも分解が見られた。アフリカの皇帝領にあった諸村落では、小作人(coloni)は固有の長(magistri)と、時として固有の部隊をもち、共同で建設を遂行した。ライン地方の大皇帝領 Sumelocenna には、おもに小作人が定住し、かれらは自治をもち共同体として構成されていたが、そのほかに、私的土地所有者である退役兵(veterani)と、グリナリオ村(vicus Grinario)の村落民(vicani)もいた。これは共同体の分解のしるしであり、分解の進行に応じてSumelocennaはのちに都市(civitas)となった(CIL, XIII 6358, 6384; AE, 1910, 128)。

このように、共同体の分解はいずれの場合にも進行したが、その分解過程は都市の領域においてとくに早かった。それは、一方においては、都市において高度に発達した商品貨幣関係の影響であり、他方では、都市建設にさいして肥沃でない土地に追いやられ土地の小作を余儀なくされた共同体に対する都市の搾取の結果であった。[47] 都市分布の密度が濃く、その影響から農民のローマ化が早い北アフリカでは、[48] 原住民の首長層(principes)が都市参事会員(decuriones)となり、したがって、自己の共同体で、他の共同体成員が外人(peregrini)にとどまっていたなかで、私的土地所有者に変成していったいくつもの例が知られている。[49]

このように共同体の分解は、帝政期にはいっても明らかに進み、帝国政府の「都市化」政策に助けられて、分解の中から都市にまで発達する例は少なくなかった。これらの発達には明らかに地方差が認められ、ギリシア・小アジア・シリアなど、ローマ支配以前から市民共同体の発達と都市化が進んでいた諸地方は別とし、この時代に共同体の分解と都市化の現象がいちじるしかった地方としてアフリカおよびスペインが注目され、ドナウ地方でも同じ方向への発展が認められた。ドナウ地方の好例は、今日のウィーン(Vindobona)とブラティスラヴァ(Carnuntum の近く)を結ぶドナウ河の南方一帯を定住地としていたボイ人の共同体(civitas Boiorum)の発展である。[50] ティベリウス帝の治下、Carnuntum に軍団陣営が設置され、一世紀の前半のうちにそれに近接して canabae が生まれる。考古学的発掘ならびに碑文の研究から明らかにされているところによると、この canabae は琥珀の道に沿った国境の要衝を押えた商業定住地で、住民の半ばはイタリアから来住した商人であったと推定されている。こうした変化に影響されてボイ人の「ローマ化」が進むが、ローマ側はローマ市民権付与政策によってこの過程を促す。ティベリウス帝・クラウディウス帝時代にローマ市民権付与がすでに認められるが、とくにフラウィウス朝時代には原住民貴族層の多くの者にローマ市民権が与えられた。このような商品貨幣関係の影響、ならびにローマ側の政策の結果は、civitas Boiorum の急速な分解であった。すでにローマ征服以前に、首長名を刻んだ貨幣を鋳造していたことから知られるように、ローマ以前に共同体の分解は中央権力をもつまでになっていたが、一世紀における発展は、パンノニアの他の種族に例を見ない高度なもので、奴隷所有も、ローマ市民権をもつ貴族層を中心に、外人(peregrini)身分のものにまで及んだ。奴隷は出生奴隷(vernacula)を中心に、Carnuntum の奴隷市場で買われたゲルマン人等の外人奴隷も認められる。しかも、奴隷碑文の出土状況から推して奴隷制の農業的性格が推定されている。こうした発展の結果、一方では首長(princeps civitatis)のものと推定される Parndorf に所在の豪奢なウィルラや、Leitha 川地帯に発掘されたようなボイ人貴族層の中規模ウィルラが作られたが、しかし他方では、Neusiedler 湖畔の Winden に発掘された、奴隷の働いていた農場のようなイタリア人来住者あるいは退役兵の所有にかかるものと推定されているウィルラがあることも見落とすことができない。原住民共同体の分解と、それに対するローマ側からの促進作用を、ここに読みとることができるからである。それにもかかわらず、二世紀の初めまでは、ボイ人共同体の組織は強固に維持されていた。ところがハドリアーヌス帝の治下、この地にムニキピウム(municipium Aelium Carnuntum)が建設される。それはcanabaeの西にあたりHainburgの近くのBraunsbergの原住民定住地を拡大したもので、ローマ人の手でかなり大規模な建造物を中心にして建設されたこの都市には、canabaeからもその他からもさまざまな人が移り住んだ。そしてこの時、civitas Boiorumの大部分は、新ムニキピウムの領域に編入され、残りの一部はNeusiedler See南のScarbantiaに編入された。これ以後、ボイ人の貴族層の中からCarnuntumの都市参事会員(decurio)になる者が現われ、一七八年の碑文(CIL Ⅲ 4495)では、かれらの一人が騎士身分に上昇していることが確かめられる。「都市化」が働いた原住民共同体に対する分解作用の、一つの結果が如実に物語られていると言えよう。

このような発達が緩慢であったのはガリア三州であり、エジプトではそれはほとんど認められなかった。(51) このような地方差は、商品貨幣関係の浸透度の相違によって、その共同体分解力の作用が直接的であるか間接的であるかにかかるところ大であった、と考えられる。

ということは、このような商品貨幣関係の共同体分解に作用する力は、地中海世界全体に均一に働いたものではない、という当然の事実(第一章)を意味するのであって、むしろ反対に、帝政初期約二〇〇年間の「都市化」現象の最盛期にあってすら、その影響を僅かしか、あるいはまったく、受けなかった共同体が多数存在した、という事実を物語っている。この側面をこの上なく強調するのが、シュタエルマン(52)であるが、東部諸州のうち、とくに経済的に後進的な、海岸および高度に発達した都市から距たった地域における共同体の残存はいちじるしく、この地方ではビザンツ支配下にいたるまでその事態はほとんど変化することはなかった。(53)

「都市化」の比較的さかんな西部諸州においてすら、共同体の存続は多くの証拠に支えられている。シュタエルマンは、リグリア等の北イタリア、ガリア＝ナルボネンシス州(Gallia Narbonensis)、アクィタニア(Aquitania)、ルシタニア(Lusitania)、北部タルラコネンシス(Tarraconensis)、南東部スペイン、ガリア三州(tres Galliae)、ライン＝ドナウ地方などについて、それぞれ代表的な碑文をあげながら、共同体と見られるものを指証している。(54) それらの共同体の個々について、その内部構造、相互の関係等、かなり分かるものもあれば、明確でないものもあるが、いまそれらを、地方的な偏差と特質を捨象して大まかに列挙すると、pagi, vici, castella, gentes, gentilitates, vicini, viciniae, confines, consacrani, centuriae などの名のもとに現われてくるものである。ガリア＝ナルボネンシスでは、pagi は都市役人に従属したが固有の役人と共同地を持ち、また土着貴族出身の patroni をもつものも多い。ルシタニア・タルラコネンシス北部では gens は幾つかの gentilitates から成り、各 gentilitates は村をもち、また gentilitates 相互が友交関係(hospitium)で結ばれている、といった例が見られ、ふたつのgentesの上に一人の長(princeps)が立つこともある。また、gensが共同所有・奴隷・解放奴隷をもつものもある。この地方に多く見出されるcenturiaeは、種族共同体から農村共同体への過渡形態かと解され、その点でviciniae, vicinitatesとも類似している。またこの地方に現われるconsacraniは祭祀共同体であるが、モエシア(Moesia)の二碑文から、それは農村共同体vicusの核になったと推定される。

これらの諸共同体をきわめて大雑把にまとめてみると、おおむね、前に挙げたもの(pagi, vici,…)ほど発達の進んだもの、あとに挙げたものほど発達の遅れた初期の段階にある共同体ということになるであろうか。したがって、北イタリアのリグリアのように、イタリアの発達した諸関係の影響を強く受ける地方では、pagi, viciなどが比較的多く見られ、それより低次の氏族・小種族共同体の残存が少ないのに対して、ライン＝ドナウ地方では古くからのviciもあるが、それと並んで、二世紀後半および三世紀には新しいviciが発生するのが見られる。新しいviciの住民構成は雑多で、peregrini, vicani等と呼ばれているものから、ローマ市民(cives Romani)、土地所有者(possessores)、退役兵(veterani)と呼ばれているものまである。おそらくは当該地方での徴兵によって補助軍勤務ののち、ローマ市民権を得て故郷に戻って来た退役兵がいたことを物語っているもので、かれらは故郷の共同体で私的土地所有者として定住したものとすれば、この要因が働いて、viciniae, consacrani, gentes等の以前の共同体を分解させて新しいviciを発生させたもの、と推定される。このような推定に立てば、一般的に言って、vici の多数存在は、低次の発達段階にある本源的共同体の分解の結果であり、それと同時にまた、分解が不完全であったことの証拠でもある。なぜなら分解が完全にすすめば vici は都市になるはずだからである。(55)

vici はまた私領の上にも発生した。それは、例えば、土地所有者がその解放奴隷に片地を与えたことに関連して生まれたもので、上部ゲルマニア・アフリカ等では、私領主の名前(nomen または cognomen)を vici の名に冠しているものも少なくなく、多くは地主の解放奴隷またはその後裔を vici の長(magistri)としている。それらと並んで、大土地所有の小作人(coloni)も農村共同体として組織されたが、二世紀末と三世紀のアフリカの碑文での言及が多いように、大所領の重要性の増大に伴って、それらの vici の数も増加した。(56)

シュタエルマンはさらに、共同体の存続を推しはかる徴候として、集落あるいは集団の守護神としての神々をまつる祭祀のもつ性格、とくにその長い生命力に注目し、その角度から宗教碑文を大幅に援用する。(57) 彼女によると、共同体が保持されたところでは、ローマ化が進んでも共同体宗教を駆逐することはなく、gentes あるいは集落の名前に由来する名称をもった男女の神々が見出されるか、あるいは、神名にローマ名が付されて(matres, matronae 等)土着神名を副名として残すだけとなっても、共同体の守護神という元来の性格を失うことはなかった。ルシタニア・タルラコネンシスでは、各 gens, gentilitas が固有の守護神(Lares Gapeticorum gentilitatis)を持っており、ドナウ地方では神々はほとんどのばあい、村落の守護神(patroni)である。他方、アクィタニアのように大土地所有の発達した地方では、共同体は原住民有力者(potentiores)に従属化し、その共同体の神々は所領の神々に、時としては土地所有者個人の神格化(Genius)になってゆく。原住民貴族がとくに強いところでは、騎馬神祭祀が広く見られ、二世紀末および三世紀のライン＝ドナウ地方ではことにそれは盛んであった。それは、この地方では、原住民出身の軍司令官が富裕な大土地所有者に、そして新貴族に上昇したからであった。この時代にはまた、貴族の神々と農民の地下の神々との対立が見られ、大土地所有と農民共同体との間の矛盾の激化を示すものと解される。

これらの諸例とは反対に、共同体が稀であるか、あるいはまったく欠如するところ、すなわち、共同体が分解し切ったと見られるところにおいては、神々は大種族とか部族の守護神(patroni)か、個々人・家・家族(familia)の守護神、ないしは、健康・多産・幸福の与え主のような人間一般の神、さらには天・宇宙の主、というような性格をとる。こうした現象は、本源的な共同体が分解し切った結果、新しい諸関係が普及し、それと結びついた個人主義が生まれたことを示している。[58]

以上のように、帝国各地方において存続したことが確認される共同体は、二世紀末にはその重要性はいっそう増大する。そのころ、都市の碑文が激減するのにたいして、村落的集落の碑文の大部分がまさにこの時代に由来することは、経済生活の中心が都市から、村落と大所領に移動したことを示すものである。ところで、この移動過程は、単に、自由な共同体(vici等)の増加を示すだけではなく、同時にその反面として、自由な共同体がしだいに、有力者(potentiores)、ないしは、皇帝領saltus の総小作人(conductores)に、従属化してゆく過程でもある。(59) この従属化過程は碑文の上に明瞭に現われる。すなわち、保護者(patroni)は共同体に対して小土地・神殿、その他の建造物・貨幣等を贈与し、それを契機にして共同体をクリエント化する。碑文はそれらに対する感謝碑文である。このほか、後代についてより詳しく知られる保護支配(patrocinium)を通して、被護民(clientes)は保護者(patroni)の容仮占有者(precaristes)になっていった。高利貸を通じて共同体が債務に陥ることも少なくなかった。このばあい、小作人個々人が債務化するのではなく、共同体が全体として債務化するのである。

このような小作人の債務化は、共同体の存続、さらにはその復活の重要な原因の一つであったことをシュタエルマンは指摘する。債権者である地主にとっては、共同体の共同保証の方が有利であるから、というのである。しかしながら、彼女がいっそう重視する要因は、農業的小生産にとっては共同体が不可欠である、という生産的条件である。(60) 奴隷制が農業を把握せず、さらには奴隷制ウィルラ所有者が生産の組織者として現われないところではどこでも、小耕地と果樹園しかもたない農民は、自ら他に牧草地・森林・水源を補わなければならず、また、重い犂、オリーヴや葡萄の圧搾器・粉挽器も調達しなければならなかったが、これらの高価な生産用具の購入は個人では不可能であり、開墾、灌漑水路の建設、排水等には協同作業が必要であった。したがって、農業における奴隷制が後退し、小生産が一般的になり優位を占めると、共同体関係の重要性も復活せざるをえないわけであった。

この方向に拍車をかけたのが政府の政策であった。前述のように、帝政初期約二〇〇年間の政府の政策は共同体の分解をすすめる方向に役立つものであったが、いまや政策は一八〇度転換し、共同体とその諸権利を尊重し共同体からの脱出を困難ならしめようとする意味をもつ措置がとられることになった。(61) カラカラ帝は二一三年に、土地分割ののち一方の土地を他方の土地保有者の承諾なしに売ることを禁じたし(Cod., Just. 37, 1, 7)、三世紀のウルピアーヌス(Dig., X 3, 7, 1; 4)およびモデスティーヌス(Modestinus)(Dig., X 1, 7)の学説にも共同体地の維持を念頭においたものがある。四世紀にはこの傾向はいっそう明瞭となり、共同体内の土地を共同体成員以外の者が買うことを妨げ、共同体成員が土地を代々保有する優先権を確保する権利を共同体は与えられるに至っている。このように、共同体の分解と、私的所有の発達に向けられていたかつての政策は、完全に一八〇度転回させられていたのである。

さて、帝政初期約二〇〇年間の、都市的生活と都市的諸関係が最盛期に達した時ですら消滅することがなかった共同体が、やがて強化され、重要性を増していった理由については、債権者としての地主側の便宜とか、農業的小生産の生産諸条件の側の都合などといった、シュタエルマンが指摘した諸要因と並んで、重要性においてはそれにまさるとも劣らない、ある意味においてはいっそう注目に値いする、もう一つの要因がある。それは、都市における経済的発展の結果、都市はいかなる意味においても市民共同体の発展線上に位置づけることができないまでに、分解し切ってしまい、都市を中心に発展した商品貨幣関係は萎縮し、周辺の共同体に及ぶ商品貨幣関係の分解作用が弱化した、ということである。(62) 二世紀の末いらい急速に進む都市の衰退といわれる現象がそれである。共同体は、かつて地中海世界に働いた商品貨幣関係を促進する諸要因の作用をうけて急激に発達(分解)した市民共同体の轍のあとを走らされることなく、かつて農業生産にとっての基本的な前提であった市民共同体とその発達段階に現われた奴隷制とに代わって、いまや生産にとっての基本的な前提、基本的な条件をなし、緩慢な発達をすることができるようになるのである。

では、帝政期における都市の「衰退」は、どのようにして起こったのであろうか。基本的な要因は、ローマの支配そのもの、具体的にはあの独特な市民権政策であったといわなければなるまい。繰り返すまでもなく、支配共同体としてのローマ市民共同体は、市民権付与政策によって、従属共同体の支配的上層にまでその末端を拡大したが、これは、従属共同体(外人都市)にとってはその支配的上層をローマに吸い取られることを意味し、ローマ市民権を付与された支配的上層が故郷の都市の市民権を失わなくとも、かれらがしばしばローマ市民共同体内部での一層の上昇を志し、またそれによってさらに致富したとき、故郷の共同体の分解はこの面から促進されることになる。つまり、ローマ市民共同体の発展(分解とその復旧策としてとられた諸政策)は、他の一般都市を犠牲にして行なわれたのであった。地方のローマ市民権都市（植民市も自治市も）も多かれ少なかれ同じ発展を辿った。二一二年のカラカラ帝告示（Constitutio Antoniniana）が、ローマ市民権都市と外人都市の区別を消滅させたのは、このような均一過程の結論を出したものにすぎなかった。(63)

このような地方都市の分解は、ローマ市民共同体内に入れられて出世したその支配的上層が、自分の出身都市を、自分の、故郷の共同体として配慮したあいだは、ある程度のところで阻止され、それぞれの地方の共同体に対して作用を働きうる力をもちつづけることができた。小プリーニウスの故郷の町コームムに対するさまざまな寄与（CIL, V 5262）の有名な例(64)をはじめ、アティナ（Atina）の子供たちにその金利から穀物を買ってやるように二〇万セステルティウスを寄金したヘルウィウス＝バシリア（T. Helvius Basilia）の例（CIL, X 5056）、ウォルケイ（Volcei）の市民・皇帝礼拝神官（Augustales）・参事会員（decuriones）に、新神殿奉献にさいして、貨幣を分配したオタキリウス＝ガルルス（Otacilius Gallus）の例（CIL, X 415）に見るような、故郷の町に対する公共精神が消えない間は(65)、都市の共同体としての最低限の条件と経済的活力は維持された。国家もまた、はじめは都市の貧困市民に対する援助に努めた。イタリアの中小地主に貸付金を与え、その金利を孤児や貧困市民の子弟の教育費にあてようとしたいわゆるアリメンタ制度(66)はそれであったし、穀物価格をつり上げようとする者に厳罰を課した「穀物にかんするユリウス法」（Lex Julia de annona）をはじめ（Dig., XLVIII 12, 2）、不作時に穀価投機をしようとする商人に対する厳罰（Dig., XLVIII 11, 6）、穀物を普通より安く売るように都市政務官から強制された都市参事会員の例(Dig., XLⅧ 12, 3)など、[67] いずれも都市の分解阻止という意味をもつものであったと考えられる。

こうした地方都市の支配的上層の努力や政府の政策で都市の分解を阻止するには限度があった。それには、地方ごと、都市ごとに異なった経済的要因によったであろうが、帝国全体を通じて一般的なもっとも強い要因は、中央政府が都市に対して課する財政的負担であった。属州に対する徴税を請負人に委ねた共和政時代と異なり、帝政期は、徴税責任を都市、ことに都市参事会員に負わせる(課税額が徴収し切れない時には不足分の埋め合わせをする)という方向へとしだいに切りかえていった(Cod. Theod., XI 7, 2)。都市は商人等都市在住者そのものに課された税のほか、その都市領域内にある農地の税の責任を負わされるようになる。官僚機構や軍隊を維持する費用の増加による財政の圧迫は、そのまま都市にかかった。これを切り抜けるために都市がとった方法は、都市所有地(ager publicus)を私有地にかえること、つまり大土地所有者に売却することであった。ピウス帝はこの方法を禁じようとしたが(Dig., L 10, 5, 1)、マルクス＝アウレリウスとウェルス帝は、「信義誠実によって」(bona fide)所有しているかつての都市所有地はそのまま所有しつづけてよい、と定め(Dig., L 8, 11, 2)、都市所有地の私有地化を承認した。[68] この方法は結局は都市の経済力を弱めることになったのは当然である。いっぽう、都市参事会(curia)にはいり都市財政の欠損を自己の財産で支えることができる富裕者層の漸減は、都市にとってはとくに痛手となった。富裕者層の多くは中央政府で官途につき、成功した者は元老院議員になったが、彼らは故郷の都市に戻ってきても、都市への公課から免除される特権を与えられていて、もはや都市の力にはならなかった。[69] そのほか、都市公課免除の特権をうける種類の人びとはしだいに増加し、[70] それは結局は、残っている都市市民の負担増加となった。

こうして、古代末期に向かっての都市の転落が始まる。[71] 都市に残っている富裕者層は都市参事会にはいったり都市政務官になって私財を失うことを恐れ、あらゆる方法で都市のための負担を逃れようとする。[72] それに対して国家は強制を加え、かつては免除特権を与えられた者をも、[73] またそれだけの資力をもたない者をも都市参事会に入れようとする。[74] この国家からの強制を逃れる道は、逃亡だけであった。[75]

以上のような都市の「衰退」の現象が明瞭に物語っていることがある。それは、一つの世界としての地中海世界の性格を決定した市民共同体は、もはやそのような歴史形成者としての役割を完全に失っていた、ということである。市民共同体の一つであり、一つの世界としての地中海世界を現実的な世界たらしめたローマ市民共同体――拡大し、分解と復旧の運動をくり返してきた支配共同体であるローマ市民共同体――もまた、二一二年のカラカラ帝告示によって、最終的に消滅したことが確認されたということは、[76] これと並行する同じ意味をもつと同時に、より大きな規模で、そのことを象徴する事件であった。この告示にさき立つこと約四〇年、モロッコの一種族ゼグレンシス

(Zegrensis)のユリアーヌスなる人物にローマ市民権を付与することを明記した皇帝の公式文書(いわゆる「バナサ(Banasa)碑文」)が、ユリアーヌスにかんする「種族の権利はそのまま(salvo iure gentis)」と断わっている事実は、「種族の権利(ius gentis)」の内容が如何なるものと把握されようとも、共同体の生命力の承認であることにはまちがいなく、それだけローマ市民権の名目化が進んでいたことを物語るものであるし、広く言って市民共同体の歴史形成力の弱化をも示すものということができるであろう(77)。

こうして、都市の貧民はもとより、都市参事会員層までもが都市での生活をあきらめ、農村へ逃亡した。かれらが逃れるところは、都市の公課を免れて農村に定着しはじめた有力者、大土地所有者のもとであった。労働力の不足を深刻に感じ始めていた大土地所有者は、奴隷であろうと自由人であろうと、もと都市参事会員であろうと、受けいれ、都合のよい資格で農地に定住させ、そして必要と感ずる時には新たに共同体を作らせ、自己に従属させた。こうしていまや、大土地所有者がしだいに、小共同体の組織者として現われる。大土地所有者の中心所領は、しだいに自己完結的・自給自足的な荘園と化し、ついには所領内に市場が開設される。こうして所領は、地中海的な商品貨幣関係の分解力にさらされることなく、交換の機能をも果たし、ますます都市から独立してゆく(78)。

大土地所有者は三世紀にはいると、政治的に無視できない勢力として立ち現われる。おそらくはマクシミヌス帝の擁立にともなう戦争のための増税で、二三八年、北アフリカにゴルディアーヌス

(Gordianus)一世、同二世を擁立した蜂起が起こるが、この大土地所有者を皇帝に戴こうとしたのは、コロヌス・農民たちであった(SHA, Gordiani tres, 7, 2-3; Maximus, 14, 1)。明らかに、共同体を従属化させた大土地所有者が、初めて政治の舞台に現われたのである。(79) しかしながら、雑多な住民構成をもったさまざまな共同体や、さらには共同体喪失者(アウトロー)が一斉に反抗に立ち上がると、これら大土地所有者は自力ではかれらを抑え切れない。三世紀の後半、ガリアにおいて分離帝国を一〇年以上維持することができた大土地所有者の政治勢力が、テトリクス(Tetricus)に至って、バガウダエの乱を処理することができず、アウレリアーヌス(Aurelianus)の帝国に復帰したことは、(80) そのことを如実に物語っている。大土地所有者は、如何に都市から独立しても、市民共同体の発展によって形成されたローマ帝国の作り上げた軍事力なしには、いまだ共同体を安全に把握することができず、自己の権力を確立することができなかった。

ローマ市民共同体の第一人者として出発したはずの皇帝の権力は、すでに、支配共同体であるローマ市民共同体の支えを必要としないまでに強大化し、有名無実化した市民共同体の上に突出していた。かれを支えかれと同盟する権力者集団は、すでにローマ市民共同体ではなく、ホネスティオーレスであった。しかしながら、ホネスティオーレスの構成要素には、元老院議員のような大土地所有者と、都市参事会員のような都市上層とが含まれていたところから明らかなように(第二章第5節)、ホネスティオーレスと皇帝と軍隊とは、衰退する都市の利益を支えるのか、新興の大土地所有者を後援するのか、予めその方向が決定していたわけではない。三世紀の動乱は、社会史的には、そこに由来するというべきであろう。しかしながら、農業生産の基本的組織が、共同体と、共同体の組織者としての大土地所有者に結びついてゆく発展において、ホネスティオーレスと皇帝と軍隊は、自己を再生産し、帝国権力の掌握者でありうるためには、結局は共同体と大土地所有者とに結びついてゆかざるをえない。都市参事会員がやがてホネスティオーレスからフミリオーレスに下げられてゆくのは、まさにそのことと対応する。こうしてその社会的規定性も明らかにしたところに、四世紀の後期ローマ帝国が現われる。

皇帝権力は市民共同体からたち切られたとき、すでにデスポティズム化する条件を具えていた。このデスポティズムは、共同体の再生産、または共同体に対する大土地所有者の把握が、それを必要とする度合いが多ければ多いほど、強大化し、生産関係と所有関係を、国家が上から規制し、委託し譲渡する形をとった。大土地所有者の共同体に対する把握力も国家に対する自己主張力も東部より強かった西部では、五世紀の間に国家権力が急速に衰えるに及んで、大土地所有者の支配する一種封建的な関係が生まれた。これに対して、大土地所有者に対する共同体の自己主張力が西部より強かった東部では、共同体を基盤にした小生産と適合的な一種オリエント的なデスポティズムへと発展する。(81)

これもまたローマ帝国であった。しかしこのとき、かつて地中海世界をして一つの世界として出現せしめたあの運動法則は、もはや働いていなかった。

(1) Rigobert Günther, "Die Klasse der Sklaven und ihr Klassenkampf", Zeitschrift für die Geschichtswissenschaft, 8(1960), 104–112 はこのことを認めるが、この論文が取り上げるのは、奴隷の階級闘争だけである。

(2) マルクス『ルイ・ボナパルトのブリュメール十八日』(伊藤新一・北条元一訳)、岩波文庫、九ページ。

(3) 第四章2・3節で見たように、発生期の自由小作人にすでに債務化が現われており、それはやがて重要な搾取関係としての構造的な位置を獲得するが、これまで見て来たようなローマ帝国支配の構造がいまだ存続していると認められる限りは、ローマ市民である小作農民と地主との間、すなわちローマ市民共同体の上層と下層の間に、基本的には階級関係を認めることは正しくない。なぜなら、厳密な階級概念を簡単に定式化すれば、それは「主要生産手段に対する所有関係に基づく搾取関係の両極に存在する社会集団」(太田秀通「奴隷制と奴隷制社会」『歴史学研究』四四七〔一九七七・八〕、三三ページ)と規定するほかはないからである。

(4) 土井正興「古代ローマにおける階級闘争の諸段階」『階級闘争史研究会月報』九号、一九七六年三月、一二ページ。

(5) J. Vogt, Struktur der Sklavenkriege, Wiesbaden, 1957, S. 48 f. (jetzt in: Ders., Sklaverei und Humanität. Studien zur antiken Sklaverei und ihrer Erforschung, 2. erw., Aufl., Wiesbaden, 1972, S. 53 f.)

(6) E. M. Štaerman, Die Blütezeit der Sklavenwirtschaft in der römischen Republik, Autorisierte Übersetzung von Maria Bräuer-Pospelova, Wiesbaden, 1969, S. 266.

(7) Pavel Oliva, "Die charakteristischen Züge der großen Sklavenaufstände zur Zeit der römischen Republik", in: E. C. Welskopf (Hrsg.), Neue Beiträge zur Geschichte der Alten Welt, II, Römisches

Reich, Berlin, 1965, S. 75–88. jetzt in: H. Schneider (Hrsg.), Zur Sozial- und Wirtschaftsgeschichte der späten römischen Republik, Darmstadt, 1976, S. 237–253. insb. 240–244. オリヴァは、第二次シチリア反乱にさいしての Morgantine 攻囲時における、市内の奴隷の動向(Diod., XXXVI 4, 8)を例にとって、都市奴隷は農業奴隷ほどに苛酷な扱いをうけていなかったために、攻囲している反乱奴隷軍を主として構成する農業奴隷と、利害の完全な一致を認めなかったので、反乱への参加をためらい、はじめは反乱に距離をおいていたのだ、と推定する(S. 241)。スパルタクス反乱においては、戦争遂行の指導的役割を果たしたのは、剣闘士奴隷であったが、その数は全体から見れば少なく、反乱軍の大部分はカンパニアの大農場から逃げて来た農業奴隷によって構成され、やがて牧人奴隷がこれに加わった(Plut., Crassus, 9)、とされる(S. 242)。第二次シチリア反乱での指導者の一人 Athenion が監督奴隷(οἰκονόμος)であったように、この種の農業奴隷の、有能な上層が反乱の指導を行なったものであろう(S. 242)。スパルタクス反乱に参加したと伝えられる自由人(Appian., Hist. Rom. I 116)は、反乱の目標設定にさいして分裂を生じさせたほどの重要性をもったもの(A. W. Mischulin)ではないにしても、自由農民の参加一般を否定すること(S. L. Uttschenko)は誤りで、アッピアノスの言う「農地から逃げて来た自由人」(ἐλεύθεροι ἐκ τῶν ἀγρῶν)とは、主として土地をもたない日傭い労働者であろうが、貧困農民の参加一般は全く排除することはできない、とされる(S. 243–244)。

(8) E. M. Štaerman, a. a. O., S. 263–265.

(9) 土井正興『スパルタクス反乱論序説』法政大学出版局、一九六九年、一六七—一八三ページ。

(10) 反乱の鎮圧には、ローマ正規軍の大軍の出動と、数年にわたる正規軍側の苦戦を必要とした(土井、前掲書、二六三ページ以下)。

(11) スパルタクスが、シチリア反乱のように、占領地行政の組織化や、王国建設のプログラムの策定も打ち出さず、イタリアからの脱出を目標として決定したことは、当時、奴隷反乱が退潮に陥っていたことの証拠(J.-P. Brisson)ではなく、イタリアにおける力関係の状況判断に発する賢明な策であったことを、

P. Oliva, a. a. O., S. 246–247 は推定している。そしてオリヴァは、このイタリアからの脱出をスパルタクスのプログラムの偉大さと評価するが、その意味を、ローマの軍事力の手の届かない地方への「脱出」として、消極的な意味に解するにとどまっている。しかし、イタリア脱出は、単に逃げ出す意味にとどまらず、祖国に帰還し、自己の共同体を回復するという、積極的な、より根元的な意味を、客観的にはもっていたのである。そのことは、スパルタクスが部下の者に金銀の所有を禁じた(Appian., Hist. Rom. I 117)ことにも現われていると解されるのではなかろうか。金銀所有の禁止は、単に武器製造のための鉄と銅の保有を高めるため(J. Vogt)というにとどまらず、「搾取と抑圧の象徴」に対する敵意と、その兵士に対する「道徳破壊力」の認識とから出たものと解する(P. Oliva, S. 250)ことができるからである。これらの敵意と認識は、反乱軍共同体内の平等(Appian., Hist. Rom. I 116)維持の施策と、表裏一体をなすものであることは、言うまでもない。

(12) このような分析視角と、少なくともその方向を同じくするものとして、熊野聡「土井正興「スパルタクス反乱論序説」書評」『歴史学研究』三六四号、一九七〇年、および、同「史的唯物論の「定式」について――古代から中世への移行を素材として――」大阪歴史科学協議会創立一〇周年記念『現代歴史科学の課題』一九七四年、とくに五四―五六ページ、がある。なお、弓削達「西洋古代における共同体・国家・奴隷制」『現代歴史学の成果と課題』2、青木書店、一九七四年、とくに七〇―七一ページ。

(13) 土井正興「第一次シチリア奴隷反乱をめぐる諸問題」『法学志林』六二の三・四、一九六五年、同「第一次シチリア奴隷蜂起勃発年代の決定をめぐって」『専修史学』三、一九七一年、同「第一次シチリア奴隷蜂起の復元をめざして」『専修史学』四・五、一九七二、三年、同「第二次シチリア奴隷反乱についての覚え書き」『法学志林』六三の四、一九六六年、同「奴隷蜂起と農業問題」『歴史学研究』三九〇、一九七二年。

(14) 土井正興「古代ローマにおける階級闘争の諸段階」一二ページ。

(15) たとえば、土井正興「奴隷蜂起と農業問題」二九ページ。

(16) このような奴隷反乱の基本的性格は、太田秀通『東地中海世界』岩波書店、一九七七年、三〇九ページ、によっても承認されている。

(17) E. M. Štaerman, "Der Klassenkampf der Sklaven zur Zeit des römischen Kaiserreiches, übersetzt von Renate Günther", Jahrbuch für Wirtschaftsgeschichte, 1971/II, S. 149–164.

(18) ebenda, S. 151.

(19) Heinz Bellen, Studien zur Sklavenflucht im römischen Kaiserreich, Wiesbaden, 1971, S. 156.

(20) ebenda, S. 160.

(21) E. M. Štaerman, "Der Klassenkampf der Sklaven...", S. 159.

(22) ebenda, S. 156.

(23) ebenda, S. 163.

(24) Stephen L. Dyson, "Native Revolts in the Roman Empire", Historia, vol. 20(1971), pp. 239–274. この研究は、カエサル、タキトゥス、ディオ＝カッシウスらに記されるゲルマン人・ガリア人らの社会とその変化に関する記事を、明らかな誤謬ないし反証のない限り事実と認める前提に立つものであることは、いうまでもない。この前提に立つ研究として、E. A. Thompson, The Early Germans, Oxford, 1965, pp. XI, 162を見られたい。

(25) 以下の分析は、S. L. Dyson, op. cit., pp. 241 sq.

(26) ibid., pp. 242–243. ウェルキンゲトリクスの反乱に先立つこと数年、ローマに徹底抗戦を挑んだアンビオリクス(Ambiorix)王のエブローネス(Eburones)族についても、反乱勃発以前に同じような変化を認めることができるであろう。吉村忠典「アンビオリクス」秀村欣二・久保正彰・荒井献『古典古代における伝承と伝記』岩波書店、一九七五年、一八九―二一八ページ、参照。

(27) S. L. Dyson, op. cit., pp. 250–251.

(28) ibid., pp. 253–254.

(29) ibid., pp. 258–259.
(30) ibid., pp. 267, 269. ブリタニアの場合はそれに加えて、ローマ属州化の決定があった(ibid., p. 259)。
(31) ibid., pp. 267–268, 272.
(32) ibid., pp. 243–244.
(33) ibid., p. 251.
(34) ibid., pp. 254–255.
(35) ibid., pp. 261–263.
(36) ibid., pp. 264–266.
(37) ibid., p. 252.
(38) ibid., pp. 244–245.
(39) ibid., pp. 252, 256.
(40) ibid., pp. 245–246.
(41) ibid., pp. 256–257.
(42) ibid., p. 261.
(43) ibid., pp. 272. なお pp. 249, 252, 257, 263, 266 をも参照。
(44) ダイソンは以上において参照した『ヒストリア』論文につづいて、そこで扱わなかった多くの原住民反乱を包括的に研究した。S. L. Dyson, "Native Revolts Patterns in the Roman Empire", H. Temporini und W. Haase (Hrsg.), Aufstieg und Niedergang der römischen Welt, II, 3(1975), S. 139–175, がそれである。この論文では、『ヒストリア』論文がローマによる征服後まもない初期のローマ化段階に発生した反乱の型を扱ったのに対して、より多くの諸類型を析出しているが、その中で、反乱の型が、ローマ化(農業化の促進、貨幣による課税の結果としての貨幣経済の浸透、ローマ的生活様式の導入等)の程度に依存していること、ローマへの抵抗の続発が原住民文化(共同体)の存続に対応していること、等の指摘を行なうとともに、前二世紀の北アフリカやスペイン等を例にとって、ローマ化の浸透しにくい"internal area"の存在、属州国境と、国境外自由原住民との中間における"inner frontier"の存在、等をある型の反乱の条件として重視している(S. 148, 162, 172 etc.)ことは、ダイソンの重視した理由に加えて、われわれの解釈を下すことを妨げるものではない。

(45) E. M. Štaerman, "Die Gemeinde im römischen Kaiserreich", Jahrbuch für Wirtschaftsgeschichte, 1970/I, S. 62–63.

(46) これは ebenda, S. 63. の解釈である。

(47) ebenda, S. 63–64.

(48) Jerzy Kolendo, Tadeusz Kotula, "Centres et Périphéries de la civilisation antique en Afrique du Nord, phénomène urbain", Papers to XIV International Congress of Historical Sciences, 1975, p. 2.

(49) E. M. Štaerman, a. a. O., S. 64.

(50) 以下の叙述は、Andreas Mócsy, Die Bevölkerung von Pannonien bis zu den Markomannenkriegen, Budapest, 1959, S. 46–52, に整理されている発掘報告ならびに碑文研究に基づいて試みたスケッチである。

(51) 高橋秀「地中海世界のローマ化と都市化」岩波講座『世界歴史』2、一九六九年、四一五―四五〇ページ。なお本書第二章4節参照。

(52) E. M. Štaerman, a. a. O., なお E. M. Schtajerman, Die Krise..., Berlin, 1964, S. 137 f. は西部諸州にかんして、奴隷制の進展と並んで、共同体の残存についても研究・指摘を行なっている。

(53) 渡辺金一『ビザンツ社会経済史研究』岩波書店、一九六八年、とくに二二一ページ以下の第七論文「パトロキニウム・ヴィコールム考――古代末期における国家、大土地所有者、農民――」を参照。

(54) E. M. Štaerman, a. a. O., S. 64–66.

(55) ebenda, S. 66.

(56) ebenda, S. 66–67.
(57) ebenda, S. 67–69.
(58) ebenda, S. 67.
(59) ebenda, S. 69–70.
(60) ebenda, S. 70.
(61) ebenda, S. 70–71.
(62) この関連で、帝政期の北アフリカ諸都市の下部単位としての小市民共同体（Bürgergemeinschaften）として把握されうるクリア（curia）の歴史と変遷を想起することは興味がある。コトゥラ（T. Kotula, Les curies municipales en Afrique romaine, Wrocław, 1968）の新しい方法による研究にいたる研究史の現状をふまえて、碑文史料を紹介しながら問題の整理と展望を志している本村凌二氏の論文（「『クリア』の歴史的性格――帝政期北アフリカ属州史の一断面――」弓削達・伊藤貞夫編『古典古代の社会と国家』東京大学出版会、一九七七年、二六五―三〇一ページ）によると、クリアの起源はきわめて古く、カルタゴ時代の「同僚」（ヘタイリアイ）がローマ支配下においてローマ的都市制度の一環として編成され、史料的にはローマ帝政初期の「門」（ポルタ）を経て、二、三世紀の多数の碑文に姿を現わすクリアへと連綿と続いてきたものである、という推定が可能である。そして、諸都市の繁栄期には都市民会の下部構成単位として民会を構成して都市役人の選出を行なうような「公的」性格が強かったと推定されるのに対して、二、三世紀のこれらの碑文の時代にはそうした「公的」性格は直接的には指証されず、むしろ個々のクリアの成員の娯楽・生活・葬祭等に関する相互扶助活動が主たる活動として前面に立ち現われていること、そしてその存続は、多くのクリアについて実証される皇帝礼拝的機能によって保障されたものであろうことが明らかにされている。もとより、帝政期に創設されたクリア（例えばLambaesisのcuria Hadriana felix veteranorum legionis Ⅲ Augustae, CIL, Ⅷ 18214）も数多くあるのであるから、ヘタイリアイからの連続といっても、個々のケースすべてにおいて具体的連続性が主張されているわけではない。主張されているものは、共同体の生命力の連続、それをローマ支配が上から取り込んでゆく巧みな政策、そして都市の生活におけるこうした小共同体の果たしたきわめて重要な役割である。コトゥラ(Zum Problem der munizipalkurien in Afrika, in: H.-J. Diesner u. a. [Hrsg.], Afrika und Rom in der Antike, Halle, 1968, S. 230)が仮説として推定するように、カルタゴのヘタイリアイがポエニ人植民者たちが母市から持ちこんだものであるものなら、ヘタイリアイ・ポルタ・クリアは、地中海世界における市民共同体の発展の一つの特異なケースとして位置づけることができる。三世紀後半以後、クリア関係碑文の急速な消滅に見られるクリアの衰退は、政府の施策の大きな失敗(T. Kotula, a. a. O., S. 234)というよりも、都市の衰退を導き出した同じ条件に由来するところの、都市に生活の場を移した小共同体の必然的な運命であったと見るべきであろう。かつてクリアに皇帝礼拝的機能を課して帝国支配に利用した帝国政府にとって、いまや都市の衰退、クリアの衰退という客観的現実を前にして、もはや都市とその小共同体をあえて存続させる必要はなくなったものであろう。

(63) このような帝政期における都市の発展については、弓削達「後期ローマ帝国における都市の構造的変質」学生社『古代史講座』10、一九六四年、二七一―三一七ページ、とくに二八一―二八五ページを参照。

(64) 弓削達『素顔のローマ人』河出書房新社、一九七五年、二三二―二三三ページ。

(65) Wieland Held, "Die ökonomische Unterwanderung der Munizipien durch das Grossgrundeigentum im 2. und 3. Jahrhundert, vor allem im Westen des römischen Reiches", Jahrbuch für Wirtschaftsgeschichte, 1971/IV, S. 161.

(66) Tenney Frank, Rome and Italy of the Empire (An Economic Survey of Ancient Rome, V), Paterson, New Jersey, 1959, pp. 66 sq. Richard Duncan-Jones, The Economy of the Roman Empire. Quantitative Studies, Cambridge, 1974, pp. 333 sq.

(67) W. Held, a. a. O., S. 161.

(68)　ebenda, S. 160.
(69)　弓削達「後期ローマ帝国における都市の構造的変質」二九六ページ以下。
(70)　W. Held, a. a. O., S. 160.
(71)　弓削達，前掲論文。
(72)　A. H. M. Jones, The Roman Economy. Studies in Ancient Economic and Administrative History, edited by P. A. Brunt, Oxford, 1974, pp. 14 sq., 42, 58, passim.
(73)　弓削達，前掲論文，二九八ページ。
(74)　同書，二九二ページ。
(75)　W. Held, a. a. O., S. 162–163.
(76)　弓削達『ローマ帝国の国家と社会』所収第一部第二論文「ローマ帝国の支配の構造の変質――Constitutio Antoniniana――」。
(77)　「バナサ碑文」にかんしては，A. N. Sherwin-White, "The Tabula of Banasa and the Constitutio Antoniniana", Journal of Roman Studies, Vol. 63, 1973, pp. 86–98. 一九七四年度の史学会大会における高橋秀氏の研究発表は，この問題にかんする研究の進展をきわめて適確に伝えた。
(78)　W. Held, a. a. O., S. 163–165. John Percival, "Seigneurial aspects of Late Roman estates management", The English Historical Review, 332(1969), pp. 449–473.
(79)　E. M. Schtajerman, Die Krise..., S. 355 f., W. Held, a. a. O., S. 166.
(80)　E. M. Schtajerman, Die Krise..., S. 420 ff.
(81)　このような，共同体とデスポティズムの関係については，E. M. Štaerman, Die Gemeinde im römischen Kaiserreich, S. 72–73.

参考文献

地中海世界とローマ帝国を本書のような視点から一貫して論じたものは、まだない。したがって、本書のような視点から、さらに思索を、あるいは研究を、進めようとする場合には、本書の注で引用した研究文献などを手がかりにしながら、それぞれ独自の工夫をすることが求められる。以下に挙げる若干の参考文献は、どのような方向に研究を進めようとする場合でも手許にあることを必要とする、いくつかの主要領域にかんするごく少数の主要な文献に限られている。

その前に、こうした限られた参考文献では不足と考える方のために、ローマ史にかんする文献案内として次の二著をあげておく。

K. Christ (Hrsg.), Römische Geschichte. Eine Bibliographie, Wissenschaftliche Buchgesellschaft, Darmstadt, 1976.

K. Christ, Römische Geschichte. Einführung, Quellenkunde, Bibliographie, Wissenschaftliche Buchgesellschaft, Darmstadt, 1973.

歴史的な概観を得るためには、次の概説書がよい。

The Cambridge Ancient History, 12 vols. のうち、ギリシア・ローマに関する部分、ことに vol. Ⅶ(1928, 1969)

以後。

Nouvelle Clio, L'Histoire et ses Problèmes, Ed. R. Boutruche et P. Lemerle, Paris の第七巻、J. Heurgon, Rome et la Méditerranée occidentale jusqu' aux guerres puniques, 1969.

H. Bengtson, Grundriß der römischen Geschichte mit Quellenkunde, II : Republik und Kaiserzeit bis 284 n. Chr., München, 1970.

目下続々と刊行中の、

H. Temporini (Hrsg.), Aufstieg und Niedergang der römischen Welt. Geschichte und Kultur Roms im Spiegel der neueren Forschung, 1972– もやがて不可欠の文献となるであろう。

邦訳文献の中から

伊藤貞夫・秀村欣二『ギリシアとヘレニズム』講談社「世界の歴史」2、一九七六年、

弓削達『ローマ帝国とキリスト教』河出書房「世界の歴史」5、一九六八年、

の二書のみをあげておく。

本書のような視角と方法の中核をなす共同体論については、多くの研究書の中から、次の基本文献のみをあげる。

K. Marx, Formen, die der kapitalistischen Produktion vorhergehen, Berlin (Dietz Verlag), 1952. (手島正毅訳『資本主義的生産に先行する諸形態』大月書店、国民文庫、一九六三年)

M. Weber, Agrarverhältnisse im Altertum, in: Ders., Gesammelte Aufsätze zur Sozial- und Wirtschaftsgeschichte, Tübingen, 1924, S. 1–288.（渡辺金一・弓削達訳『古代社会経済史——古代農業事情——』東洋経済新報社、一九七六年〔十七刷〕）

E. Ch. Welskopf, Die Produktionsverhältnisse im alten Orient und in der griechisch-römischen Antike, Berlin, 1957.

本書のような捉え方で一貫して地中海世界の概観を試みたものとして、弓削達『地中海世界——ギリシアとローマ——』講談社現代新書、一九七三年、は、本書を理解する上で役に立つであろう。この前著『地中海世界』が前提した研究水準は、『岩波講座世界歴史』一・二・三（一九六九—一九七〇年）にわたる「地中海世界」の部に収められた諸論文の示すそれである。この講座も、方法・概観いずれについても必読の文献である。あわせて、太田秀通『ミケーネ社会崩壊期の研究——古典古代論序説』（岩波書店、一九六八年）は、方法・概観双方の意味で熟読がすすめられる。

ローマ支配下の世界の経済の発展については、いまなお、

T. Frank (Ed.), An Economic Survey of Ancient Rome, 6 vols., Baltimore, 1933–1940.

M. Rostovtzeff, The Social and Economic History of the Hellenistic World, 3 vols., Oxford, 1941.

M. Rostovtzeff, The Social and Economic History of the Roman Empire, 2 vols., Oxford, 1957.

が読まれなければならず、先にふれたウェーバー『古代社会経済史』もこの関連でも基本文献である。比較的新しい文献の中からは、

A. H. M. Jones, The Roman Economy. Studies in Ancient Economic and Administrative History, Oxford, 1974.

R. Duncan-Jones, The Economy of the Roman Empire. Quantative Studies, Cambridge, 1974.

が注目される。ローマ農業については、

M. Weber, Die römische Agrargeschichte in ihrer Bedeutung für das Staats- und Privatrecht, Stuttgart, 1891. (Neudruck, 1962) の古典に加えて、

K. D. White, Roman Farming, London, 1970, が与えられた。わが国の村川堅太郎『羅馬大土地所有制』(日本評論社、一九四九年)もまだ手放せない基本的文献である。

奴隷制についての研究文献は、世界各国にわたり、主要なものですらとうてい挙げ切れるものではない。Joseph Vogt を中心にした奴隷制研究グループが一九五三年いらい、Akademie der Wissenschaften und der Literatur in Mainz に拠って、Abhandlungen der Geistes- und Sozialwissenschaftlichen Klassen の叢書として Franz Steiner 書店から刊行された専門研究書の数はすでに膨大なものになっているし、それは一九六七年いらい Forschungen zur antiken Sklaverei 叢書に拡大発展して今日に至っている。ソヴェトおよび東欧圏における研究量もこれに劣るものではない。それらのうちから、一例として次のものだけを挙げておく。

E. M. Štaerman, Die Blütezeit der Sklavenwirtschaft in der römischen Republik. Autorisierte Übersetzung von Maria Bräuer-Pospelova, Wiesbaden, 1969.

しかし、西ヨーロッパの研究の古典として、

W. L. Westermann, The Slave Systems of Greek and Roman Antiquity, Philadelphia, 1955, を座右に備

えないわけにはゆかないし、

W. W. Buckland, The Roman Law of Slavery. The Condition of the Slave in Private Law from Augustus to Justinian, Cambridge, 1908, rep. 1970, はいっそう重要である。さし当たっては、

M. I. Finley (ed.), Slavery in Classical Antiquity. Views and Controversies, Cambridge, 1960 (古代奴隷制研究会訳『西洋古代の奴隷制――学説と論争――』東京大学出版会、第二版、一九七四年) が研究の手がかりになろう。

ローマを研究する場合にはローマ法とローマ国家制度についての基礎知識が要請される。それには、

船田享二『ローマ法』第一―第五巻、岩波書店、一九六八―一九七二年、

Th. Mommsen, Römisches Staatsrecht, 5 Bde., Leipzig, 1887–1888 (Neudruck, 1971).

E. Meyer, Römischer Staat und Staatsgedanke, Zürich, ^{3}1964. (鈴木一州訳『ローマ人の国家と国家思想』岩波書店、近刊)

があれば大体足りる。本書において、とくに第一・二章で問題としたローマ市民権と植民の問題については、

A. N. Sherwin-White, The Roman Citizenship, Oxford, ^{2}1973.

E. T. Salmon, Roman Colonization under the Republic, London & Southampton, 1969.

が基本的な文献であるが、本書のようなアプローチによるローマの拡大にかんする解釈については、

弓削達『ローマ帝国の国家と社会』岩波書店、一九六四年、

においてやや立ち入った歴史的事実の跡づけが見られるはずである。

ローマ帝政期の共同体の発展については、本書で再三利用した諸文献の中から、

E. M. Schtajerman, Die Krise der Sklavenhalterordnung im Westen des römischen Reiches. Aus dem Russischen übersetzt und herausgegeben von Wolfgang Seyfarth, Berlin, 1964.

のみをあげておく。

■岩波オンデマンドブックス■

世界歴史叢書
地中海世界とローマ帝国

1977年11月25日　第1刷発行
1984年6月11日　第3刷発行
2018年3月13日　オンデマンド版発行

著　者　弓《ゆ》削《げ》　達《とおる》

発行者　岡本　厚

発行所　株式会社　岩波書店
〒101-8002　東京都千代田区一ツ橋2-5-5
電話案内　03-5210-4000
http://www.iwanami.co.jp/

印刷／製本・法令印刷

ISBN 978-4-00-730724-9　　Printed in Japan

索　引

A

Achaia　79, 95, 108
actor(所領管理人)　263, 264, 265
Adriaticum mare(アドリア海)　73
adsignatio(土地割当)　111, 112
aediles(按察官)　71, 82, 130, 131
Aedui　307
Aegaeum mare(エーゲ海)　53
Aegina　154, 156
Aelia Capitolina　→Jerusalem
Aelius Tubero, Q.　238
aerarii　51
Africa　60, 80, 95, 108, 117, 119, 135, 190, 198, 247, 250, 276, 318, 319, 324, 332, 340, 341
ager centuriatus; ager limitatus; ager per centurias divisus et adsignatus (ケントゥリアティオによって測量された土地)　70
ager colonicus　68
ager compascuus(共同放牧地)　75, 83
Ager Gallicus　73
ager in trientabulis datus(三分の一担保として渡された土地)　75
ager occupatorius(先占地)　76, 77
ager optimo iure privatus(最良の権利における私有地)　70, 83, 85, 115
ager privatus vectigalisque(賃借料を国に納めた私有地)　70
ager publicus(公有地)　23, 24, 25, 75, 89, 92, 93, 115, 188, 193, 330
ager quaestorius(財務官地)　75
ager Romanus(ローマの領域)　68, 71, 75
ager usui publico destinatus(公共の使用に定められたる土地)　75
ager vectigalis(賃貸公有地，賃借料地)　75, 109, 111, 119, 229
ager viasiis vicanis datus(道路沿い村落民に割り当てられた土地)　75
ager viritanus; ager viritim ad signatus(個別的割当地)　70
agricola(アグリコラ，農民)　234, 235
agri deserti(非耕地)　225
Aitolia　205
Akai, N.(赤井伸之)　204
Akarnania　206
Alamanni　196
Alba　287
Alexandros　4, 205
Alfenus Varus, P.　238, 239, 240, 251, 285
Alföldy, G.　141, 147, 148
alimenta　253, 329
Allobroges　141
Alpes　296
Altheim, F.　284
Ambiorix　338
America　33, 164, 165
amicitia(修交条約)　174, 189
Ando, H.(安藤弘)　201
Aniensis, tribus　68
Antiocheia　143
Antium　253
Antoninus Pius　131, 146, 330
Apamea　144
apeleutheroi(アペレウテロイ)　167
Apenninus, mons(アペニン山脈)

B

C

D

E

F

G

H

I

J

K

L

M

Q

R